激盪

即無礙

佛教與
儒道思想的互動

給父母、太太和女兒

序言

《激盪即無礙：佛教與儒道思想的互動》，構成「佛教、儒家、道家的思想史」，有其觀點、立論、取捨、價值、判斷，而不單取「哲學史」或「文化史」的角度發揮；因此本書，以史實為陳述，以佛教與儒、道為思想，以理性為互動，以提出評價得失。

中國傳統的核心，應以儒家、道家為主體：《尚書》的天命，河山大川的靈性，有所存在。又儒家的孔子所謂：「君子道者三，我無能焉：仁者不憂，智者不惑，勇者不懼。」孟子所謂：「仁，人心也；義，人路也。捨其路而弗由，放其心而不知求，哀哉？」子思有《中庸》，所謂：「天命之謂性，率性之謂道，修道之謂教。道也者，不可須臾離也，可離非道也……。」儒家的精神面貌可知。至於道家的老子《道德經》所謂「道可道，非常道；名可名，非常名。無，名天地之始；有，名萬物之母……。」則有宇宙論的色彩，故說「道生一，一生二，二生三，三生萬物」，彰顯了創造論。又錢穆老師為新亞書院奠基時，亦有《道德經》末章云：「聖人不積，既以為人己愈有，既以與人己愈多。」至於莊子的《齊物論》，說：「以指喻指之非指，不若以非指喻指之非指也；以馬喻馬之非馬，不若以非馬喻馬之非馬也。天地一指也，萬物一馬也。……天下莫大於秋毫之末，而大山為小；莫壽於殤子，而彭祖為夭。天地與我並生，而萬物與我為一。」又《養生主》說：「吾生也有涯，而知也無涯。以有涯隨無涯，殆已，已而為知者，殆而已矣。為善無近名，為

惡無近刑。緣督以為經，可以保身，可以全生，可以養親，可以盡年。……庖丁釋刀對曰……刀十九年矣，所解數千牛矣，而刀刃若新發於硎。……文惠君曰：善哉！吾聞庖丁之言，得養生焉。」道家的靈活灑脫可知。

漢初之後，黃老治國，與民休息，「道家」與「道教」分為兩種範疇，王弼等以哲理為主，葛洪等以方術為主。方術之中，有外丹、內丹之別，而符籙派可得知。當時佛教尚未傳來，直至東漢明帝，有迦葉摩騰與竺法蘭共譯《四十二章經》。構成我國早期佛教的經典，雖是平易簡明，亦可難得。更可二僧，在河南洛陽建造白馬寺，稱為我國精舍之始。魏晉之後，佛圖澄、菩提流支、鳩摩羅什等的經論傳來，有僧肇般若之學，以《維摩經》感悟，羅什歎為奇才，解空第一；如是有《般若無知論》、《不真空論》、《物不遷論》、《涅槃無名論》成為《肇論》而行世。因此佛教的諸種經論而得以流行。

隋唐之後，不同的宗派相繼，如天台的智顗，說藏、通、別、圓等說；華嚴的法藏賢首十玄緣起的深義，「一即一切，一切即一」之說；唯識的玄奘、窺基，說「阿賴耶識及末那識」的說法。可惜「三武毀佛」，破壞乃盡，祇可有禪宗的菩提達摩、六祖慧能、溈仰、臨濟、曹洞、雲門、法眼諸觀特色，各自圓滿，各自精彩而已。

佛教、儒家、道家的心性論、世界觀、工夫論都可構成討論。比喻的佛家心性論中，亦有《父母恩重經》、《佛昇忉利天為母說法經》、《盂蘭盆經》等的說法。一如《論語》云：「君子務本，本立而道生；孝弟也者，其為仁之本歟！」一如《道德經》云：「我有三寶，持而保之：一曰慈，二曰儉，三曰不敢為天下先。」由此心性論可知。趙宋之後，程顥、程頤、乃至朱熹、陸九淵等，「每見人靜坐，便歎其善學」，又「終日靜坐，以求本心」，則修

持工夫，一如佛家，唯有世界觀有所差別而已。

朱明之後，有王陽明的《傳習錄》云：「滿街都是聖人」，又「以天地萬物為一體」，「天人合一」之說。又以心、意、知、物的四句教云：「無善無惡心之體。有善有惡意之動。知善知惡是良知。為善去惡是格物。」在牟宗三老師的《圓善論》云：「無限智心之自體是絕對的純淨，故云無善無惡是謂至善。」又「意是心之所發，即吾人所謂發心動念，…… 有時是善的，有時是惡的…… 故意是屬於經驗層的。」又「良知之明是無限智心自體之用，…… 屬於超越層。」又「意與物皆屬經驗層。…… 實踐之工夫即所謂『致知格物』也。…… 即孟子所謂『擴充』，『學問之道無他，求其放心而已矣。』」

至於明代之後，調和「三教合流」，產生釋迦、儒、道三教一體，由此實、權、本、末，祇有「正教、邪教」，而無「三教之別」。或有歸於儒家，「言」與「默」而「和而不同」，「盡心知性」；或有於道家說「性命雙修」；或有於釋家說「明心了性」。如是「三教合流」，各有優點，各有缺點，以求發揮價值的意義。

清末之後，天台、華嚴、唯識諸宗，早已衰落；禪宗之作，亦難推陳出新。直至楊仁山，有南條文雄，能得日本已佚的佛典保存，未嘗名為「返本」。亦由此透過直覺，提握實相，培養理智，應有「開新」。因此現代創始之中：

一者、歐陽竟無先生有「金陵刻經處」、「支那內學院」的始創。
二者、太虛法師有八宗平等的各有殊勝。
三者、呂澂先生主張：佛教非是消極的宗教，亦是積極的哲學。
四者、熊十力先生主張：一闢一翕。翕是化成物，不守其本體；闢是不化成物，保任其本體的剛健、炤明、純粹諸德；實體物質、生命、心靈可知。

五者、唐君毅老師著撰《生命存在與心靈境界》。客觀境中：有萬物散殊境，依類成化境，功能序運境；主觀境中，有感覺互攝境，觀照凌虛境，道德實踐境；超主客境，有歸向一神境，我法二空境，天德流行境。如是構成生命、心靈的九境存在。

六者、牟宗三老師主張天台宗的「開權顯實」及「良知之坎陷」，所謂「坎陷者，下落而陷於執之說」，「自覺地要一一執而存在」。

七者、印順法師主張「人間佛教」之說。雖有「人生佛教」、「人間佛教」、「人乘佛教」三說，但以「人間佛教」為主旨，亦即「學習菩薩行，修學圓滿而成佛」。不是創新佛法，祇可說為發現，溫故知新而已。

由是馬一浮、梁漱溟的諸先生而不能盡說。可見「返本」者，包容萬物，回顧過去；「開新」者，展望未來，彰顯突破。至於文化的互補，宗教的交流，則可以增長內涵，培養壯大，而無所止境，一如儒家《中庸》所說：「詩云：『予懷明德，不大聲以色。』子曰：『聲色之於化民，末也。』詩曰：『德輶如毛（朱熹注：猶有可比者，是亦未盡其妙）。毛猶有倫。』『上天之載，無聲無臭』，至矣。」

趙敬邦者，對中國哲學甚大興趣，尤其著重不同的觀點特性而言。其曾出版英文著作的《方東美和唐君毅兩先生對華嚴宗哲學的闡釋》可見。今則創作《激盪即無礙：佛教與儒道思想的互動》，構成「佛教、儒家、道家的思想史」，應有較大的強調與發揮，使讀者啟迪佛、儒、道三家而有所成就。謹此為序。

李潤生

公元二零二零年八月二十八日

自序

本書寫作的緣起，源於筆者於十多年前曾受劉國強老師所咐編輯文化刊物《毅圃》。由於筆者適時對佛學初感興趣，惟卻未能掌握研習的門路，遂因利成便，建議刊物訪問本地著名佛學學者李潤生先生，並幸得李先生回覆指願意接受我們的訪問。是以，筆者在 2009 年乃有機會向李先生請教。在是次訪問中[1]，李先生提醒研習佛學有若干需要注意的地方，當中第一點即是要注意佛教思想的發展史。這是因為佛教的發展非常複雜，其在歷史上曾出現不同形態的演變，故只有透過研讀佛教思想的發展史，我們才能把握哪些思想是佛教的核心價值，而哪些思想則為佛教與當地文化接觸後所衍生的產物。李先生的建議，筆者多年來一直放在心上，一方面對不同學者所著的佛教思想史多加留意，另一方面亦希望有朝一日能夠開始自己的著作。惟礙於學力所限，對撰寫佛教思想史一事始終久未動筆，但已埋下日後從事相關研究的內因。

至 2017 年，筆者蒙志蓮淨苑文化部主任李葛夫先生給予機會，於由志蓮淨苑和泰國國際佛教大學合辦的碩士班上講授「佛教與中國文化」一科，並得以相同題目參與由志蓮淨苑和三聯書店合作的開方講堂系列「了解佛教」的演講和出版計劃[2]，兩次授課

和演講經驗終使筆者下定撰寫一本有關佛教與傳統中國文化互動的書籍的決心，此即為本書所以出現的外緣。

本書得以完成，要感謝以下師友：李潤生先生當年的指點，讓筆者在對如何系統地認識佛學感到了無頭緒時有了明確的方向，筆者尤其感謝李先生在百忙中撥冗賜序，讓本書得以生色不少；李葛夫先生的信任和推薦，使筆者有機會在志蓮淨苑講授相關課程，並得以和三聯書店展開合作和出版本書；陳雁姿先生的共同推薦令出版一事更為順利；碩士班同修的提問和督促使筆者在授課和思考相關問題時不敢怠懶；三聯書店李安副總編輯體諒筆者寫作緩慢，多次容忍筆者延誤交稿而不以為忤。凡此，均是本書得以出現的因緣。

最後，我要感激父母和妻子在生活上各種事情的照顧和體諒，讓我能在一個愜意的環境中寫作。世上大多書本的完成固然有賴作者的努力，但親人在背後付出的心力實同樣重要。謹把此書獻給父母、太太和女兒。

趙敬邦

2020 年 6 月 15 日

1　見《毅圃》第 48 期（5／2009）：10-20。

2　成品為趙國森、趙敬邦、覺泰法師、李葛夫合著，《了解佛教》（香港：三聯書店，2019）一書。

目錄

第一章

導論

第一章

導論

◎ 第一節　　釋題

本書的名字是「激盪即無礙：佛教與儒道思想的互動」，其為一探
討佛教在中國歷史上與儒、道關係的論著。中國的文化內容豐富，
儒家與道家是當中的主要元素；佛教雖為外來宗教，但來華既近二
千年，早已成為中國文化的重要組成部分[1]。誠如近代儒哲唐君毅
先生（1909－1978）所言，佛、儒、道三者在中國歷史上大致能和
平共處，鮮發生如西方歷史上屢屢出現的宗教戰爭[2]。在這一意義
下，中國文化確容易予人一和平與圓融的感覺。可是，任何文化
在互相接觸的初期，必然會以自身的眼光來衡量他者，故在文化
交流的過程中，價值觀的衝突可謂無可避免[3]，佛教和儒、道的
關係當不例外。若是，則佛教和儒、道兩者在今天看來的和平共
處乃不是一蹴即就，而是在經過長久對話後產生的結果。

事實上，人類文明的發展很大程度上是由不同文化的衝突開

始，隨着各種文化的長時間溝通，其才逐漸走上並存的道路[4]。換言之，「衝突」與「和諧」的關係實非常密切：和諧得以出現，要先經過衝突；衝突僅為一過程，和諧才是終點[5]。因此，「衝突」與「和諧」這一對看似矛盾的概念，實為我們解釋人類文明如何發展的一對孖生兄弟。佛教與儒、道的接觸雖未有演變成大規模的武力衝突，但透過回應對方的質疑，三者均在不斷調整自己的理論。這一由他者帶來的震撼並非平靜如水，而是曾為佛教與儒、道的關係帶來緊張，故本書以「激盪」形容之，取其「河流激盪，濤湧波襄」（北魏・酈道元，《水經注・河水三》）之意[6]；但從歷史的眼光而言，這一種思想間的激盪最終卻使佛教和儒、道兩者得以並行不悖[7]，故佛教與儒、道的關係又可以

1　　「中國文化」一詞究指什麼，實是一極具爭議的問題。這是因為中國幅員廣大，包含民族眾多。在理論上，境內不同民族的文化固然可同視為「中國文化」的一部分；惟在事實上，不同民族間的文化有着不少差異，幾難用一名稱概括。本書使用「中國文化」一詞，只是一權宜或方便的做法，其僅作點題之用。除了本章以外，本書在以後的討論中，將盡量少用這一名詞，而多用有較具體指涉意義者，如佛教、儒家和道家等。有關「中國文化」一詞的複雜程度，可參考 Wei-ming Tu, 'Cultural China: The Periphery as the Center', in Wei-ming Tu ed., *The Living Tree: The Changing Meaning of Being Chinese Today* (California: Stanford University Press, 1994), pp. 1-34.

2　　唐君毅，《中華人文與當今世界（下）》（台北：台灣學生書局，1988 年），頁 61-64。

3　　Amartya Sen, *Identity & Violence: The Illusion of Destiny* (London: Penguin, 2007), pp. 1-3.

4　　Karl-Otto Apel, 'Harmony through Strife as a Problem of Natural and Cultural Evolution', in Shu-hsien Liu and Robert E. Allinson ed., *Harmony and Strife: Contemporary Perspectives, East & West* (Hong Kong: Chinese University Press, 1988), pp.3-19.

5　　David B. Wong, '*Agon* and *Hé*: Contest and Harmony', in Chris Fraser *et al.* ed., *Ethics in Early China: An Anthology* (Hong Kong: Hong Kong University Press, 2011), pp.197-216.

6　　筆者使用「激盪」一詞，實受志蓮淨苑文化部主任李葛夫先生提議或可用「摩盪」來形容佛教與儒、道關係所啟發，謹此致謝。

7　　Chung-ying Cheng, 'Toward Constructing a Dialectics of Harmonization: Harmony and Conflict in Chinese Philosophy', *Journal of Chinese Philosophy* vol.4 (1977): 209-245.

「無礙」來形容，正好該詞又是中國佛教主要宗派華嚴宗用以表示世間一切事物實沒有真正阻隔的術語。簡要言之，「激盪」與「無礙」為本書討論佛教和儒、道關係時所着眼的主脈，而「即」字則是用以描述這一關係的密切。蓋從日常習慣，「即」多用以表示「等於」或是「當下」的意思，一如「即是」和「立即」等詞彙所表示[8]；但循佛教的傳統，「即」卻是梵文「eva」或「yad…tad」的翻譯，意指「不異」或「不二」。如《心經》便有「色即是空，空即是色」一說，強調物質與「空」的關係當為彼此不分；《六祖壇經》亦言「煩惱即菩提」和「生死即涅槃」，指出貌似矛盾的概念實為一事之一體兩面[9]。本書名稱「激盪即無礙」便是欲強調「激盪」與「無礙」的這一辨證關係：我們不必把思想間的激盪視為破壞和諧的壞事；反之，衝突的出現往往意味無礙的開始。

惟不論是佛教、儒家，還是道家，三者的內容都非常豐富，要討論其關係從來不易。最明顯者，是三家均有自己的哲理，又有專屬的儀軌和禮制。是以，要討論佛教與儒、道的互動，在技術上實非常困難：這是因為討論範圍若過大，論述便流於蜻蜓點水而難以深入；若討論範圍過小，則容易見樹不見林，難以對論題有一大體的認識。幸史學大師錢穆先生（1895－1990）在談及中國文化的特色時，明言「精神文化」當比「物質文化」重要，因物質文化最終亦是以表達精神文化為依歸；而精神文化的最後表現，當不離吾人的「思想」[10]。因此，為了使討論更為聚焦，本書亦以佛、儒、道三者的思想作主要討論對象，分析佛教思想與儒、道思想如何在互動的過程中，逐漸由激盪而走上無礙，並嘗試對這過程作一價值上的判斷[11]。

◎ 第二節　　本題的價值

事實上，佛教是世界主要宗教之一，而中國文化則源遠流長，兩者的接觸實為東亞文化史乃至世界文化史上的一件大事[12]。的確，佛教自公元一世紀前後由印度輾轉傳入中國，在長時期與儒、道思想的接觸下，逐漸發展出一套有別於其在印度時的形態，此即為「中國佛教」或「漢傳佛教」；中國文化在與佛教接觸後，亦作出一定程度的改變以回應佛教帶來的挑戰，道教與宋明理學的出現即為當中的重要例子。

以上所述固然是佛教與中國文化互動的一條主脈[13]，但要理清這一主脈在歷史上的發展明顯不易。這是因為佛、儒、道在思想上各自為一複雜的系統，若要知道佛教與儒、道的關係，首先當對

8　　更多討論，可參考「漢語多功能字庫」網站：https://humanum.arts.cuhk.edu.hk/Lexis/lexi-mf/（搜尋日期為 2019 年 3 月 19 日）。

9　　有關「即」字在佛教的意義，參考上田義文著，陳一標譯，《大乘佛教思想》（台北：東大圖書公司，2002 年），頁 4-17；陳榮灼，〈「即」之分析——簡別佛教「同一性」哲學諸形態〉，《國際佛學研究》創刊號（1991）：頁 1-22；吳汝鈞編著，《佛教思想大辭典》（台北：台灣商務印書館，1992 年），頁 273。

10　　錢穆，《新亞遺鐸》（北京：三聯書店，2004 年），頁 260-274。

11　　本書既探討佛教與傳統中國思想的互動，故有關儒、道之間的關係乃非本書的討論重點。是以，本書將不擬對其更作詳述，這一點還請讀者留意。

12　　季羨林，《中印文化交流史》（北京：中國社會科學出版社，2008 年），頁 18；Arthur F. Wright, *Buddhism in Chinese History* (Stanford: Stanford University Press & London: Oxford University Press, 1959), p.3.

13　　如前所述，本書的主要討論對象為思想，但佛教與中國文化的互動，除了思想以外，尚有藝術和物質等層面，只是本書不會對其加以詳述而已。有關這些方面的討論，可參考 Xinru Liu, *Ancient India and Ancient China: Trade and Religious Exchange AD 1-600* (Delhi: Oxford University Press, 1988)；John Kieschnick, *The Impact of Buddhism on Chinese Material Culture* (New Jersey: Princeton University Press, 2003).

三者的義理有一定程度的掌握。惟正是要先對三者的思想有所了解才能對彼此接觸後的產物作評價,於是我們發現不少關於佛教與儒、道互動的分析,往往存在可供爭議的地方[14]。以「中國佛教」為例,其在佛教和中國文化中的地位究竟如何,至今仍沒有共識。佛學名家呂澂先生(1896－1989)認為,所謂中國佛教是佛教為儒、道思想所影響的結果,當中不少地方實違反佛教的觀點。是以,中國佛教當為「佛教中國化」,對中國佛教的價值抱一否定的態度[15];但新儒家巨匠牟宗三先生(1909－1995)卻以為,中國佛教只是佛教在不同的地方展現出的不同形態。因此,中國佛教並未違反佛教的義理,而是印度佛教的延續[16];更有進者,近代哲人方東美先生(1899－1977)甚至認為中國佛教比印度佛教更能發揮佛教的積極精神,更能與大乘佛教所強調的菩薩道相應。換言之,佛教是在與中國文化接觸後才得以真正發展[17]。誠如學問僧印順法師(1906－2005)所言:

> 佛教傳入中國,已經有一千九百多年的歷史,所以佛教與中國的關係非常密切。中國的文化,習俗,影響佛教,佛教也影響了中國文化,佛教已成為我們自己的佛教。但佛教是來於印度的,印度的文化特色,有些是中國人所不易明了(瞭)的;受了中國習俗的影響,有些是不合佛教本意的。所以佛教在中國,信佛法的與不相信佛的人,對於佛教,每每有些誤會。不明佛教本來的意義,發生錯誤的見解,因此相信佛法的人,不能正確的信仰;批評佛教的人,也不會批評到佛教本身。[18]

由此足見,如何衡量中國佛教是一極為複雜的問題[19],而要對道教和宋明理學等作公允的評價,可謂面對程度不同但性質一樣的困難。

循以上所述,可見我們若要對中國佛教作一較為中肯的判斷,

須先了解在華佛教與儒、道互動的過程。這是因為中國佛教究竟是違反、繼承或發揮了佛教的義理，很大程度上取決於佛教為儒、道影響的程度。若佛教為儒、道思想影響的程度僅是有限，則中國佛教或真可謂是佛教在不同地方所呈現出的不同形態；但假若佛教為儒、道思想影響的程度甚大，則中國佛教亦有可能已偏離佛教義理而不自知。鑒於儒、道思想對佛教的影響當隨時代不同而有所改變，吾人若要對中國佛教的價值作評斷，一個全面的有關佛教與儒、道思想互動的研究必不可少；我們如要對道教和宋明理學等價值作檢討，亦可作如是觀[20]。思想史家徐復觀先生（1904－1982）即認為，只有弄清一文化的性質究是什麼，才能繼而討論這一文化在世界文化中所扮演的角色[21]；若

14　以上所述，詳見伊藤隆壽，〈格義與三教交涉〉，收入岡部和雄、田中良昭編，辛如意譯，《中國佛教研究入門》（台北：法鼓文化，2013 年），頁 51-63。

15　呂澂，《呂澂佛學論著選集（第三卷）》（濟南：齊魯書社，1991 年），頁 1417-1418。

16　牟宗三，《中國哲學十九講：中國哲學之簡述及其所涵蘊之問題》（台北：台灣學生書局，1999 年），頁 253。

17　方東美，《中國大乘佛學（下）》（台北：黎明文化，2004 年），頁 274-280。

18　釋印順，《佛法是救世之光》（台北：正聞出版社，1982 年），頁 285。

19　更多討論，可參考柯嘉豪（John Kieschnick），〈關於佛教漢化的省思〉，收入林富士編，《中國史新論──宗教史分冊》（台北：中央研究院及聯經出版社，2010 年），頁 259-273；鄧偉仁，〈幾個批判「佛教中國化」理論的再審視〉，收入釋果鏡、廖肇亨編，《求法與弘法：漢傳佛教的跨文化交流國際研討會論文集》（台北：法鼓文化，2015 年），頁 79-104；岡部和雄，〈中國佛教的概要與特色〉，收入岡部和雄、田中良昭編，辛如意譯，《中國佛教研究入門》，頁 36-50。

20　如牟鐘鑒言：「若不對三教皆有所知，則一教亦無由真知」，當同此意。見其著《儒道佛三教關係簡明通史》（北京：人民出版社，2018 年），〈自序〉頁 4。

21　徐復觀，《中國人性論史·先秦篇》（台北：台灣商務印書館，2003 年），〈序〉頁 1。

連一文化的性質亦未能把握即大談其價值或對人類的貢獻，恐怕只是夜郎自大的表現，當中實缺乏正面的意義 [22]。本書是理清中國三支主流思想的特質究是什麼，並繼而探討彼此關係的一個嘗試，希望藉此有助吾人對佛教和儒、道兩者的互動更作思考，好使佛教和儒、道思想於往後能朝一更為正面的方向以發展，此即為本書的主要價值 [23]。

◎ 第三節　本書的性質

誠然，坊間並非沒有探討佛教與儒、道思想關係的研究，但為何我們仍有寫作本書的必要？究其原因，是現存研究大多在不同程度上有着以下問題：第一，現存研究主要屬描述性質。所謂描述性質，是指這些研究把焦點放在資料的鋪陳或對史實的描述 [24]。無可否認，描述性質的研究對我們進一步討論佛教與儒、道的關係非常重要，因我們若連基本的事實亦未能掌握，則遑論對佛教與儒、道互動的過程作出分析和評價；惟這種研究的不足之處，是其只能指出佛教與儒、道在不同時期的關係，卻不能解釋何以佛教與儒、道之間的關係會呈如此這般的一個方向來發展。換言之，這類研究往往未能處理在不同時期，佛教如何為儒、道思想所影響，亦不知佛教如何影響儒、道思想。是以，描述性質的研究對於佛教與儒、道關係的討論，只能做到知其然，而不知其所以然 [25]。因此，這類性質的研究對於我們檢討佛教和儒、道互動的這一課題而言，只是必要條件，而非充分條件，即我們不能沒有這類研究，但卻不是有這類研究便能滿足吾人的需要。

第二，現存研究不少循一護教的態度出發，僅強調佛教和儒、道兩者互動的優點 [26]。類似研究雖有助我們欣賞傳統文化的價值，惟恐怕不符思想史的發展規律 [27]。蓋循思想史的角度，後起

的思想當為對其前思想的一種回應。這些回應或是批評、或是繼承、或是發揮，但其都是建基於認為以前思想當可更有改善的這一立場[28]。若佛教與儒、道互動的過程都是正面，便解釋不了何以這一互動能夠繼有發展。事實上，民國時期以唯識學專家歐陽竟無先生（1871－1943）為首的支那內學院即對中國佛教有猛烈抨擊。從這一事實可知，佛教與儒、道互動的過程並非只有優點，而是有值得檢討的地方。簡言之，若只強調佛教與儒、道互動的正面價值，而忽視這一過程的負面意義，乃未能了解人類思

22　如近年不少學者動輒稱讚傳統中國文化的優越，其雖似對自身文化充滿信心，但其實在某程度上亦反映對自身文化的反省不足。當中例子，見曾亦、郭曉東編，《何謂普世？誰之價值？當代儒家論普世價值》（上海：華東師範大學出版社，2013 年）。類似批評，見王邦維，《交流與互鑒：佛教與中印文化關係論集》（香港：三聯書店，2018 年），頁 3。

23　事實上，華人社會中不少所謂佛教的義理和儀軌均有惹人質疑的地方，究其原因或與佛教為儒家和道教影響過大有關。因此，如要檢討當今中國佛教的一些做法是否出現問題，追本溯源地探討佛教和儒、道二者的關係實為必要。有關近年佛教可供爭議的地方，可參考網上節目「佛門警訊」，茲不贅引。

24　例子見賴永海編，《中國佛教通史（第十二卷）》（南京：江蘇人民出版社，2010 年）；劉聰、王黎芳，《三教歸一：佛教與道教、儒教》（鄭州：中州古籍出版社，2014 年）；洪修平，《中國佛教與佛學》（南京：南京大學出版社，2016 年）；張榮明，《儒釋道三教論》（北京：商務印書館，2018 年）。

25　類似批評，見勞思光，《危機世界與新希望世紀——再論當代哲學與文化》（香港：中文大學出版社，2007 年），頁 127-128。

26　例子見方立天，《中國佛教與傳統文化》（北京：中國人民大學出版社，2010 年）；湯一介，《佛教與中國文化》（北京：中國人民大學出版社，2015 年）。

27　對於思想史的內涵，下文再有討論，暫按下不表。

28　劉夢溪，《中國現代學術要略》（北京：三聯書店，2018 年），頁 127-128。

想得以發展的規律[29]，亦未能從這些負面經驗中汲取教訓，以作改善今後情況之用。惜這種護教式的研究正是學界的主流，其中尤以漢語學界的情況為嚴重。

第三，現存研究多是對佛教和儒、道關係作斷代式的探討，卻少有對這一關係作跨代的掌握。是以，我們乃未能從這類研究中得知佛、儒、道在特定時期互動的特色，因根本沒有不同時期的情況以作比較的對象；亦未能從中窺見其對現代或將來的啟示，因歷史的敍述已變成斷裂而非連續、零碎而非整全[30]。誠然，隨着西方文化的盛行，佛、儒、道等在中國的影響力比之過去或有所減退[31]，但這不表示佛教和儒、道的互動於現代已經結束。最明顯的例子，是有當代新儒家之稱的諸位思想家如熊十力（1885－1968）、梁漱溟（1893－1988）、唐君毅和牟宗三等先生，對佛學都有不同程度的應用。若我們對佛教與儒、道關係的討論只集中在過去，則未明近代中國思想界一非常重要的現象[32]。近年雖有若干關於當代新儒家與佛教關係的研究[33]，其在一定程度上能補足上述問題的不足，但這些研究既把焦點放在當代新儒家，則對過去佛教和儒、道思想的互動乃未有特別注意。是以，遂未明當代新儒家在利用佛教以豐富自身思想上，究與宋明理學家在闡釋佛教一事上有何本質上的分別。換言之，不論是只重過去還是現在，其均不利吾人全面了解佛教和儒、道互動的情況[34]，亦未能為佛教與儒、道二者在將來當朝一怎樣的方向以發展提供一點線索。

第四，現存研究或為概論[35]，或為專題[36]，前者的討論常過於空泛而難言深入，後者則極為專門而欠缺一通盤的視野，兩者同樣不利我們把握佛教與儒、道思想互動的全貌。如何做到既全面而又深入，是討論一思想系統時需要面對的恆久難題[37]。總括而言，現存研究主要以描述、護教、回顧、概論或專題等性質為

主，而這些研究又各自存在不同的缺點。因此，對於本書主題的研究，在技術上乃有改善的必要。

事實上，任何有關佛教的研究均當放在一「跨文化」（cross-cultural）的視野下來進行。誠如林鎮國先生所言：

29　參考錢新祖，《中國思想史講義》（台北：台大出版中心，2013 年），頁 9-11。

30　詳見 Jo Guldi and David Armitage, *The History Manifesto* (Cambridge: Cambridge University Press, 2014), pp. 1-13. 更多討論，可參考 Dominick Lacapra, 'Rethinking Intellectual History and Reading Texts', *History and Theory* vol.19, no.3 (1980): 245-276；關子尹，《語默無常：尋找定向中的哲學反思》（香港：牛津大學出版社，2008 年），頁 275-282。

31　釋印順，《中國佛教論集》（北京：中華書局，2010 年），頁 204-206。

32　King Pong Chiu, *Thomé H. Fang, Tang Junyi and Huayan Thought: A Confucian Appropriation of Buddhist Ideas in Response to Scientism in Twentieth-Century China* (Leiden: Brill, 2016), pp.42-50.

33　例子見 Jason Clower, *The Unlikely Buddhologist: Tiantai Buddhism in Mou Zongsan's New Confucianism* (Leiden: Brill, 2010); Thierry Meynard, *The Religious Philosophy of Liang Shuming: The Hidden Buddhist* (Leiden: Brill, 2010).

34　如 E. J. Zürcher, *The Buddhist Conquest of China: The Spread and Adaptation of Buddhism in Early Medieval China* (Leiden: Brill, 2007) 和 Peter N. Gregory and Daniel Aaron Getz ed., *The Buddhism in the Sung* (Honolulu: University of Hawaii Press, 1999) 雖同為研究佛教與中國文化互動的經典，但其性質均屬斷代史。

35　例子見劉聰、王黎芳，《三教歸一：佛教與道教、儒教》；洪修平，《中國佛教與佛學》；陳引馳、蘇暢，《蓮花淨土：佛教的彼岸》（香港：中華書局，2017 年）；張雪松，〈三教內外：佛教與儒道耶回在中國的共存〉，收入賴品超編，《從文化全球化看中外宗教交流史》（香港：香港中文大學崇基學院宗教與中國社會研究中心，2018 年），頁 21-135。

36　例子見 Robert H. Sharf, *Coming to Terms with Chinese Buddhism: A Reading of the Treasure Store Treatise* (Honolulu: University of Hawaii Press, 2002)；洪淑芬，《儒佛交涉與宋代儒學復興——以智圓、契嵩、宗杲為例》（台北：大安出版社，2008 年）；王邦維，《交流與互鑒：佛教與中印文化關係論集》。

37　蓋「全面」和「深入」似難以並存。因一研究若是全面，便容易流於表面；若一研究能夠深入，便往往顯得狹窄。如何做到既全面又深入，是一值得深思的問題。更多討論，請參考拙作，〈書評：*The Rebirth of the Moral Self: The Second Generation of Modern Confucians and their Modernization Discourses* by Jana S. Rošker〉，《漢學研究》第 34 卷，第 4 期（2016 年 12 月），頁 331-336。

從一開始，佛教思想與實踐便是在跨文化情境中呈現，本質上也鼓勵從他者的視域來審視自我觀點（我見）的緣起性。若不曾進入跨文化情境，吾人便無法真正了解到佛教意義世界的孳乳、繁衍與豐富。佛教起源於阿利安文明與印度土著文化的接觸，就是最好的例子。在其後的歷史發展中，除了不斷地和各婆羅門宗教與哲學系統對論，佛教也在印度境外接觸各地當地的文化系統，如漢地的儒家、道教，日本的神道，西藏的苯教，孳生出各種新的論述與實踐。[38]

本書的討論對象既為佛教與儒、道思想的互動，則跨文化的視野更是不可或缺。如前所述，學界對於如「中國佛教」等重要概念的評價不一。究其原因，當和未能把握佛教與儒、道互動的情況有關。換言之，是忽視了不同文化之間實有着一「對話的傳統」，以致對中國佛教本質的理解存在偏差。的確，中國的思想史實由一對話的傳統所組成：如孔子（公元前 551 － 公元前 479）問禮於老子（生卒年不詳）；孟子（公元前 372 － 公元前 289）對告子（公元前 420？ － 公元前 350？）和墨子（公元前 470 － 公元前 391）等人的駁斥；莊子（公元前 369 － 公元前 286）與惠施（約公元前 380 － 約公元前 305）的對話；韓非（公元前 279 － 公元前 233）曾為荀子（公元前 316 － 公元前 237）的學生；以及朱熹（朱元晦，1130 － 1200）和陸九淵（陸象山，1139 － 1192）的鵝湖之會等，都是這一對話傳統的明證[39]。惜現存有關中國思想的研究大多忽視這一傳統，以致未能認清以下事實：一思想的誕生和發展，很大程度上為對另一思想的回應[40]。

的確，現存研究大多認為中國在不同年代即由不同思想主導，以致忽視了對話的傳統在中國思想史中所扮演的角色。如不少學者認為漢代（公元前 202 － 公元 220）盛行儒學；魏、晉（220 － 420）時盛行玄學；唐代（618 － 907）盛行佛學；宋（960 －

1279）、明（1368－1644）兩代則盛行理學等 41。在某一意義下，這一判斷未嘗有誤，因每一時代確有其主流思想。但這一做法卻容易忽視兩個問題：第一，每個時代除了主流思想外，亦有非主流的思想。若只把焦點放在主流思想，本身已是對一時代的思想面貌掌握不足；第二，非主流思想和主流思想間的互動，往往決定主流思想的發展方向 42。如佛學廣被認為在唐代最為盛行，而唐代的儒家在思想上卻未有特別精彩的地方 43，但佛學漸循一入世的方向發展，很大程度上卻是受儒學的挑戰所致 44。由此，我們可知了解對話的傳統對於吾人把握一思想如何發展實非常重要。本書正是採一跨文化的角度，探討佛教與儒、道思想在中國歷史上如何進行對話，從而發展出諸如中國佛教、道教、宋明理學，乃至三教合流等中國文化的重要元素 45。

38　林鎮國，《空性與方法：跨文化佛教哲學十四講》（台北：政大出版社，2012 年），頁 vi。

39　King Pong Chiu, *Thomé H. Fang, Tang Junyi and Huayan Thought: A Confucian Appropriation of Buddhist Ideas in Response to Scientism in Twentieth-Century China*, p. 21.

40　Benjamin I. Schwartz, *The World of Thought in Ancient China* (Cambridge MA., Harvard University Press, 1985), pp.1-15.

41　其中例子，見 H. G. Creel, *Chinese Thought: From Confucius to Mao Tsê-tung* (London: University Paperbacks, 1962)；Wing-tsit Chan, *A Source Book in Chinese Philosophy* (New Jersey: Princeton University Press, 1973)；Wm. Theodore de Bary, *East Asian Civilizations: A Dialogue in Five Stages* (Cambridge and London: Harvard University Press, 1988)；勞思光，《新編中國哲學史》（全三卷四冊，桂林：廣西師範大學出版社，2005 年）。

42　蒲慕州亦有「精英」與「通俗」文化實互相影響的說法，與本書所述當有一定程度的相似之處。見其《歷史與宗教之間》（香港：三聯書店，2016 年），頁 6-7。

43　李申，《儒教簡史》（桂林：廣西師範大學出版社，2013 年），頁 50-51。

44　方立天，《中國佛教哲學要義（下）》（北京：中國人民大學出版社，2002 年），頁 881-892。

45　更多有關「跨文化」概念的討論，參考張政遠，《西田幾多郎：跨文化視野下的日本哲學》（台北：台大出版中心，2017 年），頁 103-112。

本書既採一跨文化的角度，則立論必然涉及比較的觀點；而有所比較，便有價值上的評比或判斷。因此，本書當不會用一種護教的態度，即純以為佛教與儒、道的互動只有優點的這一立場出發，而是以一批判的態度檢討佛教與儒、道互動的過程究竟有何得失利弊。惟本書的態度雖是批判的，但這一批判卻非隨一己之所欲，而是根據理由來行事。要知一理由是否合理，必須提出理據。因此，本書又偏重解釋，而非僅是對事實作出描述。在解釋佛教與儒、道思想互動過程的各種理論得失後，吾人乃能吸收過去的經驗，對於這一互動中有價值者加以保留和發揮；對於當中失敗的地方則加以改善，以免重複錯誤。這一對自身文化作有條件揚棄的做法，可謂一文化得以進步的不二法門 46。換言之，本書將不只是對歷史的回顧，而更是對將來佛教與儒、道的關係當朝一怎樣的方向發展作前瞻性的討論，甚至汲取經驗以助思考這些思想在現今價值多元的世界中當如何更適當地自處。另由於涉及對佛教和儒、道思想的互動作整體了解，故本書強調系統，而非對不同思想作零碎的討論。因此，本書當不應是一入門或概論式的讀物，惟其在什麼程度上能稱為一進階的著作，則只能留待讀者衡量。

討論至此，有兩點必須指出：第一，本書與現存研究的關係並非互相排斥，而是相輔相成。誠然，現存研究有着如前文所述的不足，但沒有對事實的陳述，即沒有對事實的評價；同理，沒有斷代的歷史，亦不會有整全的視野。在這一意義下，本書雖或能彌補現存研究的若干不足，但本書之得以完成，卻是以現存研究為基礎。筆者相信，這種相依相待的關係，本身即符佛教的緣起法則 47。第二，本書只是重新探討佛教與儒、道思想的關係，藉以希望能對這一關係更作認識和評價。因此，本書所作的僅是一種「解構」（deconstruction）的工作，而未有對佛、儒、道三者的理論作任何新的發揮或創造 48。誠如傅偉勳（1933－1996）所言，

理論的建構還得待對該理論有基本的認識[49]。換言之，吾人若要對佛、儒、道三者的理論更有發揮，必待認清三者的性質才能成事；前者還待將來因緣的成熟，而後者才是本書的工作。以上兩點，還請讀者垂注。

◎ 第四節　研究的方法

為了達到前文所述的研究效果，本書得小心選擇研究方法。首先，本書既討論佛教與儒、道思想的互動，而互動又為一動態的概念，當中涉及思想在過程中的改變，故本書將採「史」的觀點立論[50]。所謂史，若循最簡單的角度而言，即是對過去事情的記錄[51]。惟過去發生的事情眾多，為何要記錄此事而不是彼事？當中即涉及一取捨；既有取捨，則有價值判斷。因此，史不只是對過去事情的記錄，而更涉及對過去事情的判斷和分析，此即所謂「史

46　　勞思光，《中國文化路向問題的新檢討》（台北：東大圖書公司，1993年），頁 191-193。

47　　Eviatar Shulman, 'Early Meanings of Dependent-Origination', *Journal of Indian Philosophy* vol. 36 (2008): 297-317.

48　　有關「解構」在宗教研究的涵意，見 Volkhard Krech, 'Dynamics in the History of Religions – Preliminary Considerations on Aspects of A Research Programme', in Volkhard Krech and Marion Steinicke ed., *Dynamics in the History of Religions between Asia and Europe: Encounters, Notions, and Comparative Perspectives* (Leiden: Brill, 2011), pp.15-70.

49　　傅偉勳，《從創造的詮釋學到大乘佛學》（台北：東大圖書公司，1990年），頁 9-12。

50　　徐復觀，《兩漢思想史（卷二）》（台北：台灣學生書局，2000 年），〈自序〉頁 2。

51　　更多討論，詳見王爾敏，《史學方法》（北京：中華書局，2018 年），頁 82-91。

識」[52]。循此，本書雖以史的方法來討論佛教與儒、道思想的互動，但非把一切涉及這範圍的史實均加以詳述，而是對有歷史意義者作出分析。至於何謂「歷史意義」得緊扣本書的主題：佛教與儒、道思想的互動，而當中又主要包括佛教對儒、道思想的影響，以及儒、道思想對佛教的影響兩方面[53]。換言之，若與本書主題未有直接關係者，其縱使在佛教或中國文化史上是一重要的論題，吾人亦不宜在本書詳述，以免模糊討論的焦點；反之，一事縱然在佛教或中國文化史上看似不太重要，但其若在佛教與儒、道思想的互動中扮演重要角色，本書亦當詳細論之。事實上，不少研究已分別對佛、儒、道三者各自的重要課題作出討論，我們大可在適當時候對其加以應用，而不須對每一議題均作重複說明，以免為讀者和筆者帶來不必要的負擔[54]；惟吾人在選取要討論的歷史事件時還是要相當小心，以免犯了把複雜問題化約成簡單判斷的毛病[55]。

其次，本書既把範圍定在佛、儒、道三者的思想，則本書的研究方法當為「思想史」。我們知道一思想的出現，當是對某些問題的回應[56]。是以，若要了解一思想何以會在一時一地出現，當要對該思想出現時的社會、政治和文化有一定程度的認識[57]。在這一意義下，把各種文化包攬其中的「文化史」在理論上當有助本書的討論[58]。惟要把長達近二千年的各種涉及佛、儒、道的文化均加以討論，一來技術上並不可行，二來原則上亦無必要。因如前所述，本書只需處理跟佛教與儒、道思想互動有關的事情。至於分別涉及佛、儒、道三者的社會、政治和文化等議題，若未與這一互動過程有直接關係，當不宜在本書的討論範圍以內[59]。因此，本書乃不宜採文化史的角度立論，以免做成尾大不掉的情況。可是，我們亦不採「哲學史」的角度

立論，因哲學實不能窮盡本書要討論的思想。我們知道，凡哲學必是思想，但不是所有思想都能稱為哲學。若本書把討論範圍定在哲學，則容易對佛教與儒、道思想的互動得一偏頗的理解。明顯的例子，是佛教對道家的一個直接影響是刺激了道教的出現；而佛教對儒家的影響則包括修養工夫。惟道教和修養工夫的哲學意味並不太重，以致其難以被稱為學院意義下的哲學；而三教合流雖是佛教與儒、道思想長期互動下的產物，但其哲學價值亦廣為人質疑 60。若我們把討論焦點放在哲學，便容易遺漏以上各種

52　　唐君毅，《生命存在與心靈境界（上冊）》（台北：台灣學生書局，1986 年），頁 61-69；王爾敏，《史學方法》，頁 101-103。

53　　見拙文〈佛教與中國文化〉，收入趙國森等著，《了解佛教》（香港：三聯書局，2019 年），頁 50-82，尤頁 54-55。

54　　參考朱鴻林，《儒者思想與出處》（北京：三聯書店，2015 年），頁 28-39。

55　　黃進興，《從理學到倫理學：清末民初道德意識的轉化》（台北：允晨文化，2013 年），頁 366。

56　　此即勞思光先生所言的「基源問題」。見其著《新編中國哲學史（卷一）》，頁 10-12。

57　　詳見 H.G. Creel ed., *Chinese Civilization in Liberal Education* (Chicago: The University of Chicago Press, 1959), pp.132-169. 黃俊傑稱這一強調外在環境對一思想的影響者為「外在的研究方法」，見其著〈思想史方法論的兩個側面〉，收入其編《史學方法論叢》（台北：台灣學生書局，1984 年），頁 243-301。

58　　更多有關文化史的討論，見 Benjamin A. Elman，〈中國文化史的新方向：一些有待討論的意見〉，《台灣社會研究季刊》卷 12（1992）：1-25。

59　　類似觀點，可參考林鎮國，《空性與方法：跨文化佛教哲學十四講》，頁 2。

60　　以上各者，將在本書第三、四及五章再有討論，暫按下不表。

重要議題[61]。是以，本書亦不會採哲學史的角度來討論問題。相對於文化史和哲學史，思想史當為一較佳的選擇，因其一方面可避免如文化史般容易使討論流於空泛，另方面不致如哲學史般把討論範圍定得過於狹窄。這樣，我們在討論問題時便可顧及全面和深入這兩項要求[62]，一如前文所提出。

以上雖論及思想史的方法當較適合本書的主旨，但思想史之所以為思想史當更有其特點。余英時先生對於思想史的特色有一詳細說明，茲迻引如下：

> 中國思想史的研究，和一般的歷史研究一樣，必須從某些預設或假定（assumptions or presuppositions）開始；如果沒有預設或假定，則思想史的大量文獻僅僅是一堆雜亂無章的原始資料，根本無法整理出條理來，更不可能從其中找到思想變遷的歷史線索。我研究中國思想史自然也有一些必要的預設。
>
> 首先，我預設思想史的「自主性」（autonomy）：思想和學術（scholarship，包括人文 humanities 和 sciences），一旦出現即形成了一個自主的精神領域（包括宗教在內），從此一代一代的接着發展下去。我們常說的思想傳統（intellectual tradition）便是這樣建立起來的。但是另一方面，思想史的自主性是相對的（relative），而不是絕對的（absolute），因為思想是和人的整體生活息息相關的。人的整體生活中任何一部門發生重要的變化都會在思想領域中引起相應的波動。所以研究思想史的人並不能把眼光完全局限在純思想的領域之內；他必須密切觀察其他領域——政治、經濟、社會等——的種種動向。和思想史一樣，政治史、經濟史、社會史等也都各有其自主性。但由於每一領域的自主性又同時是相對的，這些眾多領域之間必然互相交涉，互相影響。每一時代

的思想都必須通過它的整體的歷史背景才能獲得充分的理解，這是今天大多數思想史家的共識。[63]

簡言之，思想史比文化史和哲學史優勝的地方，是文化史或過於強調影響一思想的外在條件，而忽視了思想的自主性；而哲學史則或着重思想的自主性，而忽視一思想之所以如此發展，實一定程度上受到外在條件的制約。思想史一方面重視一思想的自主性，另一方面顧及影響一思想的外在條件。在這一意義下，思想史討論問題的角度實較為符合現實的情況，而這正是本書採其作為研究方法的另一主要原因[64]。至於何時較重概念分析，何時側重外在條件的討論，得取決於具體情況，不能一概而論[65]。當然，更好的研究方法若未能加以實踐，最終亦只會淪為口號或是紙上談兵[66]。能否把以上的研究方法加以落實，則取決於本書其他章節。以下即介紹本書的結構，以明當中進路。

61　更多討論，見錢穆，《中國歷史研究法》（台北：東大圖書公司，1991年），頁65-79；耿雲志編，《胡適遺稿及祕藏書信（第七冊）》（合肥：黃山書社，1994年），頁38；葛兆光，《中國思想史──導論：思想史的寫法》（上海：復旦大學出版社，2001年），頁55-65。

62　類似觀點，見龔雋，《禪史鈎沉──以問題為中心的思想史論述》（北京：三聯書店，2006年），頁25-36。

63　余英時，《中國文化史通釋》（香港：牛津大學出版社，2010年），頁1-2。

64　更多有關思想史的討論，詳見黃進興，《從理學到倫理學：清末民初道德意識的轉化》，頁348-415；王汎森，《思想是生活的一種方式：中國近代思想史的再思考》（北京：北京大學出版社，2018年），頁1-32。

65　參考黃俊傑，〈思想史方法論的兩個側面〉。

66　徐復觀，《中國思想史論集》（台北：台灣學生書局，2002年），頁2-3。

◎ 第五節　本書的結構

全書共七章。第一章為導論，主要介紹本書的性質和研究方法，即上文所述。第二章討論佛教傳入中國的因緣。循佛教的觀點，一事之所以出現必有其內因和外緣，佛教得以在約公元一世紀傳入時值漢代的中國，亦復如是。本章討論佛教得以來華主要與當時中國的思想界正值衰落期有關。漢代雖為大一統的皇朝，但其時思想發展卻頗為貧乏。基本上，先秦時期流行的理性思想至漢代已經喪失，代之而起的是陰陽五行等帶有神秘色彩的思想，而這即有助佛教的傳入。惟印度有佛教和中國有神秘色彩的思想，時間卻遠早於公元一世紀，何以佛教偏在該時傳入中國？這即有賴東西交通的開通。明白佛教來華的因緣，乃了解佛教最初是以什麼形態進入中國，從而知道其最早是在什麼範疇上影響中國文化。

第三章探討佛教和道家的關係。本章所謂「道家」，包括「道教」和「道家思想」。佛教的傳入，首先刺激道教的出現，而兩教在中國歷史上則長期處於競爭狀態。但隨着時間日久，兩教漸由競爭而變成相互模仿，終為明代流行的三教合流走出重要的第一步。另方面，道家思想初看下與佛教的般若思想有相似之處，故其在接引佛教來華一事上扮演重要角色。對佛教義理的探討，則加重玄談的風氣，間接促成魏晉玄學的盛行。簡言之，佛教與道教的關係初以衝突為主；佛教與道家思想的摩盪則具積極意義。佛教與道家的互動，即以上述兩方面為主軸。

第四章討論佛教和儒家的關係。任何文化必以其前見看待外來文化，儒家思想即為傳統中國人看待佛教這一外來宗

教時的主要前見。在中國歷史上，儒、佛的關係曾一度處於緊張的狀態，當中唐儒和宋儒便大舉闢佛，終至在華佛教不得不對自身的理論作出修正，以求回應儒家的批評。在這一意義下，儒家對佛教實扮演着一約軌的角色。事實上，儒家不但使在中國的佛教得依如來藏的方向來發展，亦使中國佛教特別重視儒家強調的各種人倫價值。佛教與儒家在表面上日益相似，終為明代流行的三教合流得以可能走上關鍵的第二步。

第五章討論三教合流的問題。隨着佛、儒、道三者在義理上逐漸相近，中國思想史上乃出現三教合流或與之類似的訴求，甚至發展出所謂「三一教」的思想。這一三教合流的主張雖謂大大緩和佛教和儒、道之間的矛盾，但其卻使三者本身的面貌日趨模糊。在很大程度上，三教合流的出現代表着佛、儒、道三者特色的消失。是以，三者表面上的和諧實是以犧牲各自的特色為代價，以致最終惹來近代有識之士的反撲。

第六章即討論近代佛教人士和儒者等對失去自身身份這一現象的反思。當中有猛烈攻擊中國佛教者；有嘗試會通印度佛教和中國佛教者；亦有重新界定儒、佛等文化傳統的特色，以求各個傳統能夠各安其位和相互補足者。這種既強調一己理論的特色，又能承認自身不足的態度，終使佛教能與儒、道共同走上一饒有意義的並存之道。

最後一章為餘論。如前所述，本書非僅是對事實作出陳述，而是對佛教與儒、道思想的互動過程作一價值判斷和前瞻性的討論。本章檢討這一互動過程於過去曾經出現的優劣狀況，以冀能發揮當中的優點之餘，避免重蹈其缺

點，並藉以嘗試為這一互動在未來的發展及其對現今流行的多元主義當有何啟示等議題稍作分析。

以上即為全書的結構。

佛教的來華

第二章

佛
教
的
來
華

佛教來華的背景非常複雜，至今沒有一致的說法。本章並非要為
各種有關佛教來華的史料再作考證，而旨在探討佛教傳入中國的因
緣，以明佛教來華一事的性質究是什麼。蓋佛教何以能夠傳入中
國，決定其時來華佛教的性格；而該性格又直接影響佛教如何與當
時中國的文化發生互動，當中包括佛教怎樣影響時人的生活，以及
時人對佛教作出什麼的反應。換言之，了解佛教來華的背景，對於
吾人弄清佛教與儒、道等思想的關係實非常重要。事實上，佛教約
於公元前五世紀在印度出現[1]，但其卻要在數百年後的漢代才得以
傳入中國，其中曲折，實為各種因緣所影響。有關佛教傳入中國的
時間，據《魏略．西戎傳》載：

> 昔漢哀帝元壽元年，博士弟子景盧受大月氏王使伊存口授浮屠
> 經。曰復立者，其人也。浮屠所載臨蒲塞、桑門、伯聞、疏問、
> 白疏間、比丘、晨門、皆弟子號。

查西漢哀帝劉欣（公元前 21 – 公元 2）的元壽元年即公元前 2 年，引文中的「浮屠」為 Buddha 一詞的早期翻譯，而「浮屠經」即指佛經[2]。循引文，景盧（生卒年不詳）於該年曾接受大月氏（今新疆東部一帶）的使者講授佛經，可知中國人或早於公元前 2 年已接觸佛教，惟後者於其時當未在中國本土流行。至東漢明帝劉莊（28 – 75）永平八年（公元 65 年），始有佛教在漢代貴族中流傳的記錄。蓋明帝在予楚王劉英（? – 71）的詔書中有云：

> 楚王英誦黃老之微言，尚浮屠之仁祠，潔齋三月，與神為誓，何嫌何疑當有悔吝！其還贖以助伊蒲塞桑門之盛饌。（《後漢書・楚王英傳・卷四十二》）

足見其時貴族已有祭祀「浮屠」的做法。因此，吾人雖或未能肯定佛教來華的確切年份，但其事當發生在公元一世紀前後則大致無疑[3]。以下即分析佛教於該時得以傳入中國的因緣，以作本書往後討論的基礎。

1　有關佛教興起的年代，學界一直存着爭議。由於其與本書的主旨關係不大，故吾人於此只指出大概年代，而不會對這一議題加以深究。更多關於佛教盛行年代的考證，可參考 H. Bechert ed., *When Did the Buddha Live? The Controversy on the Dating of the Historical Buddha* (Delhi: Sri Satguru Publications, 1995)。

2　據季羨林先生的看法，把 Buddha 譯為「佛陀」，當是佛教典籍經吐火羅文影響後的一個做法，其出現時間應比用「浮屠」翻譯 Buddha 的做法為晚。詳見其著《中華佛教史：佛教史論集》（太原：山西教育出版社，2013 年），頁 8-18。

3　有關佛教來華年份的討論，可參考鐮田茂雄著，關世謙譯，《中國佛教史》（台北：新文豐，2010 年），頁 9-11；E. J. Zürcher, *The Buddhist Conquest of China: The Spread and Adaptation of Buddhism in Early Medieval China* (Leiden: Brill, 2007), pp.22-23. 事實上，雖有多種傳說把佛教來華的時間推前，惟這些傳說均不大足信，故不取。詳見湯用彤，《漢魏兩晉南北朝佛教史（上冊）》（台北：台灣商務印書館，1998 年），頁 1-15。

◎ 第一節　內因──傳統思想的衰落

對於佛教為何能夠成功傳入中國，宋代的歐陽修（1007－1072）在
其《本論》中有一重要觀察：

> 佛為夷狄，去中國最遠，而有佛固已久矣。堯、舜、三代之際，
> 王政修明，禮義之教充於天下，於此之時，雖有佛，無由而入。
> 及三代衰，王政闕，禮義廢，後二百餘年而佛至乎中國。由是言
> 之，佛所以為吾患者，乘其闕廢之時而來，此其受患之本也。
> 補其闕，修其廢，使王政明而禮義充，則雖有佛，無所施於吾民
> 矣，此亦自然之勢也。

據上文，歐陽修認為佛教得以在中國發展，是因為佛教來華時的中
國在文化上實處於不振的時期。簡言之，佛教來華是「乘虛而入」[4]。的
確，摒除透過武力強行把一地征服，一地的本土文化若是強大，外
來文化若要進入該地實相對困難[5]。佛教既非透過武力強行來華，
則其能為公元一世紀前後的中國人所接受，一個較為合理的解釋，
應是佛教有比當時中國的文化更為優勝的地方[6]。惟這一觀點，須
更作說明。

蓋在佛教來華以前，中國已有極高的文化水平。最明顯者，是春秋
戰國時代（約公元前 770－公元前 221）即有儒、道、墨和名等各
家深具哲學色彩的思想流派盛行。在這一意義下，若言佛教有比中
國的文化優勝，或會做成不必要的誤解。事實上，在上述各種思想
出現以前，中國曾經歷長時間的神話時代和宗教時代。所謂神話時
代，主要指時人多以神話來解釋世界和人類的起源，以及自然界和
人事上的各種現象[7]；而宗教時代的特色則主要指人們認為自己的
際遇實為命運或鬼神所決定，以致人的自主性受到極大的限制[8]。
前者的典型例子，是時人把天地視作由盤古演化而成，人類則為女

娲所創造而有;後者的例子,則如《尚書.湯誓》所言:「有夏多罪,天命殛之。[⋯⋯] 予畏上帝,不敢不正。」人類的禍福受天命的制約,為了不受天的懲罰,人類乃有做好的必要。在神話和宗教盛行的氛圍下,春秋戰國以前的人們普遍認為萬物均有靈性,從而對河山大川等自然事物抱持敬畏和崇拜的態度,並衍生出如「巫」和「覡」等自認能透過占卜而與天界和靈界溝通的專業人士,故時人信仰的形態實屬廣義的一種薩滿教(Shamanism)[9]。前述各種於春秋戰國時期出現的思想之所以可貴,是其相對處於神話時代和宗教時代的思想而言,顯得更重理性和更具人文色彩。如儒家的創始者孔子言「未知生,焉知死」和「未能事人,焉能事鬼」(《論語.先進》),即反映部分時人對未知事情傾向採一存而不論的態度,直接表現出一種講求客觀的精神;而「富與貴,是人之所欲也,不

4　類似觀點,見唐君毅,《中國人文精神之發展》(台北:台灣學生書局,2000 年),頁 23-25。

5　詳見 Nikolas Jaspert, 'Contacts between the Major Religious Traditions during their Expansion. An Introduction', in Volkhard Krech and Marion Steinicke ed., *Dynamics in the History of Religions between Asia and Europe: Encounters, Notions, and Comparative Perspectives* (Leiden: Brill, 2011), pp.165-176. 當然,一地的文化走向還受很多因素的影響,地理環境即為其中之一。有關文化遷移實循一定規律的討論,可參考 Jared Diamond, *Guns, Germs, and Steel: The Fates of Human Societies* (New York: W. W. Norton & Company, 2005), pp. 405-425.

6　Arthur F. Wright, *Buddhism in Chinese History* (Stanford: Stanford University Press & London: Oxford University Press, 1959), pp.124-125; William Theodore de Bary, *East Asian Civilization: A Dialogue in Five Stages* (Cambridge MA.: Harvard University Press, 1988), pp.22-23.

7　李貴生,《靈化無窮》(香港:中華書局,2009 年),頁 52-78。

8　Julia Ching, *Chinese Religions* (Hampshire and New York: Palgrave Macmillan, 1993), pp.48-50.

9　張光直著,劉靜、烏魯木加甫譯,《藝術、神話與祭祀》(北京:北京出版社,2017 年),頁 37-50;Fu-Shih Lin, 'The Image and Status of Shamans in Ancient China', in John Lagerwey and Marc Kalinowski ed. *Early Chinese Religion – Part One: Shang through Han (1250BC – 220AD)* Vol.1 (Leiden and Boston: Brill, 2009), pp.397-458; Julia Ching, Chinese Religions, pp.40-43.

以其道得之，不處也；貧與賤，是人之所惡也，不以其道得之，不去也。」（《論語‧里仁》）和孟子的「父子有親，君臣有義，夫婦有別，長幼有序，朋友有信」（《孟子‧滕文公上》）等，則反映時人強調道德自覺和一己責任，而非僅是追求物質的滿足和上天的庇佑。換言之，人們之所以要做好不是因為害怕為天所懲罰，而是認為該事本身是正當的，故應為吾人所堅持[10]。類似情況，道家主張「道常無為而無不為，侯王若能守之，萬物將自化」（《道德經‧三十七章》），認為在上者應減少對他人的干預，從而使後者能過着簡單和自在的生活。由於這種思想強調人由束縛中解放，故其有着極強的理想性[11]。凡此均見春秋戰國雖在政治上為一分裂和黑暗的時期，但在思想上卻為一有着理性主義、人文主義和理想主義的時代[12]。惟這一崇尚理性等正面價值的風氣，卻不是佛教來華時中國的文化主流。

誠如上文提及，佛教來華時的中國正值漢代。與春秋戰國時期相反，漢代是大一統的皇朝，其開闢西域，平伏匈奴，在政治上固然是一盛世；惟自秦代（公元前 221－公元前 207）焚書坑儒以統一思想，中國具哲理的書籍或被毀，或被迫依附在如醫書、農書和卜筮等具實用價值的書籍以求存。因此，不少具哲理的典籍於漢代或是消失，或是變得面目模糊，此即令漢代在思想上處一價值真空或紊亂的狀態[13]。換言之，漢代在政治上縱然可謂一黃金時代，但在思想上卻是處一沉睡期[14]。以董仲舒（公元前 179－公元前 104）為例，其雖是漢代大儒，但他所提倡的儒學與孔、孟等人所主張的學說實有很大程度上的分別。《漢書‧董仲舒傳》有載：

> 臣謹案《春秋》之中，視前世已行之事，以觀天人相與之際，甚可畏也。國家將有失道之敗，而天迺先出災害以譴告之；不知自省，又出怪異以警懼之，尚不知變，而傷敗乃至。

循引文，董仲舒把人事和天道連結起來，認為兩者實互相影響：天道的運行是人們效法的對象；人事上的失德會惹起天道的注意。在這一情況下，人實踐仁德乃不必是因為其是人的責任，而可以只是由於吾人害怕為天道所懲罰，或人僅是機械地跟從天道和與其相關的規律以行事[15]。董仲舒在《春秋繁露·五行之義》即有言：

> 天有五行，一曰木，二曰火，三曰土，四曰金，五曰水。[……]
> 五行者，乃孝子忠臣之行也。[……]以子而迎成養，如火之樂木也；喪父，如水之克金也；事君，若土之敬天也。

人之事父事君，不是出於孝心和忠義，而是天的規律使然。在這一意義下，先秦儒家強調的自覺和理性精神顯然褪色；代之而起者，是時人對於陰陽和五行等有着神秘主義色彩的元素所表現出來的信仰[16]。

10　徐復觀，《中國人性論史·先秦篇》（台北：台灣商務印書館，2003年），頁 456-463。

11　勞思光，《文化哲學講演錄》（香港：中文大學出版社，2002年），頁196-201。

12　馮友蘭，《中國哲學史（上冊）》（香港：三聯書店，2000年），頁 24-30。

13　勞思光，《新編中國哲學史（二）》（桂林：廣西師範大學出版社，2005年），頁 11-14。

14　方東美，《中國大乘佛學（上）》（台北：黎明文化，2004年），頁 45-51。另見常乃惠，《中國思想小史》（哈爾濱：哈爾濱出版社，2019年），頁 6-7。

15　更多討論，可參考馮樹勳，《陰陽五行的階位秩序：董仲舒的儒學思想》（新竹：國立清華大學出版社，2011年），頁 132-137。

16　常乃惠，《中國思想小史》，頁 75-76；勞思光，《新編中國哲學史（二）》，頁 11-14。有關神秘主義的討論，本書第三章將再有述及，暫按下不表。

事實上，漢初奉行「黃老之術」治國，其表面奉行道家無為而治的思想，原意是希望與民休息，使民間的活力能在暴秦之後得以復甦，但這一做法卻間接衍生一現象：漢代人士普遍尊崇老子[17]。《史記·外戚世家》便有載：

> 竇太后好黃帝、老子言，帝［景帝］及太子［武帝］、諸竇不得不讀黃帝、老子，尊其術。

由於老子向被認為是《道德經》的作者，而《道德經》部分句子如「谷神不死，是謂玄牝」（六章）、「無狀之狀，無物之象，是謂惚恍」（十四章）和「古之善為道者，微妙玄通，深不可識」（十五章）等又多少帶有神秘色彩[18]，故老子遂有為時人神化的跡象[19]。簡言之，尊崇老子當有助促成漢人研習具神秘主義色彩學說的風氣[20]。前述佛教有比中國文化優勝的地方，以致前者能夠順利進入中國，僅指佛教當有比其時廣為神秘主義氛圍籠罩下的中國文化優勝，非輕言佛教即比整體的儒、道等思想可取，這點尤請讀者留意。

隨着人文思想的衰落和神秘主義的盛行，各種具宗教色彩的儀式和觀念乃得在漢代流行[21]。由於這涉及道教的討論，故將留待第三章再作分析。吾人於此只想指出一點：上述情況正好為其時漢人引入佛教提供內在的誘因，這是由於時人理解的佛教即為神秘主義的一種[22]。惟漢代思想有着以上特色卻非始於公元一世紀，但何以佛教還是得到該時才傳入中國？這則有待外緣的成熟。

◎ 第二節　外緣──交流路線的開通

蓋佛教得以傳入中國，除了是當時中國的思想狀況對其提供了有利的條件外，還賴佛教有傳入中國的途徑，而這途徑即為在漢代時開通的「絲綢之路」。所謂絲綢之路[23]，是指由敦煌西出玉門關，經

陽關，再沿崑崙山北麓，穿過于闐而到莎車的「南路」，以及從敦煌北部出發，經伊吾再向西行，沿天山南麓至龜茲，而至疏勒的「北路」，兩者均為中國與當時「西域」溝通的主要交通路線。有學者甚至指出絲綢之路的終點可遠至羅馬，沿途有多條支路[24]；而西域者[25]，大意指位於中國西面的土地，其涉及範圍隨時代的不同而有所改變。一般而言，西域有廣、狹二義。前者包括今天中國的新疆、前蘇聯一些中亞加盟共和國、阿富汗、伊朗、阿拉伯國家、印度、巴基斯坦、孟加拉、尼泊爾、斯里蘭卡、不丹、錫金、馬爾代夫，乃至非洲東部；後者則指現今新疆天山以南，從玉門關到蔥嶺一帶。

17　林啟彥，《中國學術思想史》（台北：書林出版，2014 年），頁 66-76。

18　劉笑敢，《老子》（台北：東大圖書公司，1997 年），頁 217。

19　這一跡象在東漢尤為明顯。詳見陳鼓應、白奚，《老子評傳》（台北：文史哲出版社，2002 年），頁 304-308；Grégoire Espesset, 'Latter Han Religious Mass Movements and the Early Daoist Church', in John Lagerwey and Marc Kalinowski ed., *Early Chinese Religion — Part One: Shang through Han (1250BC – 220AD)* Vol.2 (Leiden: Brill, 2009), pp.1061-1102.

20　史懷哲（Albert Schweitzer）著，常暄譯，《中國思想史》（北京：社會科學文獻出版社，2009 年），頁 66-67。

21　杜維明著，陳靜譯，《儒教》（上海：上海古籍出版社，2008 年），頁 42-45。

22　霍韜晦，《絕對與圓融 —— 佛教思想論集》（台北：東大圖書公司，2002 年），頁 40-42。

23　以下有關絲綢之路路線的討論，參考榮新江，《絲綢之路與東西文化交流》（北京：北京大學出版社，2015 年），頁 4-5；洪修平，《中國佛教與佛學》（南京：南京大學出版社，2016 年），頁 44。

24　林梅村，《絲綢之路考古十五講》（北京：北京大學出版社，2006 年），頁 2-4。

25　以下有關西域的討論，參考季羨林，《中華佛教史：佛教史論集》，頁 250-251；孔慧怡，《重寫翻譯史》（香港：香港中文大學翻譯研究中心，2005 年），頁 66-67；歐陽瑩之，《龍與鷹的帝國 —— 秦漢與羅馬的興衰，怎樣影響了今天的世界？》（香港：三聯書店，2018 年），頁 343。

漢代的西域，主要指後者，而本節的討論範圍亦是以此為限。

如前所述，漢初以黃老之術治國，主張與民休息，故對和外邦接觸採一消極的態度，加上其時匈奴（約今蒙古和西伯利亞南部一帶）勢力龐大，對於漢代與其周邊國家進行聯絡實為一大阻礙。簡言之，因欠缺動力和能力，漢初與西域遂未有太多溝通 26。這一與西域中斷往來的情況，至漢武帝劉徹（公元前 157 － 公元前 87）時才有所改變。蓋武帝時國力日盛，故有西進政策。其中最重要者，當是派遣張騫（公元前 164 － 公元前 113）出使西域。查張騫首次出使西域的時間為建元三年（公元前 138），其目的是要聯絡大月氏共同對抗匈奴。惟途中為匈奴所擒，至元朔三年（公元前 126）才返回中土。張騫出使的任務雖然失敗，卻為武帝帶來大量有關西域的資訊，有助漢代與西域各國的交往。公元前 121 年，漢武帝成功討伐匈奴，直接打通漢代與西域的交通；公元前 116 年，張騫再次出使西域，中國與西域各國遂得以建立初步的文化交流 27。與此同時，印度與中亞地區之間的交通則大致暢順。佛教自約公元前五世紀於印度出現，即隨着印度與鄰近地方的商業貿易，一直朝南亞、中亞和被中國稱為西域的多個地區流布，當中未遇太大的阻力 28。佛教於何時傳入西域各國雖未有定論，但吾人若從佛教乃循印度經西域輾轉傳入中國這一傳播路徑推敲 29，則其當在公元一世紀以前即已傳至西域 30。此外，亦有主張佛教循海路直接由印度傳入嶺南一帶，是以華南亦是佛教最早於中國盛行的地方之一，惟其時間實比佛教經絲綢之路而傳入中國稍遲 31。本章不是要探討佛教最早究竟是從陸路還是海路傳入中國，而是要強調佛教得以在約公元一世紀傳入中國，實有賴交通路線已被打通的這一外緣 32。否則，時人雖有引入具神秘色彩的外來宗教或思想的需求，但佛教是否能於其時傳入中國，相信機會還是極為渺茫。

◎ 第三節　小結

以上簡述佛教來華的因緣。當中有兩點值得我們注意：第一，佛教來華適值中國的人文思想衰落，而具神秘色彩的思想盛行之際。若是，則時人對佛教的興趣當是佛教中較具哲理的學說，還是較為神妙的元素？事實上，從歷史的角度觀之，佛教最初主要是以方術的姿態來華，而未涉高深的哲理。因此，吾人可發現佛教與中國文化的第一個交流，正好表現在具神秘主義色彩的宗教範圍內，其直接結果即為道教的衍生。在這一意義下，佛教與道教的關係實非常密切，而這亦將是本書第三章首要處理的問題。第二，佛教最初既以

26　有關漢初時漢室、匈奴和西域的關係，詳見余英時，《漢代貿易與擴張：漢胡經濟關係的研究》（台北：聯經，2008 年），頁 277-291。

27　以上所述，詳見 Ying-Shih Yu, 'Han Foreign Relations', in Denis Twitchett and Michael Loewe ed., *The Cambridge History of China Vol.1: The Ch'in and Han Empires, 221B.C. – A.D.220* (New York: Cambridge University Press, 1986), pp.377-462；林梅村，《絲綢之路考古十五講》，頁 110-117。

28　Jason Neelis, *Early Buddhist Transmission and Trade Networks: Mobility and Exchange within and beyond the Northwestern Borderlands of South Asia* (Leiden: Brill, 2011), pp.317-319.

29　E. J. Zürcher, *The Buddhist Conquest of China: The Spread and Adaptation of Buddhism in Early Medieval China,* pp.22-23；嚴耕望，《魏晉南北朝佛教地理稿》（上海：上海古籍出版社，2007 年），頁 1；釋印順，《佛教史地考論》（新竹：正聞出版社，1998 年），頁 3-5。

30　如湯用彤先生認為，佛教於西漢已在中亞各國流傳。見其《漢魏兩晉南北朝佛教史（上冊）》，頁 47。類似觀點，見季羨林，《中華佛教史：佛教史論集》，頁 254-255；許倬雲，《我者與他者：中國歷史上的內外分際》（香港：中文大學出版社，2009 年），頁 41-42。

31　有關佛教來華可能路線的討論，參考葛兆光，《中國思想史——第一卷：七世紀前中國的知識、思想與信仰世界》（上海：復旦大學出版社，2001 年），頁 375-378。

32　更多有關佛教沿絲綢之路傳入中亞和東亞各國的討論，見 Daniel Veidlinger, *From Indra's Net to Internet: Communication, Technology, and the Evolution of Buddhist Ideas* (Honolulu: University of Hawaii Press, 2018), pp. 102-134.

方術的姿態來華，則其身份和地位乃不為主流仕人所重視；縱然佛教逐漸得到發展，但其仍是長期惹來主流仕人的攻擊。佛教若要在中國作長遠發展，乃得在形象和理論上有所改變和發揮，以求適應中國的社會。的確，漢代思想的衰落，在原則上有利外來文化進入中國；而中外交通的打通，在技術上亦使外來文化得以進入中國[33]。在以上條件的配合下，不同的文化在理論上均能進入中國，但何以在實際上卻只有佛教才能在中國有效發展，乃至成為本土文化的重要組成部分[34]？此得從佛教可與如儒家等傳統中國思想相適應的這一點來觀察才能找到答案，而這將是第四章所要探討者。以下，即承前述兩點，開展本書有關佛教與道、儒思想互動的討論。

33　詳見 Valerie Hansen, *The Silk Road: A New History* (New York: Oxford University Press, 2012), pp. 199-234. 事實上，在歷史上循絲綢之路傳入中國的宗教思想還包括回教、祆教、景教和摩尼教等，雖然這些宗教要在公元四至八世紀才先後在西域出現，其比佛教在西域興起晚約數百年。見榮新江，《絲綢之路與東西文化交流》，頁 297-377。

34　誠然，中國有回教，但其並未能在中國文化中扮演如佛教般的重要角色。在這一意義下，佛教在中國的發展比回教在中國的發展可謂遠為成功。有關回教在中國的發展概況，參考余之聰，〈中國伊斯蘭：文明交往、抗衡、融合與衝突〉，收入賴品超編，《從文化全球化看中外宗教交流史》（香港：香港中文大學崇基學院宗教與中國社會研究中心，2018 年），頁 167-234。

佛教與道家

第三章

佛教
與道家

◎ 第一節　「道家」釋義

佛教與傳統中國思想的關係，從時序發生的先後而言當由其與道家
的接觸說起；惟佛教與道家的關係如何，卻不是一容易回答的問
題。究其原因，是我們對「道家」一詞的理解常有着分歧。如在
哲學的討論中，「道家」多指一出現於春秋戰國時期的思想流派，
其代表人物主要為老子和莊子；惟在宗教研究中，「道家」卻可指
「道教」，其為一種出現於東漢（25－220）末期的民間信仰 1。事實
上，吾人既能大致把「道家」分類為哲學和宗教兩範疇，則「道家」
一詞的內涵當不應太過模糊，以致我們竟難以分析佛教與道家的關
係。但困難的地方，卻是哲學上的道家（下簡稱「道家」）和宗教
上的道家（下簡稱「道教」）究竟有着什麼關係，這是一有待探討
的問題。本章先討論道家和道教的關係，再分別述及佛教與兩者的
互動，以冀能就佛教與這支中國文化相互影響的情況得出一較為完
整的圖像。

大致而言，有關道家與道教關係的論述有二：第一，是主張道教是
道家的一個延伸；第二，是認為道家與道教沒有太大關係，道教只
是挪用道家的若干概念來發揮自己的一套思想[2]。循第一個觀點，
相傳為老子所著的《道德經》不僅是一討論待人處世之道的論著，
其更是探討宇宙生成萬物之理的經典。換言之，《道德經》實處理
一個所有宗教均共同關心的問題：宇宙和人的終極根源[3]。事實
上，《道德經・一章》所載「道可道，非常道；名可名，非常名。
無，名天地之始；有，名萬物之母。故常無，欲以觀其妙；常有，
欲以觀其徼。此兩者，同出而異名，同謂之玄。玄之又玄，眾妙之
門。」即有強烈的宇宙論色彩，其認為「無」和「有」兩者同為萬
物根源之意似乎甚明[4]；而「天下萬物生於有，有生於無」（〈四十
章〉）和「道生一，一生二，二生三，三生萬物」（〈四十二章〉）
等章亦有着明顯的創造論色彩。在這一意義下，道教認為《道德
經》含有宗教元素，並視其為自身教義的經典可謂不無道理[5]。此
外，道教又以《莊子》為其另一重要典籍，並名之曰《南華經》。
蓋《莊子》一書強調逍遙，而能夠達到這一境界者即為真人。如
《莊子・大宗師》所言：「古之真人，不逆寡，不雄成，不謨士。若

1　Julia Ching, *Chinese Religions* (Hampshire and New York: Palgrave Macmillan, 1993), pp. 85-86；劉笑敢著，陳靜譯，《道教》（台北：麥田出版，2002 年），頁 18-22。

2　更多討論，參考蒙文通，《佛道散論》（北京：商務印書館，2017 年），頁 118-136；柳存仁，《和風堂文集（中）》（上海：上海古籍出版社，1991 年），頁 651-652。

3　有關宗教的關注對象，參考 Frederick J. Streng, *Understanding Religious Life* (Belmont: Wadsworth, 1985), pp.2-9.

4　至於「無」、「有」兩者所指為何，其又如何能生成萬物等問題，將在後文述及，暫按下不表。

5　詳見 N. J. Girardot（吉瑞德）著，蔡覺敏譯，《早期道教的混沌神話及其象徵意義》（濟南：齊魯書社，2017 年），頁 61-99。

然者，過而弗悔，當而不自得也。若然者，登高不慄，入水不濡，入火不熱，是知之能登假於道者也若此。」這一真人形象，若循哲學的角度解釋，固可視之為是莊子用以比喻一人不為外在條件影響時的狀態；但道教卻把這一遇水不濡、遇火不熱的情況視為對神仙的描述[6]。是以，《莊子》或《南華經》乃為道教提供一個可供吾人追求的境界。《道德經》和《南華經》既分別為道教提供用以解釋萬物根源和理想境界的憑藉，則作為宗教的道教確可視其自身為道家思想的一個延續。在這一意義下，兩者遂有着極為密切的關係[7]。

惟按上述第二個觀點，吾人亦可認為道家與道教並無太大關係。以《道德經》為例，其雖似有「道」生成萬物的主張，但這一所謂「生成」所指究是什麼？蓋「天下萬物生於有，有生於無」一句，表面上似指出萬物均由「有」所生，「有」則由「無」而出。但「無」如何生「有」？這一點卻違反常識。因此，晉代的裴頠（267－300）在其《崇有論》中便言：「夫至無者無以能生，故始生者自生也。」質疑世界不當是「無中生有」。若是，則我們遂不宜把「無」視為常識意義下的「一無所有」或西方哲學所指的 nothingness。事實上，隨着考古的發現，吾人對於《道德經》所講的「無」當可有與前人不同的理解。以於 1973 年在長沙馬王堆發現的兩個帛書《道德經》版本為例，其便不是如傳統的以〈道經〉放前，〈德經〉放後；而是〈德經〉放前，〈道經〉放後。換言之，上引《道德經・一章》的內容，其於馬王堆出土的版本中，當在全文的中段位置[8]。按《道德經》中所謂「德」，並非一般意義下的道德，而是有着另一重意義的「玄德」。如〈五十一章〉有言「道生之，德畜之，長之育之，亭之毒之，養之覆之。生而不有，為而不恃，長而不宰，是謂玄德。」引文中的「玄德」，指吾人只要不干預萬物，萬物乃能按自己的規律而得以自然而然地成長。簡言之，「玄德」指我們應透過「無為」從而使萬物得以「有為」，此即是「道常無為而無不為。侯王若能守之，萬物將自化。」（〈三十七章〉）的意思。若以

上的分析正確,則《道德經》中的所謂「無」當是「無為」的一個狀詞或簡稱。「無」得以生「有」,並非指前者「創生」後者,而是指吾人無為故萬物反能得以有為的「不生之生」[9]。這一觀點,即與前述道教憑藉《道德經》以建立其宇宙論的立場大相逕庭。

此外,莊子所述的真人亦不必解作一種在身體上不為外在環境影響的存在(being),而可指吾人在臻至逍遙後的一種狀態。蓋逍遙的前提是齊物,而齊物則為我們看問題的一種方式。簡言之,吾人愈能循一宏觀或大道的角度看問題,萬物的分別乃愈小,最終無異於沒有分別。如此,吾人才能不強調我們與他人之間的差異,而能真正做回自己。在這一意義下,逍遙當為一種心境,而不是指一種生理狀態;真人亦應解為不造作、不虛偽的人,而非如神仙一類的人物[10]。漢學家劉殿爵先生(D. C. Lau,1921－2010)即認為道家思想實非常純樸,當中並沒有神秘的色彩[11]。本章並非要討論怎樣才是對《道德經》和《莊子》或《南華經》所作的較好解讀,而僅想指

6　牟鐘鑒,《探索宗教》(北京:宗教文化出版社,2008 年),頁 357-361。

7　對於老、莊思想如何發展成道教,詳見錢穆,《中國學術思想史論叢(三)》(台北:素書樓文教基金會及蘭台出版社,2000 年),頁 291-300。另見許地山,《道教史》(鄭州:中州古籍出版社,2016 年),頁 139-173。

8　更多討論,可參考陳鼓應,《老子註譯及評介》(北京:中華書局,2003 年),頁 409-441。

9　詳見牟宗三,《中國哲學十九講:中國哲學之簡述及其所涵蘊之問題》(台北:台灣學生書局,2000 年),頁 89-106。

10　Thomé H. Fang, *Chinese Philosophy: Its Spirit and Its Development* (Taipei: Linking Publishing Co., Ltd., 1981), pp. 131-133;楊儒賓,《儒門內的莊子》(台北:聯經,2016 年),頁 461-501。

11　劉殿爵著,《採擷英華》編輯委員會編,《採擷英華——劉殿爵教授論著中譯集》(香港:中文大學出版社,2004 年),頁 89-91。類似觀點,見葛兆光,《古代中國文化講義》(台北:三民書局,2019 年),頁 221-223。

出：對以上經典的不同解讀，會影響我們如何判斷道家和道教的關係。

的確，吾人若從前述第二個觀點論之，當能把道家與道教分辨開來，並把表面與兩者均有關係的人物作明確的區別，如把老子、莊子、王弼（226－249）和郭象（252－312）等具有哲學家色彩者視為道家的思想家；葛洪（283－342）、寇謙之（365－448）和陶弘景（456－534）等道士則為道教人物。道家的思想家不必為道士，道教的道士亦不必為思想家，兩者雖同強調「道」，但其對「道」的理解卻截然不同，故彼此實沒有多大關係 12。反之，我們若循前述第一個觀點的角度而論，則道家和道教確似有極為密切的關係，以致吾人對兩者的分類亦變得非常困難。換言之，道家與道教的關係如何，很大程度上取決於我們對如《道德經》和《莊子》等典籍作怎樣的解讀，而沒有簡單或固定的答案 13。惟有一根本問題，吾人卻有回答的必要：為何要分辨道家與道教？

事實上，在歷史上首先把道家和道教作區分者，正是佛教徒。如南朝梁國（502－557）的劉勰（465－522）在《滅惑論》有言：「道家立法，厥品有三，上標老子，次述神仙，下襲張陵。」認為道教與道家雖或有一定關係，但老子與神仙、道士等畢竟有品位高下之別，彼此不屬同一層次；北朝周國（557－581）的道安（生卒年不詳）則在其《二教論》中有言：「今之道士，始自張陵，乃是鬼道，不關老子。」明言道教的思想與老子無關。佛教徒之所以強調道家與道教的分別，主要是因為佛教與兩者的互動實有着截然不同的效果：佛教來華，衍生道教，但兩教卻是長期處於對立的狀態；道家思想則使佛教得以順利來華，避免佛教如其他外來宗教般未能在華作長遠發展 14。以下，即分別討論佛教與道教和道家的關係，以明佛教與這支中國文化主流互動的情況。

◎ 第二節　佛教對道教的刺激

如上一章所言，佛教最初是以神秘主義的姿態來華。是以，佛教對中國文化的最直接影響亦當在具有神秘色彩的宗教層面上，而這一影響即為道教的催生。道教雖是中國的本土產物，但其出現卻與佛教有莫大關係。上節指出，有論者認為道教的思想源自道家；道家既強調無為，而戰國及漢代人士又把無為的主張追溯至軒轅黃帝的年代 15，則在這一意義下，道教的歷史乃可追源至公元前數千年的神話時代 16。惟這一觀點實有可供商榷的地方：蓋有一思想的元素出現，不代表一思想即出現；前者可以是以一種散亂的形式存在，後者則須呈一系統（system）17。最明顯的例子，是吾人或可在《周易》和《尚書》等典籍中找到儒家思想的元素，但僅有這些元素不代表即有儒家思想的出現。儒家思想的出現，當為各種有所謂儒

12　武內義雄著，汪馥泉譯，《中國哲學小史》（北京：民主與建設出版社，2017 年），頁 155-160。另見樓宇烈，《溫故知新——中國哲學研究論文集》（北京：商務印書館，2004 年），頁 446-447。

13　更多討論，參考福井文雅著，徐水生、張谷譯，《漢字文化圈的思想與宗教：儒教、佛教、道教》（武漢：武漢大學出版社，2010 年），頁 180-199。

14　許地山，《道教史》，頁 1-3。

15　呂思勉，《呂思勉論學叢稿》（上海：上海古籍出版社，2006 年），頁 249-253；陳鼓應、白奚，《老子評傳》（台北：文史哲出版社，2002 年），頁 274-284。

16　如道教經典《抱朴子·遐覽》中有《容成經》一卷，相傳容成為黃帝的老師，可見道教有把其歷史追溯至神話時代的做法。詳見饒宗頤，《饒宗頤道學文集》（香港：天地圖書及嗇色園，2016 年），頁 24-38。

17　更多有關「系統」的討論，見陳天機，《學海湧泉：系統視野、天上人間》（香港：牛津大學出版社，2016 年），頁 5-12；關子尹：《語默無常：尋找定向中的哲學反思》（香港：牛津大學出版社，2008 年），頁 43-61。

家色彩的元素能以一較具系統的形態存在，其才得以成事 [18]。換言之，對儒家思想作出探源式的追溯是一回事，但儒家思想具體出現於何時何地，又為另一回事，道教的歷史亦當作如是觀。

事實上，道教的源流非常複雜，我們亦可依據不同的標準，對道教的流派作不同的分類 [19]。惟大致而言，道教主要可分為強調修煉「外丹」和「內丹」的「丹鼎派」，以及主張透過「齋醮」和「救召」等方式來影響自然現象和鬼神的「符籙派」[20]。「丹鼎派」的主張得以盛行，主要歸功於東漢魏伯陽（100－170）所著的《參同契》及晉代葛洪所著的《抱朴子》。循兩書，「外丹」主要指透過服用丹藥而使一人得以長生；「內丹」則指透過調整我們的呼吸，以凝聚精氣來控制自身的生理狀態。如《抱朴子・內篇》有言：「服藥雖為長生之本，若能兼行氣者，其益甚速。若不能得藥，但行氣而盡其理者，亦得數百年歲。」其即為希望透過服藥和調息來保養自然生命的例子 [21]；而「符籙派」的代表人物寇謙之則強調人如何利用如畫符等法術和扶乩等儀式來驅神役鬼 [22]。道教的理想人物神仙正是得到長生和懂得施展法術者；而透過煉丹和修持以欲成為神仙者即為道士 [23]。

誠然，道教中部分元素的歷史可追源至公元前數百年乃至數千年。以長生為例，《楚辭・遠遊》中即有言：

> 餐六氣而飲沆瀣兮，漱正陽而含朝霞；保神明之清澄兮，精氣入而粗穢除。

意指吾人可透過吸取陽光和新鮮空氣而獲得身心健康。《莊子・逍遙遊》則有以下說法：

> 藐姑射之山，有神人居焉，肌膚若冰雪，綽約若處子；不食五

穀，吸風飲露，乘雲氣，馭飛龍，遊於四海之外。

這種不須進食卻可乘風而行者，可謂神仙形象的雛型。至於鬼魂，《禮記・郊特牲》則載：

魂氣歸於天，形魄歸於地。

明言魂魄的存在。《左傳・昭公七年》更對其有詳細說明：

及子產適晉，趙景子問焉，曰：伯有猶能為鬼乎？子產曰：能。人生始化曰魄，既生魄，陽曰魂。用物精多，則魂魄強，是以有精爽，至於神明，匹夫匹婦強死，其魂魄猶能馮依於人，以為淫厲。況良霄，我先君穆公之冑，子良之孫，子耳之子，敝邑之卿，從政三世矣。其用物宏，其取精多，其族又大，所憑厚矣，而強死，能為鬼，不亦宜乎？

引文指出某些人死後當為鬼，其即為春秋時期人們對死後世界的一種憧憬。《國語・楚語》有言：

18   Xinzhong Yao, *An Introduction to Confucianism* (Cambridge: Cambridge University Press, 2010), pp.49-50.

19   詳見黎志添，《了解道教》（香港：三聯書店，2017 年），頁 91-122。

20   勞思光，《中國文化要義新編》（香港：中文大學出版社，2002 年），頁 176-178。

21   南懷瑾，《道家、密宗與東方神秘學》（上海：復旦大學出版社，2016 年），頁 142-158。

22   許地山，《道教史》，頁 122-138。

23   錢穆，《中國學術思想史論叢（三）》，頁 291-300。

古者民神不雜，民之精爽不攜貳者，而又能齊肅衷正，其智能上下比義，其聖能光遠宣朗，其明能光照之，其聰能聽徹之，如是則明神降之，在男曰覡，在女曰巫。

《史記‧封禪書》則更載：

自齊威宣時，騶子之徒論著，終始五德之運，及秦帝始皇採用之，而宋毋忌、正伯僑、充尚、羨門子高之類，皆燕人，為方僊道，形解銷化，依於鬼神之事。騶衍以陰陽主運顯於諸侯，而燕齊海上之方士傳其術不能通，然則怪迂阿諛苟合之徒自此興，不可勝數也。

可見古代中國已有自信能與鬼神溝通的通靈者。以上各種具神秘色彩的元素之出現年代均在春秋戰國或以前，足見其在中國實有長久的歷史 24；而這些元素既是道教的重要組成部分，則在這一意義下，道教認為自身的歷史當有數千年，可謂不無道理。

惟道教的元素雖有如此悠久的歷史，但「道教」作為一專有名詞卻是出現於東漢末年，相傳為「五斗米道」始創人張陵（34？－156？）所作的《老子想爾注》一書 25。查該書第十七章有言：

真道藏，邪文出，世間常偽技稱道教，皆為大偽不可用。

循引文，張陵實以「道教」來稱呼其時各式各樣的「旁門左道」，以標榜自己的五斗米道才是「真道」。另，《魏書‧釋老志》亦有言：

寇謙之清整道教，除去三張偽法，專以禮度為首，而加之以服食閉鍊。

引文中的「三張」，學界多認為是指張陵、張衡（生卒年不詳）和張魯（？－216）三爺孫，但亦有認為是指「太平道」的首領人物張角、張寶和張梁（同？－184）三兄弟 [26]。事實上，時人以道教一名泛指五斗米道和太平道 [27]。所謂五斗米道，為上述張陵於東漢順帝劉保（115－144）時期依《太平經》所創立，主旨是教人悔過奉道。其所以名五斗米道的原因，相信是受助者須交五斗米故。而《太平經》一書，則傳為東漢術士于吉（？－200？）據太上老君口授內容而著，主要講陰陽災異之說和符咒治病之術。由於時人稱張陵為張天師，故五斗米道又名「天師道」。另一方面，太平道為張角於靈帝劉宏（156－189）熹平年間（172－178）依黃老道術和《太平經》所建立，主張以符水和咒語治病，由於成員多以黃巾裹頭，故時人稱其為「黃巾軍」或「黃巾賊」。五斗米道和太平道均以方術替人治病解困而得到民眾的支持，當中較缺乏理論的元素 [28]。

如第二章所述，佛教得以在公元一世紀前後來華，很大程度是由

24　關於上述具神秘色彩的元素之歷史，詳見錢穆，《靈魂與心》（台北：素書樓文教基金會及蘭台出版社，2001 年），頁 54-80；余英時著，侯旭東等譯，《東漢生死觀》（上海：上海古籍出版社，2005 年），頁 17-46；饒宗頤，《饒宗頤道學文集》，頁 79-100；李零，《簡帛古書與學術源流》（北京：三聯書店，2008 年），頁 426-461；傅勤家，《中國道教史》（北京：商務印書館，2015 年），頁 34-42；Mu-chou Poo, *In Search of Personal Welfare: A View of Ancient Chinese Religion* (Albany: State University of New York Press, 1998), pp. 41-68.

25　饒宗頤，《老子想爾注校證》（香港：中華書局，2015 年），頁 62。

26　詳見酒井忠夫著，曾金蘭譯，《道家‧道教史的研究》（濟南：齊魯書社，2017 年），頁 91-106。

27　牟鐘鑒，《探索宗教》，頁 352。

28　更多討論，見唐君毅，《中國哲學原論‧原道篇（卷二）》（台北：台灣學生書局，1993 年），頁 256-261；柳存仁，《和風堂文集（中）》，頁 651-671；傅勤家，《中國道教史》，頁 43-74；劉笑敢著，陳靜譯，《道教》，頁 67-76；金文京著，林美琪譯，《三國志的世界：東漢與三國時代》（台北：台灣商務印書館，2018 年），頁 222-231。

於其時中國的思想概況正值一衰落期：由春秋戰國時的重視人文主義、理性主義和理想主義轉變為漢代的流行神秘主義。以漢代大儒董仲舒為例，其用以說服人君行仁政的方法，與孔子和孟子強調人的自覺和責任不同，而是訴諸如陰陽五行等具神秘色彩的元素，力陳人事和天時相感應。如他在《春秋繁露》中便有言：

> 天有陰陽，人亦有陰陽。天地之陰氣起，而人之陰氣應之而起。人之陰氣起，而天地之陰氣亦宜應之而起，其道一也。（〈同類相動〉）

又言：

> 君臣父子夫婦之義，皆取諸陰陽之道，君為陽，臣為陰；父為陽，子為陰；夫為陽，妻為陰。（〈基義〉）

簡言之，董仲舒認為人是宇宙的縮影，宇宙既是不斷發展，故人亦不能停駐。是以，儒家主張人行善的理由，乃由孔、孟時強調人自覺的應然責任，退步為漢代時的僅視之為被動的機械動作。在這一意義下，董仲舒的思想相較於孔、孟而言，可謂一大倒退[29]。

事實上，依據人和宇宙的若干相似之處，從而總結出兩者有同樣的特性或結構，並不是漢代人士獨有的思維方式[30]。前述的陰陽五行等神秘元素是否真與人事有着緊密的關係，以致人事和天時竟能彼此感應，實可從經驗事實引證或推翻[31]。在這一意義下，董仲舒一類的漢代思想未嘗不可歸類為社會科學乃至自然科學的範疇，故有學者認為漢代思想在天文學等上實有一定價值[32]。時人未對其所主張的結論加以驗證，以致做成哲學上的混亂，固然值得吾人批評；但我們若循一同情的眼光觀之，漢人的做法或許有一深層的原因：只有保留一事的模糊性，才能保持其神秘性[33]；只有保持這種神秘

性，才能以之震懾人君，使後者不敢妄為 [34]，一如戰國末年，鄒衍（公元前 305－公元前 240）利用陰陽五行的理論，使「王公大人，初見其術，懼然顧化」（《史記·孟子荀卿列傳》），從而對一己的所作所為有所顧忌。換言之，在未有方法能有效限制皇權的情況下，使用具神秘色彩的做法使皇帝留意自身的言行，也許是沒有辦法下的一個做法 [35]。惟動機縱然是好，效果卻可以是差。五德終始說等的盛行，意味崇尚理性的風潮已然消退；理性風潮的消退，則助長迷信的開始 [36]。漢代帝皇普遍愛好方術，其中以漢武帝為甚 [37]。《後漢書·方術列傳上》便言：

29　方東美，《方東美先生演講集》（台北：黎明文化，2004 年），頁 198-199；勞思光，《新編中國哲學史（二）》（桂林：廣西師範大學出版社，2005 年），頁 28-29。

30　如古埃及有關宇宙構成的討論，以及古印度的「奧義書」（Upaniṣhads）中關於人和梵（bráhman）合一的主張，均認為人和自然實有相應的地方。有關前者，可參考 Dan Burton and David Grandy, *Magic, Mystery, and Science: The Occult in Western Civilization* (Bloomington: Indiana University Press, 2006), pp. 8-16；有關後者，可參考 Jacqueline Suthren Hirst, '*Ātman* and *Brahman* in the Principal Upaniṣads', in Signe Cohen ed., *The Upaniṣads: A Complete Guide* (Oxon and New York: Routledge, 2018), pp. 107-120.

31　勞思光，《新編中國哲學史（二）》，頁 29。

32　章啟群，《星空與帝國——秦漢思想史與占星學》（北京：商務印書館，2013 年），頁 22-27。

33　Umberto Eco *et al., Interpretation and Overinterpretation* (Cambridge: Cambridge University Press, 1992), p. 31.

34　參考 Wing-tsit Chan, *A Source Book in Chinese Philosophy* (New Jersey: Princeton University Press, 1973), pp. 244-245.

35　詳見牟宗三，《歷史哲學》（台北：台灣學生書局，2000 年），頁 273-281；徐復觀，《兩漢思想史（卷二）》（台北：台灣學生書局，2000 年），頁 296-297。

36　在討論漢代的儒學時，Julia Ching（秦家懿）即言其有迷信成份。見其 *Chinese Religions*, p. 156.

37　Mu-chou Poo, *In Search of Personal Welfare: A View of Ancient Chinese Religion*, pp. 107-121.

> 漢自武帝頗好方術，天下懷協道藝之士，莫不負策抵掌，順風而屆焉。

引文指出武帝對方術的興趣，吸引了大批擅長此道的人物為其效力；而武帝好方術的原因，主要是希望能得到長生。《史記‧武帝本紀》記武帝與術士欒大（？－公元前 112？）的關係曰：

> 臣［欒大］曰：黃金可成，而河決可塞，不死之藥可得，仙人可致也。［……］是時上［武帝］方憂河決，而黃金不就，乃拜大為五利將軍。

反映欒大能投武帝所好，從而得到後者的充分信任。事實上，由於得到官方的支持，方士在漢代大為興盛。至東漢，信奉方術之風更盛。《後漢書‧方術列傳上》即載：

> 及光武，尤信讖言，士之赴趨時宜者，皆騁馳穿鑿，爭談之也。

當時的術士自稱能替人祈禱求福、勞役鬼神和預知吉凶[38]，而佛教正是在這一方術盛行的氛圍下進入中國。

蓋佛教雖甚具哲理，乃至其於後來的中國更發展出如天台宗和華嚴宗等有着複雜理論的宗派，但佛教最初既以方術的姿態來華，則明顯未涉太多義理的傳譯。從現有的文獻中，吾人知道從西域來華的僧人曾長時間以術士的形象出現。如《高僧傳‧佛圖澄傳》載：

> 石勒問澄，佛道有何靈驗？澄知勒不達深理，正可以道術為證，即取應器盛水燒香咒之，須臾生青蓮花。

〈菩提流支傳〉亦言：

支咒水上涌，旁僧嘉嘆大聖人。支曰：勿妄褒賞，斯乃術法，外國共行，此方不習，謂為聖耳。

佛圖澄（232？－348？）和菩提流支（？－535）是兩位由西域來華的著名僧人，惟其要得到時人的信服，還得先透過方術來取悅後者：佛圖澄用水生蓮花；菩提流支則在水上行走。足見早期不少來華僧人，其形象實以玄妙為主[39]。僧人的身份既兼術士，則佛教於時人眼中乃與一般流行的方術沒有本質上的分別，這從「佛」在華最初的形象中得到證明。成書於東漢或西晉（266－316），相信是最早記載佛教在華情況的《牟子理惑論》便有以下記載：

問曰：漢地始聞佛道，其所從出耶？牟子曰：昔孝明皇帝夢見神人，身有日光，飛在殿前，欣然悅之。明日，博問群臣，此為何神？有道人傅毅曰：臣聞天竺有得道者，號之曰佛。飛行虛空，身有日光，殆將其神也。於是上悟，遣使者張騫、羽林郎中秦景、博士弟子王遵等十二人，於大月支寫佛經四十二章，藏在蘭臺石室第十四間。時於洛陽城西雍門外起佛寺，於其壁畫千乘萬騎繞塔三帀，又於南宮清涼臺及開陽城門上作佛像。明帝存時，預修造壽陵，陵曰顯節，亦於其上作佛圖像。

循引文，時人認為所謂「佛」是一身體發光並懂得飛行的物體，並以「神」或「神人」稱之。袁宏（328－376）的《後漢紀》更有一

38　顧頡剛，《秦漢的方士與儒士》（上海：上海人民出版社，1962年），頁137-143；郭朋，《漢魏兩晉南北朝佛教》（濟南：齊魯書社，1986年），頁11-13。

39　更多討論，可參考傅天正，〈佛教對中國幻術的影響初探〉，收入張曼濤編《佛教與中國文化》（台北：大乘出版社，1978年），頁237-249；采睪晃，〈佛教東傳〉，收入沖本克己、菅野博史編，辛如意譯，《佛教的東傳與中國化──中國I南北朝》（台北：法鼓文化，2016年），頁82-120。

段曰：

> 佛身長一丈六尺，黃金色，項中佩日月光，變化無方，無所不
> 入，故能化通萬物，而大濟群生。

足見「佛」在漢、晉兩代時的形象實與一般神仙無異。至於其時
佛教予人的印象，則似是以探討人的死後狀況為主。《牟子理惑論》
便言：

> 問曰：佛道言人死當復更生，僕不信此言之審也。牟子曰：人臨
> 死，其家上屋呼之。死已，復呼誰？或曰：呼其魂魄。牟子曰：
> 神還則生，不還，神何之乎？曰：成鬼神。牟子曰：是也。魂神
> 固不滅矣，但身自朽爛耳。身譬如五穀之根葉，魂神如五穀之種
> 實。根葉生必當死，種實豈有終亡？［……］［問曰：］今佛家輒
> 說生死之事，鬼神之務，此殆非聖哲之語也。

從引文中可見，時人或認為佛教乃是主張人死後當還有靈魂的一種
思想，配合上一章述及楚王英把黃老之祠與佛祠一併供奉觀之，
佛教初來中國時的形象，實與能為在生者賜福和解釋死後世界等事
情有關[40]，其性質和功能大致與傳統中國各種具神秘色彩的元素無
異。

討論至此，一個關鍵的問題隨即出現：具有神秘色彩的元素在中國
既存在已久，但為何要到東漢末年才出現道教？事實上，吾人若把
道教視為一現代意義下的「宗教」（religion）[41]，則其除了具有神秘
的元素外，還須其他條件的配合。否則，星座和生肖等有着神秘色
彩的元素亦能稱為宗教矣。對於道教的出現，柳存仁（1917－2009）
有以下主張：

在沒有建立像樣子的道教以前，這些遠在公元前好幾百年——也許遠到公元前一千多年的信仰和風俗習慣，早已層累式地堆積成為它的若干代的前身，或若干零碎複雜的集合單位。[⋯⋯] 所謂「像樣子的道教」我指的究竟是什麼。用我們現代人的說法，一種宗教必須有（一）禮拜的對象；（二）它的教義和戒律這些東西；和（三）它的信徒們必須有的經常聚會。[42]

事實上，在道教出現以前，中國雖有各種具神秘色彩的元素，但人們似未有具體的禮拜對象，亦未曾就這些對象發展出深刻的教義，乃至未有嚴格要求信眾遵守的律則 [43]。反之，古代中國的所謂宗教，更多是透過巫師來和自然神作溝通，或是透過祭祀來崇拜祖先等有着薩滿教色彩的信仰 [44]。換言之，中國在漢代以前雖有神秘

40　湯用彤，《漢魏兩晉南北朝佛教史（上冊）》（台北：台灣商務印書館，1998 年），頁 53-54。

41　對於宗教或 religion 的內涵，學界至今仍未有定論。這裡僅指出本章所言的宗教並非採中國傳統意義下的宗旨和教化之意。相關討論，參考謝幼偉，《中西哲學論文集》（香港：新亞研究所，1969 年），頁 95-102；Tim H. Barrett and Francesca Tarocco, 'Terminology and Religious Identity: Buddhism and the Genealogy of the Term Zongjiao', in Volkard Krech and Marion Steinicke ed., *Dynamics in the History of Religions between Asia and Europe: Encounters, Notions, and Comparative Perspectives* (Leiden and Boston: Brill, 2012), pp. 307-319. 至於對宗教或 religion 內涵的討論，詳見 Ninian Smart, *Worldviews: Crosscultural Explorations of Human Beliefs* (New Jersey: Prentice-Hall, 1995). 本章雖不會介入有關宗教或 religion 定義的爭論，惟隨後的內容當在一定程度上有助讀者了解宗教或 religion 的意思。

42　柳存仁，《和風堂文集（中）》，頁 650。蒲慕州亦指出，構成一宗教的重要元素當包括宗教情感，見其《歷史與宗教之間》（香港：三聯書店，2016 年），頁 5。事實上，柳存仁所述三點，與增加吾人的宗教情感即有莫大關係。

43　錢穆先生雖力陳古代中國有豐富的宗教信仰，但亦未能指出這些信仰有着以上三點特性。見其《靈魂與心》，頁 34-53。

44　饒宗頤，《饒宗頤道學文集》，頁 46-47；柳仁存，《和風堂文集（中）》，頁 650。

的元素，卻未能發展出現代意義下的宗教，當中包括道教。佛教來華，正好為時人的信仰提供了理論和儀軌上的補充，當中包括予人對死後世界的想像 [45]。蓋在佛教來華以前，中國人對於死後世界的描述，很大程度上還是處於一模糊的狀態。誠然，東漢以前中國已有「黃泉」等類似天堂或地獄的觀念，但這些觀念得以清晰，還得待佛教來華以後 [46]。此外，古代中國既有長生不老或成仙等願望，則須有達成此等願望的方法。服用藥物固是其中辦法之一，而調息身體則是另一達成此等願望的途徑，後者尤為佛教所長。

的確，對死後世界的探討和調息身體的方法，是佛教最初來華時的主要內容。如於東漢時即傳入中國的《長阿含經》以及由康巨（生卒年不詳）翻譯的《問地獄事》等便對死後世界有所論說。我們知道中國自道教開始即有對如「地獄」和「閻羅王」等死後世界和相關人物的具體描述，惟這些內容其實均源自佛教 [47]；而安世高（？－168？）譯的《安般守意經》和《陰持入經》，以及支婁迦讖（147？－？）譯的《般若三昧經》和《首楞嚴三昧經》等，則為佛教討論吐納和呼吸等調息方法的典籍，足見佛教對古代中國信仰所作的補足 [48]。中國的神秘元素雖在春秋戰國或以前已經存在，但道教卻在佛教來華後才得以出現，究其原因，是佛教為傳統中國的信仰提供了理論和實踐的元素，使後者能由過去的類似薩滿教一樣的散亂狀態改變為有理論色彩的宗教 [49]。換言之，佛教實為促成道教出現的催化劑；若沒有佛教對傳統中國信仰的補足，則道教是否會於東漢末年出現，恐怕是未知之數。

惟另一方面，我們亦未嘗不可視道教的出現為其時中國人對佛教的一個回應 [50]，且這一回應在很大程度上滲透着民族主義的色彩。簡言之，道教是時人用以抗衡外來文化的一個表現 [51]。如《牟子理惑論》即載有時人對佛教實採一防範的態度：

《孝經》言：身體髮膚，受之父母，不敢毀傷。曾子臨沒，啟予手，啟予足。今沙門剃頭，何其違聖人之語，不合孝子之道也。

又言：

夫福莫踰於繼嗣，不孝莫過於無後。沙門棄妻子，捐財貨，或終身不娶，何其違福孝之行也。

再言：

黃帝垂衣裳，製服飾；箕子陳《洪範》，貌為五事首；孔子作《孝

---

45   Mark Edward Lewis, *China between Empires: The Northern and Southern Dynasties* (Cambridge MA.: Harvard University Press, 2009), pp. 215-216. 如錢穆先生言，佛教最初來華多集中對靈魂和輪迴等與死亡有關的概念作討論，見《中國學術思想史論叢（三）》，頁 301-311。

46   石上玄一郎著，吳村山譯，《輪迴與轉生：死後世界的探究》（台北：東大圖書公司，2015 年），頁 48-51；余英時著，侯旭東等譯，《東漢生死觀》，頁 142-146。

47   有關佛教和道教地獄觀的關係，詳見陳龍，《地獄觀念與中古文學》（北京：中國社會科學出版社，2016 年），頁 12-23。

48   金文京著，林美琪譯，《三國志的世界：東漢與三國時代》，頁 236-237。李志夫更有統計，指出除了翻譯工作以外，早期來華的西域僧人多引介與靈異和禪法相關的佛教典籍。詳見其《中西絲路文化史》（北京：宗教文化出版社，2010 年），頁 142-187。

49   John Lagerwey, *Paradigm Shifts in Early and Modern Chinese Religion: A History* (Leiden: Brill, 2019), pp. 57-61.

50   許倬雲，《我者與他者：中國歷史上的內外分際》（香港：中文大學出版社，2009 年），頁 48。

51   E.J. Zürcher, *The Buddhist Conquest of China: The Spread and Adaptation of Buddhism in Early Medieval China* (Leiden: Brill, 2007), p.288；唐君毅，《中國哲學原論‧原道篇（卷二）》，頁 256-261；采睪晃，〈佛教東傳〉，收入沖本克己、菅野博史編，辛如意譯，《佛教的東傳與中國化——中國 I 南北朝》，頁 111-112。

經》，服為三德始。又曰：正其衣冠，尊其瞻視，原憲雖貧，不離華冠；子路遇難，不忘結纓。今沙門剃頭髮，披赤布，見人無跪起之禮儀，無盤旋之容止，何其違貌服之製，乖搢紳之飾也。

反映時人認為佛教徒在外表和行為上均有違中國傳統價值，從而有排拒佛教這一外來宗教的情況。簡言之，若不是佛教在義理上對傳統中國信仰有所補足，道教固不能出現；我們甚至可言，若不是佛教在中國刺激時人的文化意識和民族感情，道教根本不用出現。

佛教既是道教的促成者，而道教則是時人對佛教的回應，兩者的關係可謂密切至極。惟彼此的這一關係在中國歷史上是否一直持續而未生波折？從近況而言，佛教和道教的關係大致和諧，其不但能夠並存，兩者的一些教義甚至互相挪用，以致不少人竟未能分清佛、道的分別 52；惟在歷史上，兩教的關係實長期處於敵對狀態。最能反映佛、道接觸初期時的關係者，當為「老子化胡」的故事。老子雖是中國傳統中最重要的思想家之一，但其生平卻是充滿迷團，當中包括其去向。《史記・老子韓非列傳》有載：

老子修道德，其學以自隱無名為務。居周久之，見周之衰，乃遂去。至關，關令尹喜曰：子將隱矣，強為我著書。於是老子乃著書上下篇，言道德之意五千餘言而去，莫知其所終。

老子的「莫知其所終」正好為吾人對其行蹤提供發揮的機會。事實上，老子化胡一說最早見於東漢時期方士襄楷（生卒年不詳）於公元 166 年上呈桓帝劉志（132－168）的奏章，而三國時魏國（220－266）的魚豢（生卒年不詳）於其《魏略・西戎傳》中便言：

老子西出關，過西域，之天竺，教胡［為］浮屠，屬弟子別號，二十有九。

指出老子西行至印度教化當地人，佛陀正是其學生之一，這一觀點後來更成為道教經典《老子化胡經》的憑藉[53]。蓋在西晉時，道士王浮（生卒年不詳）著有《老子化胡經》一書，當中有以下說法：

> 桓王之時，歲次甲子一陰之月，我令尹喜，乘彼月精，降中天竺國入乎白淨夫人口中託蔭而生，號為悉達，捨太子位，入山修道，成無上道，號為佛陀。始建悉曇十二文字，展轉離合三萬餘言，廣說經誠，求無上法，又破九十六種邪道，歷年七十，示人涅槃。襄王之時，其歲乙酉，我還中國，教化天人，乃授孔丘仁義等法。

循引文，要求老子著書的關令尹喜（生卒年不詳）成了老子的學生，前者遵從老師的吩咐，化身成印度的悉達多太子（Siddhārtha Gautama，約公元前五世紀），並最終修行成佛。從這一觀點而言，其時道教徒遂認為佛教只是印度版的道教，而道教才是正宗[54]。吾人或以為上述老子化胡說只是道教用以貶抑佛教的一個做法，惟值得留意者，是《老子化胡經》流行時佛教徒似未有對上述觀點有明顯的反對，而更似是默許其流行[55]。因此，佛教史家湯用彤先生（1893－1964）認為老子化胡的說法實為其時道、佛兩教人士所共識。一方面，道教可憑之顯其正統地位，強調佛教只是旁出於自己

52　葛兆光，《古代中國文化講義》，頁 293-316；黃絢親，《明代擬話本中宗教義理與修行觀之研究》（台北：萬卷樓，2018 年），頁 293-296。

53　詳見 E.J. Zürcher, *The Buddhist Conquest of China: The Spread and Adaptation of Buddhism in Early Medieval China*, pp. 290-293.

54　湯用彤，《漢魏兩晉南北朝佛教史（上冊）》，頁 61。

55　洪修平，《中國儒佛道三教關係研究》（北京：中國社會科學出版社，2011 年），頁 137-138。

的一種思想；另一方面，佛教則可用之以使自己能更順利地融入中國 56。鎌田茂雄教授（1927－2001）甚至有老子化胡一說本身即為佛教徒所提出的大膽假說 57。惟佛教出自老子的說法，最多只能說明佛、道兩教在最初接觸時的情況。隨着佛經相繼傳入，佛教的思想漸見清晰，而信眾的數目亦與日俱增 58，佛教已逐漸成功確立自己的身份和地位，並開始與道教有利益上的衝突。因此，兩教的關係已不能再依靠老子化胡一類的說法來蒙混過關而得到調和。

事實上，中國歷史上著名的「三武毀佛」即以道教打擊佛教為背景。換言之，我們在很大程度上實可把三武毀佛視為佛、道兩教衝突的結果 59。第一次毀佛發生在北魏太武帝拓跋燾（408－452）時期。蓋太武帝崇信道教，自號「太平真君」，並重用道士寇謙之。後者與宰相崔浩（381－450）向太武帝建議鎮壓佛教，恰逢北魏境內有農民騷亂，太武帝親征平亂，至一佛寺時發現內藏武器和婦女，遂認為佛教支持反政府活動及從事不道德勾當，並終決定下詔取締佛教。《魏書·釋老志》記曰：

> 彼沙門者，假西戎虛誕，妄生妖孽，非所以一齊政化，布淳德於天下也。自王公已下，有私養沙門者，皆送官曹，不得隱匿。限今年二月十五日，過期不出，沙門身死，容止者誅一門。［……］昔後漢荒君，信惑邪偽，妄假睡夢，事胡妖鬼，以亂天常，自古九州之中無此也。夸誕大言，不本人情。叔季之世，闇君亂主，莫不眩焉。由是政教不行，禮義大壞，鬼道熾盛，視王者之法，蔑如也。自此以來，代經亂禍，天罰亟行，生民死盡，五服之內，鞠為丘墟，千里蕭條，不見人跡，皆由於此。朕承天緒，屬當窮運之弊，欲除偽定真，復羲農之治。其一切盪除胡神，滅其蹤跡，庶無謝於風氏矣。自今以後，敢有事胡神及造形像泥人、銅人者，門誅。雖言胡神，問今胡人，共云無有。皆是前世漢人無賴子弟劉元真、呂伯強之徒，接乞胡之誕言，用老莊之虛假，

附而益之，皆非真實。至使王法廢而不行，蓋大姦之魁也。有非常之人，然後能行非常之事。非朕孰能去此歷代之偽物！有司宣告征鎮諸軍、刺史，諸有佛圖形像及胡經，盡皆擊破焚燒，沙門無少長悉坑之。

循引文，太武帝認為天下之所以亂，是因為佛教破壞了社會的倫常和制度，故禁止一切官員供養僧人，並下令燒毀佛像和佛經，甚至把僧人坑殺。這是中國歷史上第一次對佛教的大規模鎮壓 [60]。

第二次毀佛發生在北周武帝宇文邕（543 – 578）時期。據《周書·韋夐傳》載：

武帝又以佛、道、儒三教不同，詔夐辨其優劣。夐以三教雖殊，同歸於善，其跡似有深淺，其致理殆無等級。乃著《三教序》奏之，帝覽而稱善。

56　湯用彤，《漢魏兩晉南北朝佛教史（上冊）》，頁 61。

57　鎌田茂雄著，關世謙譯，《中國佛教史》（台北：新文豐，2010 年），頁 12-13。

58　Arthur F. Wright, *Buddhism in Chinese History* (Stanford: Stanford University Press & London: Oxford University Press, 1959), pp. 42-64.

59　季羨林，《佛教十五題》（北京：中華書局，2007 年），頁 171-174；釋印順，《中國佛教論集》（北京：中華書局，2011 年），見 229。

60　以上所述，詳見湯用彤，《漢魏兩晉南北朝佛教史（下冊）》，頁 493-496；河野訓，〈三教衝突與融合〉，收入沖本克己、菅野博史編，辛如意譯，《佛教的東傳與中國化 —— 中國 I 南北朝》，頁 180-232；Fu-shih Lin, 'Shamans and Politics', in John Lagerwey and Pengzhi Lü ed., *Early Chinese Religion Part Two: The Period of Division (220-589 AD)* Vol. I (Leiden and Boston: Brill, 2010), pp. 275-318.

查周武帝原有分判佛、道、儒三教的意圖，認為三者均有優點，故傾向三教並存。惟道宣（596-667）在《廣弘明集·卷一》則記曰：

> 周武初信於佛，後以讖云「黑衣當王」，遂重於道法，躬受符籙。玄冠黃褐內常服御，心忌釋門志欲誅殄，而患信佛者多未敢專制，有道士張賓譎詐罔上私達其策，潛集李宗排棄釋氏。又與前僧衛元嵩唇齒鄉副，共相俎醢，帝納其言。

引文載周武帝在三教中本信佛教，但因道士以符讖進言「黑衣」將會稱王，暗指佛教徒終會謀反，乃促使周武帝對佛教有所防備。《廣弘明集》繼言：

> 至天和四年，歲在己丑三月十五日，勅召有德眾僧、名儒、道士、文武百官二千餘人，帝御正殿，量述三教。以儒教為先，佛教為後，道教最上。以出於無名之前，超於天地之表故也。時議者紛紜，情見乖咎，不定而散。（〈卷八〉）

再言：

> 至其月二十日，依前集論。是非更廣，莫簡帝心。帝曰：儒教、道教，此國常遵。佛教後來，朕意不立。僉議如何。時議者陳理，無由除削。帝曰：三教被俗，義不可俱。（同上）

為了分判佛、道、儒的價值，周武帝勅令僧人、道士、名儒，以及官員共二千餘人討論三教的優劣利弊，並斷定儒、道二教的地位當在佛教之上。如道宣曰：

> [周武帝]又勅司隸大夫甄鸞，詳度佛道二教，定其深淺，辯其真偽。天和五年[570年]鸞乃上《笑道論》三卷。用笑三洞之

名。至五月十日，帝大集群臣，詳鸞上論。以為傷蠹道法，帝躬
受之。不愜本圖，即於殿庭焚蕩。（同上）

又道：

> 時道安法師，又上《二教論》，云內教、外教也。練心之術名三
> 乘，內教也。教形之術名九流，外教也。道無別教，即在儒流，
> 斯乃易之謙謙。帝覽論以問朝宰，無有抗者，於是遂寢。（同上）

指出雖有大臣甄鸞（535 − ？）和僧人道安分別撰文嘲諷和力陳佛
教在義理上當優於道教，惟均不為周武帝接納。至公元 574 年，周
武帝更要求道士駁倒佛教。宋代僧人志磐（生卒年不詳）在《佛祖
統紀·卷三十八》有載曰：

> ［建德］三年五月，帝欲偏廢釋教，令道士張賓飾詭辭以挫釋
> 子，法師知玄抗酬精壯。帝意實不能制，即震天威以垂難辭。左
> 右吒玄聽制，玄安庠應對，陳義甚高。陪位大臣，莫不欽難，獨
> 帝不說。

由於被委以重任的道士張賓飾（生卒年不詳）未能成功駁倒佛教義
理，周武帝遂下令把佛、道二教一併取締。《周書·武帝紀上》對
此有言：

> 丙子，初斷佛、道二教，經像悉毀，罷沙門、道士，並令還俗，
> 並禁諸淫祀，非祀典所載者，盡除之。

《續高僧傳·卷二十三》則載有是次滅佛的結果：

> 數百年來官私佛寺，掃地並盡，融刮聖容，焚燒經典。禹貢八

州，見成寺廟，出四十千，並賜王公，充為第宅；三方釋子，減三百萬，皆復為民，還為編戶。三寶福財，其賸無數，簿錄入官，登即賞費，分散蕩盡。

雖然周武帝打擊的對象除佛教以外還有道教，但有一點還是值得吾人注意：在醞釀滅佛的過程中，道教一直扮演着推波助瀾和輔助的角色。這是中國歷史上第二次對佛教的大規模鎮壓 [61]。

第三次毀佛則發生在唐武宗李炎（814－846）時期。留學大唐的日本僧人圓仁（794－864）在《入唐求法巡禮行記》中對是次毀佛的背景有以下描述：

[道士曰：]孔子說云，李氏十八子，昌運方盡，便有黑衣天子理國。臣等竊惟黑衣者是僧人也。

又言：

今上偏信道教，憎嫉佛法，不喜見僧，不欲聞三寶。

明言有道士進言唐武宗，認為李唐的天下將會為佛教徒取代；而唐武宗本信奉道教，遂藉此貶抑佛教。《舊唐書‧卷十八》載曰：

[道士趙歸真]排毀釋氏，言非中國之教，蠹耗生靈，盡宜除去，帝頗信之。

又言：

我高祖、太宗，以武定禍亂，以文理華夏，執此二柄，足以經邦，豈可以區區西方之教與我抗衡哉！

事實上，早在唐初，道士傅奕（555－639）即對僧人有以下評價：

> 游手游食，易服以逃租 。（《舊唐書·卷七十九》）

《舊唐書·卷十八》亦有載：

> 今天下僧尼不可勝數，皆待農而食，待蠶而衣。寺宇招提，莫知
> 紀極，皆雲構藻飾，僭擬宮居。晉、宋、梁、齊，物力凋瘵，風
> 俗澆詐，莫不由是而致也。

足見佛教徒在唐代確有予人游手好閒和不擅生產的印象。在道教的
攻擊和佛教本身的缺憾下，唐武宗乃於公元 845 年下令取締佛教，
其不但強令僧人還俗，還燒毀佛經和佛像，規模比前二次毀佛更
大。圓仁在《入唐求法巡禮行記》即記曰：

> 令毀拆天下山房藍若、普通佛堂、義井村邑齋堂等，未滿二百
> 間，不入寺額者，其僧尼等盡勒還俗，充入色役。

又言：

> 寺中有佛指節也，並不許置供及巡禮等，如有一人送一錢者，背
> 杖二十；如有僧尼等，在前件處受一錢者，背杖二十。諸道州縣
> 應有送供人者，當處投獲，背杖二十。[……] 四處靈境，絕人往
> 來，無人送供。

61　以上所述，詳見湯用彤，《漢魏兩晉南北朝佛教史（下冊）》，頁 538-
545；河野訓，〈三教衝突與融合〉。

再言：

> 令焚燒經教，毀斥佛像，起出僧來，各歸本寺。於道場安置大尊
> 老君之像，令道士轉道經，修煉道術。

據《舊唐書》與《資治通鑒》所載，唐武宗共毀佛寺四千六百間，被迫還俗的僧人逾二十六萬人，這是中國歷史上第三次對佛教作出的大規模鎮壓[62]。至此，佛教與道教長期處於緊張的狀態甚明。

惟佛、道兩教雖在政治和社會上長期處於衝突狀態，但在思想的層面上，兩教實各自吸收對方的思想，當中尤以道教吸收佛教者為多，終至兩者的分歧日益收窄。以道教的《真步虛品偈》為例，其有言：「有見過去尊，自然成真道；身色如金山，端嚴甚微妙；如淨琉璃中，內觀元始真；聖尊在大眾，敷衍化迷強。」此即與《妙法蓮華經》的「又見諸如來，自然成佛道；身色如金山，端座甚微妙，如淨琉璃中，內現其金像；世尊在大眾，敷衍深法義。」極為相似；此外，道教的《太上靈寶元陽妙經》不少內容亦改編自《涅槃經》；道教的《曇鸞法師服氣法》和《達摩大師住世留形內真妙用訣》則逕取佛教人物為其主要角色[63]。故道安於《二教論》已言：

> 黃庭、元陽采自法華，以道換佛，改用尤拙。

當然，亦有個別佛教徒受道教影響的例子，如天台宗二祖慧思（515－577）在《立誓願文》中曰：

> 我今入山修習苦行，懺悔破戒障道重罪。今身及先身，是罪悉懺
> 悔。為護法故，求長壽命。不願生天及餘趣，願諸賢聖佐助我。
> 得好芝草及神丹，療治眾病除饑渴。常得經行修諸禪，願得深山

寂靜處。足神丹藥修此願，藉外丹力修內丹。［……］誓願入山學
神仙，得長命力求佛道。

其便明顯有道教追求長生的色彩。惟佛教徒受道教影響者終是少
數，其所涉範圍和程度亦遠不如道教受佛教所影響者。簡言之，佛
教受道教的影響僅涉個別的例子，而道教受佛教的影響則是普遍的
現象。是以，季羨林（1911－2009）和饒宗頤（1917－2018）兩位先
生均言道教實「剽竊」佛教也[64]。當然，若我們不僅從思想的層面
立論，而更從儀軌或神秘經驗的角度而言，則道教對佛教的影響還
是很大，當中尤以對密宗的影響為主。蓋密宗在唐代時頗為興盛，
但當中不少內容卻有道教的色彩。如密宗的《佛說天地八陽神咒
經》有言：

　　廚舍密屋，門戶井窖，碓磑庫藏，六畜欄圈。日遊、月殺、大將
　　軍、太歲、黃幡、豹尾、五土地神、青龍、白虎、朱雀、玄武、
　　六甲禁諱、十二諸神、土府伏龍、一切鬼魅，皆悉隱藏，遠屏四
　　方，形銷影滅，不敢為害。

引文所述的青龍、白虎、朱雀、玄武等即為中國獨有，並受道教所
重。另《穢跡金剛禁百變法經》有大量符咒，其形式與道教《抱朴

62　以上所述，詳見湯用彤，《隋唐及五代佛教史》（台北：慧炬出版社，
1997 年），頁 45-60；河野訓，〈三教衝突與融合〉；嚴耀中，《佛教與三至十
三世紀中國史》（北京：宗教文化出版社，2007 年），頁 225-242。

63　更多道教受佛教影響的例子，可參考鎌田茂雄著，關世謙譯，《中國
佛教史》，頁 165-166。

64　季羨林，《佛教十五題》，頁 172；饒宗頤，《饒宗頤道學文集》，頁 102。

子》無異，凡此皆為中國的密宗受道教影響的明證[65]。惟本書既把討論範圍定在思想，而密宗卻以秘密儀軌和修持見稱[66]，則它的性質便與本書的討論範圍不符。因此，密宗雖受道教影響，但本書不擬對這一課題更作討論，讀者可透過其他研究對之再作了解[67]。

總括而言，佛教與道教的互動在初期確以衝突為主，當中尤以道教對佛教的攻擊為甚，但在衝突之中兩教卻又相互影響或模仿。隨着佛、道相似程度日增，彼此的衝突亦逐漸減少[68]。兩教趨同，為中國思想史上「三教合流」的形成走出重要一步；至於兩教趨同的結果究竟是好是壞，本書將在第五章再作分析。佛教與道教的關係即大致如上，以下即論佛教與道家的互動。

◎ 第三節　道家對佛教的接引

道家與佛教的關係和道教與佛教的關係不同，後者長期處於緊張的狀態，但前者則大致融洽。吾人甚至可言，道家是使佛教得以順利來華的關鍵。前文提及佛教在傳入中國之初，主要以方術的形態出現；但隨着時間日久，佛教中較具哲理的典籍陸續傳入，時人對佛教的認知亦逐漸改變，其中尤以「般若」思想的引介與本節的討論有最大的關係。所謂般若，是梵文 Prajna 的音譯，意指智慧。但這一智慧非指西方哲學傳統特別強調的理智，亦不是中國哲學傳統中強調吾人在待人處事上所展現出來的世故和成熟[69]，而是專指斷除煩惱的智慧[70]，惟吾人對這一智慧的內涵有稍作說明的必要。蓋佛教認為世間所有的事物均是因緣而有，故其沒有獨立不變的本質。誠如《雜阿含經・卷十二》言：

> 云何名緣起初義？謂：依此有故彼有，此生故彼生。此無故彼無，此滅故彼滅。

由於世間一切事物均是因緣而有，故其當處於「無常」的狀態。是以，我們在原則上實不能對任何事物有所執取；否則，便會心生煩惱。苦的出現，正是我們未能明瞭上述的緣起法則，或縱然在理論上明之，卻不能在實踐上對治我們對事物的執取，以致執「無常」為「有常」[71]。此即如《增一阿含經‧卷十七》所言：

> 彼云何名為苦諦？所謂苦諦者：生苦、老苦、病苦、死苦、憂悲惱苦、怨憎會苦、恩愛別離苦、所欲不得苦。取要言之，五盛陰苦，是謂名為苦諦。彼云何名為苦習［集］諦？所謂習［集］諦者，愛與欲相應，心恒染着，是謂名為苦習［集］諦。

65　更多例子，見傅勤家，《中國道教史》，見 116-125。

66　南懷瑾，《道家、密宗與東方神秘學》，頁 5-7。

67　有關道教對密宗的影響，參考黃心川，《東方佛教論 —— 黃心川文集》（北京：中國社會科學出版社，2002 年），見 37-73。另見蕭登福，《道教與佛教》（台北：東大圖書公司，1995 年），見 33-38；Christine Mollier, *Buddhism and Taoism Face to Face: Scripture, Ritual, and Iconographic Exchange in Medieval China* (Honolulu: University of Hawaii Press, 2008), pp. 10-22.

68　當然，佛、道兩教之間還是偶有小規模的衝突，僧人福裕（1201－1275）和全真教道士之間的相互攻擊即為當中較著名例子。惟其原因涉及利益之爭多於義理之辨，故還是不影響佛、道兩教融合的趨勢。詳見陳垣，《南宋初河北新道教考》（台北：新文豐，1977 年），頁 50-56。

69　有關「智慧」在中、西哲學的大概指涉，參考關子尹，《語默無常：尋找定向中的哲學反思》，頁 1-26。

70　羅時憲，《般若波羅密多心經講錄》（香港：佛教法相學會，2008 年），頁 7-8。

71　至於我們為何未能明瞭緣起法則，或明瞭緣起法則卻未能成功擺脫對事物的執取，佛教歸因吾人的愚癡，亦即「無明」。更多討論，參考木村泰賢著，釋依觀譯，《原始佛教思想論》（台北：台灣商務印書館，2019 年），頁 138-148。

但吾人即使在實踐上做到對各種事物均不再執取，卻容易執取於「不要執取」的這一觀點，以致容易對世間的事物加以捨棄。是以，龍樹菩薩（生卒年不詳）在《中論‧觀四諦品》曰：

> 眾因緣生法，我說即是空，亦為是假名，亦是中道義。

循引文所述，事物沒有獨立不變的本質，故其存在狀態為「空」；但事物既憑藉各種因緣或條件而成現在的模樣，則這一事物乃非空無一物，而是有其各種屬性，只是這些屬性亦是因緣而有，故沒有獨立不變的本質而已。換言之，我們不能因一事物的本質為空，便對其沒有任何回應；相反，吾人仍要對世間上各種事物有所反應，否則，我們乃與死物無異。一事物的本質為空，所以吾人不能對其有所執取；一事物的屬性為有，我們乃不輕言對其作出捨棄。這一不取不捨的態度即為「中道」，而其即為般若的奧義。如龍樹菩薩在《大智度論‧卷四十三》所言：

> 離是二邊行中道，是名般若。

因此，般若乃不僅是指對事物不要執取，而更解我們對事物當有所投注，只是吾人的心思不黏滯於這些事物，以致為其牽引而生煩惱而已[72]。

上述為對般若思想最簡單的解說，吾人若循現在的眼界言之，或當發現其意並非特別難懂；但這一思想在傳入中國之初，對於時人而言卻是一極為陌生的觀點，因此遂有「格義佛教」的出現。所謂「格義」，南梁的僧祐（445－518）在《出三藏記集‧卷五》曰：

> 昔漢室中興，孝明之世，無盡之照，始得輝光此壤，於二五之照，當是像法之初，自爾已來，西域名人，安侯之徒，相繼而

至。大化文言，漸得淵照邊俗，陶其鄙倍。漢末魏初，廣陵彭城二相出家，並能任持大照，尋味之賢，始有講次。而恢之以格義，迂之以配說。下至法祖、孟祥、法行、康會之徒，撰集諸經，宣暢幽旨，粗得充允，視聽暨今。

引文指出，佛教最初來華未涉深奧義理；至漢末魏初，時人才開始接觸佛教的哲理。「格義」和「配說」是時人了解佛理的方法和形態。慧皎（497 － 554）在《高僧傳・竺法雅傳》對此更作解釋：

時依雅門徒，並世典有功，未善佛理。雅乃與康法朗等，以經中事數，擬配外書，為生解之例，謂之格義。

文中對格義有清楚界定：所謂格義，是早年的僧人為了使中國人更易明白佛理，遂選擇使用傳統中國的術語而非佛教的概念來解說佛經。茲引湯用彤先生〈論「格義」〉一文對以上所述再作解釋：

「格義」是中國學者企圖融合印度佛教和中國思想的第一種方法。[……]它不是簡單地、寬泛的、一般的中國和印度思想的比較，而是一種很瑣碎的處理，用不同地區的每一個觀念或名詞作分別的對比或等同。「格」在這裡，聯繫上下文來看，有「比配」的或「度量」的意思，「義」的含義是「名稱」、「項目」或「概念」；「格義」則是比配觀念（或項目）的一種方法或方案，或者

72　以上討論，詳見釋印順，《中觀今論》（北京：中華書局，2010 年），頁 4-9；李潤生，《生活中的佛法 —— 山齋絮語》（台北：全佛文化，2000 年），頁 206-215。

是（不同）觀念（之間）的對等。73

蓋吾人在面對外來的文化時，經驗上多循自己熟悉的視野、思維和詞彙來了解對方。這種方式縱然或因為穿鑿附會而容易對他人構成誤解74，但卻是我們在認識外來文化時的必經階段75。最明顯的例子，是民國的知識分子在初接觸西方哲學時，亦是以傳統中國的詞彙來對其加以理解，如認為所謂「哲學」即類同中國的道學、經學或理學，「邏輯」即等於中國的理則等76；而西方文化在初接觸中國文化時，亦是以自身熟悉的詞彙來理解中國的學問，如以上帝來比附中國的天，或以理性主義來理解宋明理學77。來華佛教若只停留在方術的層次，則中國人尚可用一種好新或獵奇的心態來對其加以把玩；但一旦涉及思想的層面，則時人乃有必要使用某些方法對這些外來義理作出了解，格義即為當中最直接的方法。事實上，西晉陳壽（233 － 297）在其《三國志‧魏書‧王郎傳》中記載當時的一個風氣，尤值得我們注意：

> 三世為將，道家所忌。窮兵黷武，古有成戒。況連年水旱，士民損耗，而功作倍於前，勞役兼於昔。進不滅賊，退不和民。夫屋漏在上，知之在下。然迷而知反，失道不遠；過而能改，謂之不過。今將休息，栖備高山，沉權九淵，割除擯棄，投之畫外。

循引文，時人在長期戰亂之下漸生厭戰情緒，希望社會能復歸於平靜；加上道教興起，時人對老子的思想興趣濃厚，在各種條件的配合下，道家思想遂得在漢末和三國（220 － 280）時代再次盛行78。查般若思想最初來華的時間大約為晉代，其正好與道家流行的時間接近79。若是，則時人用以了解佛教的格義工具乃主要為道家思想。如東晉的孫綽（320 － 377）在其《喻道論》中有言：

> 夫佛也者，體道者也。道也者，導物者也。應感順通，無為而無

不為者也。無為，故虛寂自然；無不為，故神化萬物。周孔即佛，佛即周孔，蓋外內名耳。［……］周孔救時蔽，佛教明其本耳。［……］淵默之與赫斯，其跡則胡越。然其所以跡者，何嘗有際哉？故逆導者每見其二，順通者無往不一。

孫綽以道家的無為比擬佛陀的境界，又認為孔子與佛陀無異，其即是格義的典型例子。事實上，從現存文獻可見，不少時人確以道家的「真人」來了解佛教的「阿羅漢」，又以道家的「本無」了解佛教的「般若」，或以「道」來了解「菩提」[80]。當中最具代表意義者，相信是以「無」來了解「空」，以致這一做法竟衍生出中國最早期

73　　湯用彤，《湯用彤集》（北京：中國社會科學出版社，1995 年），頁 140-151。

74　　林鎮國先生即引 Andrew P. Tuck 的觀點，認為「格義」往往表現闡釋者的立場多於文本的客觀意義。見其《空性與現代性：從京都學派、新儒家到多音的佛教詮釋學》（台北：立緒文化，1999 年），頁 181。

75　　呂澂，《中國佛學源流略講》（北京：中華書局，2002 年），頁 45。

76　　梁寶珊：〈從海德格對形而上學之再思檢視中國「哲」學〉，收入劉國英、張燦輝編：《修遠之路：香港中文大學哲學系六十周年系慶論文集‧同寅卷》（香港：中文大學出版社，2009 年），頁 477-490。

77　　潘琳，《比較、爭論與詮釋——理雅各牛津時代思想研究》（鄭州：大象出版社，2017 年），頁 135-137。

78　　蕭萐父，《中國哲學史史料源流舉要》（北京：文津出版社，2017 年），頁 214-215；余敦康，《魏晉玄學史》（北京：北京大學出版社，2016 年），頁 27-57。

79　　李志夫，《中國絲路文化史》，頁 142-187；洪修平，《中國佛教與佛學》（南京：南京大學出版社，2016 年），頁 47-50。

80　　更多例子，見方立天，《中國佛教哲學要義（上卷）》（北京：中國人民大學出版社，2002 年），頁 32-37。

的佛教「宗派」[81]：「六家七宗」。

所謂「六家」，指本無宗、即色宗、識含宗、幻化宗、心無宗和緣會宗；「七宗」者，是本無宗內再有本無異宗。由於缺乏有關六家七宗的一手文獻，我們現在只能透過二手資料來對六家七宗的思想作一大概認識。吉藏法師（549－623）在《中論疏》中即對六家七宗有簡單描述[82]：

> ［本無宗］謂無在萬化之前，空為眾形之始。［……］一切諸法，本性空寂，故云本無。

本無宗認為，佛教的「空」和道家的「無」實是同義詞，其均是指萬物的原初狀態。另：

> ［本無異宗］未有色法先有於無，故從無出有，即無在有先，有在無後，故稱本無。（同上）

本無異宗更明言佛教的「空」和道家的「無」是萬物的根源。又言：

> ［即色宗］支道林著《即色游玄論》，明即色是空，故言即色游玄。（同上）

指出即色宗把佛教的理境比擬為道家玄之又玄的境界。繼言：

> ［識含宗］今之所見群有，皆於夢中所見，其於大夢既覺，長夜獲曉，即倒惑識滅，三界都空。（同上）

認為識含宗把佛教對事物的理解，闡釋為有道家色彩的虛幻。再言：

> ［幻化宗］世諦之法，皆如幻化［⋯⋯］從本以來，未曾有也。
> （同上）

幻化宗更進一步，連這一虛幻的存在亦加以否定。並言：

> ［心無宗］無心於萬物，萬物未嘗無。此釋意云：經中說諸法空
> 者，欲令心體虛妄不執，故言無耳。不空外物，即萬物之境不
> 空。（同上）

心無宗則認為佛教未有否定外物的存在，重點是我們的心思不要為
外物牽引而生煩惱。在一定程度上，心無宗對佛理的了解已漸趨準
確，惟其卻有把外物視為實有的嫌疑。後言：

> ［緣會宗］緣會故有，名為世諦；緣散故即無，稱第一義諦。（同
> 上）

指出緣會宗把緣滅視為真諦，緣起視為俗諦，這便忽視了佛教真俗
相即的精神：「空」並非一個玄思的概念，而是得透過世間上各種

81　這裡的「宗派」，非指中國隋唐年間如天台宗、華嚴宗和禪宗等具哲
學系統和政治勢力的佛教派別，而僅指一些僧人因對佛理有共同的理解而聚
合一起的情況。對於前者，英文多用 school 來表達；對於後者，則多用 cult
或 sect。中國佛教中如六家七宗等早期宗派，似僅能用 cult 或 sect 來形容，
而未達 school 的層次和規模。更多討論，參考 T. H. Barrett, 'Chinese Religion in
English Guise: The History of an Illusion', *Modern Asian Studies* 39, 3 (2005): 509–533；藍日
昌，《佛教宗派觀念發展的研究》（台北：新文豐，2010 年），頁 5-8。

82　以下有關六家七宗的討論，參考方東美，《中國大乘佛學（上）》（台
北：黎明文化，2004 年），頁 89-95；呂澂，《中國佛學源流略講》，頁 46-54。

事物的變化來呈現[83]。

誠然，若我們循現在的眼光觀之，六家七宗對佛學的理解明顯有欠準確或全面，故在哲學的角度而言，六家七宗向來不扮演重要角色[84]；但如第二章所述，歷史上傳入中國的宗教繁多，為何只有佛教才能在中國生根，並發展出具自己特色的系統？這一現象必涉及深層的原因。若是，則六家七宗在思想史上當有着重要意義，吾人對此不能忽視。事實上，用道家概念來了解佛教義理的這一格義做法，一方面使佛教不致為當時的中國人排斥，直接給予時人一個掌握和消化佛理的機會[85]；另一方面，透過利用道家思想來比擬佛教義理，亦使時人對兩者的把握能透過比較而更見精確，直接影響後來道家和佛教思想的發展。最明顯者，是僧肇（384－414）對心無宗、即色宗和本無宗的批評，反映時人對佛教空義的理解已進入一新的層次。蓋僧肇是印度來華高僧鳩摩羅什（Kumārajīva，344－413）的第子，羅什贊之為當時中國的「解空第一」。在其〈不真空論〉中，僧肇分別對以上三宗有如下批評：

> 心無者，無心於萬物，萬物未嘗無。此得在於神靜，失在於物虛。[⋯⋯]即色者，明色不自色，故雖色而非色也。夫言色者，但當色即色，豈待色色而後為色哉？[⋯⋯]本無者，情尚於無，多觸言以賓無。故非有，有即無；非無，無即無。

循引文，僧肇認為心無宗雖然提到佛教主張不要對外物有所執着，但其卻有誤認為外在事物有實在一面之嫌；而即色宗則犯了以為一切事物都只是我們主觀建構的問題，以致對經驗世界未能作出適當的肯定。因此，僧肇認為心無宗和即色宗分別有滯於實有和滯於空寂的問題，兩者均未能準確把握空義。至於本無宗則把空視為一切事物的根源，故空遂成為一有本體意義的形上學概念，其乃與佛教主張一切事物沒有獨立不變本質的這一立場相去甚遠[86]。在反駁了

心無宗、即色宗和本無宗對空的誤解後，僧肇乃在〈不真空論〉中引《中觀》說明自己對空的了解：

> 《中觀》亦云：物從因緣故不有，緣起故不無。

又言：

> 是以言真未嘗有，言偽未嘗無，二言未始一，二理未始殊。

簡言之，「空」與「有」、「無」兩者均不同，只有對後兩者作出雙遣，吾人才能正確理解空義，並隨之對如二諦、中道和般若等佛理有準確認識的可能[87]。至此，我們可言中國僧人終擺脫用格義的方式來了解佛理，並開始對佛教有一真切和直接的把握[88]。在這一意義下，六家七宗本身雖未能了解佛教的空義，而有滯於道家思想

83　詳見關子尹，〈現象學區分與佛家二諦學說〉，收入香港中文大學現象學與人文科學研究中心編，《現象學與人文科學 2006（第 3 期）：現象學與佛家哲學》（台北：漫遊者，2007 年），頁 187-221。

84　方東美先生評六家七宗時即言：「假使中國佛學就這樣發展下去，那麼一定是枝枝節節的，不能形成大的氣候、大的思想體系。」見其《中國大乘佛學（上）》，頁 95。

85　吳汝鈞，《中國佛學的現代詮釋》（台北：文津出版社，1995 年），頁 10-11。

86　不同學者對如何理解僧肇有關六家七宗的闡釋或有分歧，本文於此只取當中大意。更多討論，參考李潤生，《僧肇》（台北：東大圖書公司，1989 年），頁 136-139；陳森田，《肇論的哲學解讀》（台北：文津出版社，2013 年），頁 41-45；唐秀連，《僧肇的佛學理解與格義佛教》（台北：文史哲出版社，2008 年），頁 312-315。

87　陳森田，《肇論的哲學解讀》，頁 4-8。

88　如唐秀連所言，僧肇可謂代表了「純粹佛學意識的醒悟」的一位人物。見其《僧肇的佛學理解與格義佛教》，頁 328-329。

的色彩，但透過對六家七宗的反省，時人卻逐漸對空義有所把握，故魏晉時期對道家思想的探究實有助中國的僧人把握佛教義理[89]。

事實上，引起時人利用道家觀點來理解佛教的原因，除了是由於東漢末年開始便興起道家思想外，或許亦與道家思想和佛教哲學在思考模式上有着若干相似之處有關。牟宗三先生在《中國哲學十九講》便有言：

> 佛教的「空理」本身並不是玄理，但表現般若智的理路是玄理。道家獨重玄理玄智這一面，其主要貢獻也就在提出作用層上的境界。詭詞所表現的玄理充分見於莊子，即所謂「謬悠之説，荒唐之言，無端崖之辭」這類描述的詞語所表現的理境。佛教中的般若智也以詭詞表現，也屬於這一層面的理境。般若是大小乘都必須承認的共法，而有境界程度的高低不同。就此意義而言，道家所特別表現的玄理玄智也是個共法。因此經過魏晉玄學弘揚道家，接着就立刻能夠接受佛教，而首先接受的即是般若的玄理玄智。[90]

的確，佛教的般若思想和道家思想在表達上實有一定程度的相似，如《金剛般若波羅蜜經‧第十三品》中「佛說般若波羅蜜，即非般若波羅蜜，是名般若波羅蜜」和「如來說世界，非世界，是名世界」等句，指出不執取一事或一物的相狀，反能還該事或該物最清淨的狀態，這種推論方式便與《道德經‧四十八章》的「為學日益，為道日損。損之又損，以至於無為。無為而無不為」相似，因後者正是強調「道」的證得，有賴吾人減少多餘的慾望。換言之，我們愈是有為地追求，反離道的境界愈遠；我們愈是無為，反而愈能得到道的妙用。道家和佛教在表達方式上的相似，當有助後者能在一相對順利的環境中在華發展。蓋在中國歷史上，佛教不同宗派在華實有不同的際遇：愈能與傳統中國思想表現一致者，其即可在中國得

到較長足的發展，反之亦然[91]。一宗派的情況尚且如是，一宗教的處境可想而知。前文既論及佛教只是眾多經絲綢之路傳入中國的宗教之一，惟其他宗教卻未有如佛教般能夠在中國得到成功的發展，究其原因，是否與這些宗教未有可以與中國既有文化進行格義的元素，從而未讓時人有足夠的時間和心量對其作出了解所致？這一觀點當值得我們留意[92]。若以上的分析正確，則道家思想於佛教在中國得以發展一事上，實扮演極為關鍵的角色，故方東美先生明言：

> 我們可以說，在中國哲學的發展上，若不先有道家的思想體系，則佛教「空」等觀念與中國傳統思想格格不入，將無從傳入中國。[93]

簡言之，是佛教有着道家思想的特徵，故其能夠在後者盛行的氛圍下有發展的空間。

另一方面，道家與佛教在表達方式上的相似，對於道家思想亦帶來一意想不到的結果：對佛理的談論，同時加強了魏晉時期清談玄學的風氣[94]。誠如賀麟（1902 － 1992）認為，近代不少學者利用佛學來豐富儒學內涵的這一做法，不但有助擴闊吾人對儒學的認識，亦

89　李潤生，《僧肇》，頁 220。

90　牟宗三，《中國哲學十九講：中國哲學之簡述及其所涵蘊之問題》，頁 238。

91　季羨林，《中華佛教史·佛教史論集》（太原：山西教育出版社，2013 年），頁 81-83。

92　湯用彤，《魏晉玄學》（高雄：佛光文化，2013 年），頁 175-177；湯一介，《佛教與中國文化》（北京：中國人民大學出版社，2015 年），頁 3-6。

93　方東美，《原始儒家道家哲學》（台北：黎明文化，1993 年），頁 34。

94　余敦康，《魏晉玄學史》，頁 489。

倒過來加強我們對佛學的了解[95]。同理，格義既涉及利用道家的觀點來理解佛教，則其效果除了促進時人對佛教的理解外，亦助長了對道家思想的探討。事實上，在格義盛行的時期，不少僧人除了用道家概念來解釋佛家思想外，亦兼有鑽研道家思想者，如鳩摩羅什、僧肇、慧琳（生卒年不詳）、慧觀（生卒年不詳）和慧嚴（363 － 443）等便分別對《老子》作注；佛教徒如東晉簡文帝司馬昱（320 － 372）、周弘正（496 － 574）和張譏（生卒年不詳）等則對《莊子》作疏[96]。由於格義佛教與魏晉玄學的盛行時期相約，故兩者於對方的影響究竟孰先孰後，或難有一明確的答案[97]；惟從效果而言，佛教既為外來宗教，道家思想則作為時人了解這一外來宗教的方法或視野，則佛教可謂處一賓位的位置，而道家則扮演一主位的角色[98]。在這一意義下，道家當有助促使其時在華佛教的形態由方術轉變為玄學，故道家對於時人了解佛教而言，實有着正面的作用，一如前述；惟佛教最多只是豐富了道家的討論，而未能改變道家的中心思想或道家思想於時人心目中的形象[99]。因此，在魏晉玄學的潮流中，鑽研老、莊思想的何晏（195 － 249）、王弼、向秀（227 － 272）和郭象等才是中心人物，而佛教的僧人或教徒只在當中扮演着輔助的角色，或僅是加入玄學討論的參與者而已[100]。換言之，佛教和道家雖互有影響，但兩者予對方的影響實有程度之分：道家對佛教的影響極為關鍵，其可謂涉及佛教在中國的生死存亡；佛教對道家的影響則相對輕微，其大致未有影響道家思想在中國往後的發展。

順着以上觀點，吾人或更可注意道家在佛教於中國的往後發展中，或扮演着一廣為人忽視的角色：道家思想豐富了華嚴宗的立論。蓋華嚴宗是中國佛教主要宗派之一，其盛行時間為唐代中葉。由於華嚴宗的理論複雜，涉及概念極多，故本節不擬對這一宗派的思想細加論述[101]，惟只想指出一點：華嚴宗思想在用詞、推論和內容三方面，都有着一定程度的道家色彩。首先，在用詞上，華嚴宗強調「玄」，以顯其教法的玄妙和神秘，而「玄」正好是道家強調的一

種境界。如華嚴宗二祖智儼法師（602－668）在《大方廣佛華嚴經搜玄記・卷一》便有言：

> 夫如來大聖，自創悟玄蹤發軔於無住。［……］斯之玄寂豈容言哉。

若循華嚴宗強調玄的這一角度而言，言華嚴宗受道家影響實不無道理[102]。其次，華嚴宗的思維方式亦有與道家相似的地方。如華嚴宗三祖法藏法師（643－712）於《華嚴一乘教義分齊章・卷四》曰：

> 以色即是空，請辨義立；空即是色，護法義存。二義熔融，舉體全攝。若無後代論師，以二理交徹，全體相奪，無由得顯甚深依他起性法。是故相破反相成也。

95　賀麟，《五十年來的中國哲學》（上海：上海人民出版社，2012 年），頁 30。

96　武內義雄著，汪馥泉譯，《中國哲學小史》，頁 152-153。邱敏捷即對時人用佛教解釋道家思想的這一現象有所研究，詳見其《以佛解莊：以《莊子》註為線索之考察》（台北：秀威資訊科技，2019 年）一書。

97　武內義雄著，汪馥泉譯，《中國哲學小史》，頁 153-154。

98　余敦康，《魏晉玄學史》，頁 489。

99　更多討論，見湯用彤，《魏晉玄學》，頁 177；湯一介，《佛教與中國文化》，頁 3-4；唐秀連，《僧肇的佛學理解與格義佛教》，頁 336-342。

100　唐翼明，《魏晉清談》（台北：東大圖書公司，2018 年），頁 276-279。

101　有關華嚴宗思想的大概，可參考拙作 King Pong Chiu, *Thomé H. Fang, Tang Junyi and Huayan Thought: A Confucian Appropriation of Buddhist Ideas in Response to Scientism in Twentieth-Century China* (Leiden: Brill, 2016), pp.51-73.

102　更多討論，見 Kang-nam Oh, 'The Taoist Influence on Hua-yen Buddhism: A Case of the Sinicization of Buddhism in China'，收入《中華佛學學報》第十三期（2000），頁 277-297。

引文中所言「相破反相成」，可謂典型道家式的辨證法。如《道德經》便言：

> 有無相生，難易相成，長短相形，高下相盈，音聲相和，前後相隨，恆也。(〈二章〉)

循引文，所謂相反者並非真有矛盾；反之，彼此實是互相成就對方和用以界定自己[103]。若是，則華嚴宗與道家在思維方式上當有所關聯。最後，華嚴宗的內容與莊子哲學亦有相似處，此即加強道家或對在華佛教有所影響的這一觀點。如華嚴宗有「六相圓融」的概念，《華嚴一乘教義分齊章・卷四》便有言：

> 一即具多名總相，多即非一是別相；多類自同成於總，各體別異現於同；一多緣起理妙成，壞住自法常不作。唯智境界非事識，以此方便會一乘。

引文指出吾人只要從一宏觀或整體的角度言之，則一切看似矛盾的事物未嘗不可並存不悖。華嚴宗這一有關宏觀或整體的觀點，便與莊子於〈齊物論〉言「唯達者知通為一，為是不用而寓諸庸」的意思非常相似，以致我們不能忽視道家思想與華嚴宗的可能連繫[104]。當然，吾人不能因華嚴宗有道家的術語，或有類似道家的思維方式和思想，便輕言其受道家所影響，這是因為佛教在接觸道家以前，亦可有類似的思維方式和內容，只是佛教來到中國後借用道家的術語以求更地道把之表達出來而已[105]。惟若以上的分析有一定程度的準確，則道家對中國佛教思想的影響可謂極大，因這意味着中國僧人於唐代時已不是利用道家思想來了解佛教，一如格義佛教的做法；而更是利用道家思想來豐富和發揮佛教，這在文化交流和哲學創造的角度而言，可謂進入一個新的階段[106]。道家思想或影響華嚴宗的這一題目實值得我們日後加倍留意，吾人於此只就這一可能

性作一點題式的說明，至於更多有關華嚴宗思想的討論，筆者將留待他日專書另行處理，暫按下不表。

◎ 第四節　小結

綜上所述，佛教與道教和道家的關係可謂千絲萬縷。在佛教與道教的關係而言，道教的出現實為佛教所刺激，但兩者在中國歷史上卻長期處於競爭的狀態；惟在競爭的過程中，兩者又互相模仿，以致有趨同的傾向，這遂為後來的「三教合流」埋下伏線。惟隨着佛教和道教的合流，最終兩教均欠缺自身特色，這對兩教的發展而言，也許並不是一個好的現象[107]，而其亦終惹來近代有識之士的反撲。有關兩教合流及後人對其所作的反省，我們將在第五章和第六章再作討論。另一方面，道家對佛教的影響相當明顯。蓋佛教的內容和

103　陳鼓應，《老子註譯及評介》，頁 69-70。

104　方東美，《華嚴宗哲學（上冊）》（台北：黎明文化，1992 年），頁207。

105　事實上，大部分學者在解釋華嚴宗思想時均未有提及道家，但所作解釋還是可以頗為清晰。例子見 Francis H. Cook, *Hua-yen Buddhism: The Jewel Net of Indra* (Delhi: Sri Satguru Publications, 1994)；釋太虛，〈略說賢首義〉，收入釋印順編，《太虛大師選集（下）》（新竹：正聞出版社，2003 年），頁 145-151，尤見頁 373-375；廖明活，《中國佛教思想述要》（台北：台灣商務印書館，2006 年），頁422-429。

106　這即類似傅偉勳主張一理論已由「實謂」層次轉為「必謂」層次。詳見其《從創造的詮釋學到大乘佛學》（台北：東大圖書公司，1999 年），頁1-46。另見勞思光，《危機世界與新希望世紀 —— 再論當代哲學與文化》（香港：中文大學出版社，2007 年），頁 120-122。

107　釋印順，《中國佛教論集》，頁 229-230。

思考方式與道家思想有一定程度的相似。是以，漢、晉兩代的僧人和士大夫遂以佛、道思想互相比附，直接增加彼此的了解。這一結果，從佛教而言，是使當時的中國人減少對佛教的排拒，從而讓佛教有足夠的時間繼作發展，這對及後中國佛教的建立實至為重要。至此，吾人對於佛教與道教和道家關係的探討亦暫告一段落[108]。以下，即討論佛教與儒家的互動。

108　更多有關佛教與道教和道家互動的討論，可參考 T. H. Barrett, 'Religious Traditions in Chinese Civilization: Buddhism and Taoism', in Paul S. Ropp ed., *Heritage of China: Contemporary Perspectives on Chinese Civilization* (Berkeley and California: University of California Press, 1990), pp.138-163.

佛教與儒家

佛教
與
儒家

跟上一章所論者比較，佛教與儒家的互動對中國思想發展的影響可
謂更為深遠，但其情況亦比前一章所論的更為複雜。究其原因，大
致有二：第一，儒家對佛教的影響雖大，但這一影響往往要在長期
觀察佛教義理在中國的變化後才能發現。換言之，儒家對佛教的影
響不似道家或道教對佛教的影響般較易為人察覺，而這一情況又當
與儒家的性格有關。蓋儒家在人倫關係的討論上非常深刻，但為儒
家強調的人倫價值卻不必為儒家所獨有，而可為其他思想或宗教所
共同尊崇。最明顯的例子，是儒家強調孝道，但難道佛教便不強調
孝道？我們能否因為佛教在中國的形態重視孝道，便逕言佛教為儒
家所影響[1]？正是儒家的義理有一定程度的普遍性，以致吾人或已
為其影響而未有察覺，此即「百姓日用而不知」(《周易·繫辭上》
的道理[2]；惟亦是基於同一原因，儒家所重視的義理亦可為儒家以
外的思想和宗教所重視，故我們又不宜輕言一思想為儒家所影響，
一如前述。因此，我們若要疏理佛、儒之間的關係，當有更為細心
的必要。否則，吾人對兩者關係所作的評價乃容易與實情不符。

第二，儒家思想對佛教的批評涉及哲學層面，而非僅從認為佛教違反傳統中國風俗習慣的這一角度立論。是以，佛、儒關係涉及的論證亦遠比佛、道關係所涉及的論證為繁複。凡此，均增加我們評論佛、儒關係的難度。惟在進一步討論以前，我們有必要先處理一技術問題，否則往後的內容將容易變得空泛和欠缺重心。這一技術問題，即吾人要先界定何謂「儒家」（Confucianism）[3]。

◎ 第一節 「儒家」的定義

在有關中國文化的討論中，「儒家」一詞經常出現，但有關它的評價卻常引起爭議。當中原因，是不同的人或以「儒家」一詞指涉不同的事物。換言之，一人討論的「儒家」與另一人所討論的「儒家」可指謂不同的東西，以致雙方或根本未有溝通的共同基礎。一方面，「儒家」一詞可指「儒學」、「儒者」和「儒教」。但以上數者的分別又是什麼？我們或可言「儒家」是其他諸者的統稱，即「儒學」是儒家的理論，「儒者」是儒家理論的闡釋者和實踐者，而「儒教」則是儒家中如典章制度和祭祀儀式等較具儀軌和宗教性質的物

1　事實上，中國佛教重視孝道的這一現象究竟在什麼程度上為儒家影響，其即曾為學界所爭議，詳見冉雲華，《從印度佛教到中國佛教》（台北：東大圖書公司，1995 年），頁 43-55。另見 Xing Guang, 'The Teaching and Practice of Filial Piety in Buddhism', *Journal of Law and Religion* vol. 31, no. 2 (2016): 212-226.

2　有關儒家思想的「普世」性格，可參考任劍濤，《複調儒學：從古典解釋到現代性探究》（台北：台大出版中心，2013 年），頁 299-353。

3　如不少論者便因為沒有界定其所指的「儒家」究是什麼，以致相關討論變得極為粗疏和散亂，幾讓人難以分析。當中例子，見曾亦、郭曉東編，《何謂普世？誰之價值？當代儒家論普世價值》（上海：華東師範大學出版社，2013 年）。

事[4]。惟「儒家」一詞所涉範圍若如此廣泛，則本書是否要把所有關於儒家的人物和事情均包括其中？事實上，若我們從思考方法的角度觀之，一概念的指涉範圍如過於廣泛，最終或會得出一反效果：這一概念未有指涉任何具體的東西[5]。因此，本書有關儒家的討論遂不宜包括太大的範圍，而必須有明確所指。但吾人縱然能具體指出本書所指的儒家當指人物、思想或是典章制度等哪一方面，但儒家本身的具體內容究是什麼，其已是一極具爭議的問題。最重要的一點，是中國歷史上雖有如孔子和孟子等公認為儒家的人物，但一些儒者所主張的是否真為純粹的儒學，不同學者之間或有相反意見。如荀子雖為先秦時期的重要儒者，但其思想卻常被人認為已帶有一定程度的法家色彩[6]；而董仲舒是漢代大儒，惟他的思想卻滲入陰陽家元素[7]；陸九淵為宋代名儒，但亦為時人質疑是禪者[8]；乃至當代新儒家諸先生廣用西方術語來解釋儒學，也惹來部分論者批評其是否違反儒學的本來面貌[9]。是以，我們或有一印象，以為不受儒學以外的思想影響者才是純粹的儒學，講授這類學問的人士才能稱為真正的儒者；反之，若所謂儒者的思想夾雜儒學以外的元素，其人便只能稱為「雜儒」或「悖儒」云云[10]。惟這一觀點忽視一重要問題：儒家有其「開放元素」和「封閉元素」，其中封閉元素為僅適用於一時一地，一旦離開特定時空即失去其理論效力，如傳統儒家強調女子要「三從四德」，但三從四德的說法明顯不符當代的主流價值；但儒家中的開放元素卻是適用於不同時空，如儒家重視孝道，其即為普遍適用於不同時空者[11]。

換言之，封閉元素無可避免地帶有保守的色彩，但開放元素卻是有着很大程度的普世特性，其甚至適用於儒家以外的思想和宗教傳統。這即如前文所述，我們不能因為儒學以外的思想亦講孝道，便輕言後者為儒家影響；同理，其他思想亦有開放元素和封閉元素，其開放元素亦可為儒者所共認，因這些元素實有普遍的特性。如佛教和儒家均認同守靜工夫，但我們不能因為儒者強調靜坐，便輕言

儒家為佛教影響，甚至認為修習類似工夫者即不再是儒者云云。縱使退一步言，儒家在若干方面真受佛教所影響，但問題的關鍵當不是純儒和雜儒的分別，而是儒者為佛教影響的程度，是否已達到使其所謂儒家思想的本質有所改變，從而使一儒者竟不能再以儒者自居 [12]。正是問題實非常複雜，本章在討論何謂儒家時，將會首先分析構成儒家的核心概念，並以之作為往後討論的基礎：若一人或一事能符合儒家的核心價值，則其才有被視為儒家的資格；反之則

4　　Xinzhong Yao, *An Introduction to Confucianism* (New York: Cambridge University Press, 2000), pp. 16-30；歐陽哲生，《五四運動的歷史詮釋》（北京：北京大學出版社，2012 年），頁 87-91。

5　　張海澎，《分析邏輯：理性思維的基石》（香港：青年書屋，2004 年），頁 30-31。

6　　詳見成中英，《儒學、新儒學、新新儒學》（北京：中國人民大學出版社，2017 年），頁 28-46。

7　　方東美，《原始儒家道家哲學》（台北：黎明文化，1993 年），頁 46。

8　　有關這一問題的討論，可參考勞思光，《新編中國哲學史（三卷上）》（桂林：廣西師範大學出版社，2005 年），頁 297-299。

9　　蔣慶，《生命信仰與王道政治：儒家文化的現代價值》（台北：養正堂文化，2004 年），頁 162-163。

10　　杜保瑞即有類似說法，見其〈對唐君毅高舉儒學的方法論反省〉，收入鄭宗義編，《香港中文大學的當代儒者》（香港：香港中文大學新亞書院，2006 年），頁 281-330。

11　　詳見勞思光，《危機世界與新希望世紀——再論當代哲學與文化》（香港：中文大學出版社，2007 年），頁 40-41。

12　　更多討論，見牟宗三，《心體與性體（第一冊）》（台北：正中書局，1990 年），頁 579-580。事實上，一思想家利用不同學說來豐富自身的理論從來不是問題，關鍵是其怎樣利用而已。更多討論，請參考拙文〈中國哲學研究方法論芻議——反省劉笑敢教授「反向格義」與「兩種定向」的觀點〉，《鵝湖學誌》，第 62 期（6 / 2019）：127-160。

否 [13]。至於何謂儒家的核心價值？這正是我們於此要討論的問題。

循上文所述，孔、孟、荀和董仲舒等雖同屬儒家，但孔子和董仲舒的地位在儒家這一系統中當有所分別。箇中原因，是孔子所述應為儒家的本質，董仲舒卻或未能把握儒家最關鍵的思想。然則，儒家的本質又是什麼？吾人若要知什麼是儒家的本質，或可借用系統哲學（systems philosophy）的觀點來加以解釋 [14]。據系統哲學，一系統必有其中心。儒家既然是一思想系統而非雜亂無章的一堆概念，則吾人實不能隨意把不同元素均歸附在儒家這一系統以內，如儒家沒有如天主教或基督教般的人格神觀念 [15]，故我們在討論儒家時便應把相關主張排除在外；而一系統除了有其中心，還有由這一中心慢慢發展和延伸出來的各個子系統（sub-system）。誠然，儒家思想概念繁多，但並不是每一概念均在儒家這一系統中扮演同樣重要的角色，這是因為子系統既由中心思想所引申，則一旦中心思想和子系統之間出現衝突，吾人只能放棄子系統的觀點，而不能用子系統的觀點來取代中心思想。

以《論語》為例，其言「人而不仁，如禮何？人而不仁，如樂何？」（〈八佾〉），「禮」和「仁」雖同是儒家的重要概念，但在《論語》這一系統中，仁比禮實更為根本；而「君子無終食之間違仁，造次必於是，顛沛必於是」（〈里仁〉）則認為仁是理想人格中頃刻不能放棄的價值；「無求生以害仁，有殺身以成仁」（〈衛靈公〉）更明言仁比我們的生命還為重要。的確，隨着考古發現的增多，我們對先秦儒家的了解已不能再局限於如《論語》和《孟子》等主流文獻，而更應包括如郭店楚簡和上博竹簡等簡帛古籍 [16]；惟不論近年的考古發現如何豐富，其均只能視作是對傳統觀點的補足 [17]，而不能取代《論語》於儒家這一系統中的地位 [18]。吾人若承認《論語》是儒家這一系統中最重要的經典，我們便當言儒家的核心概念是「仁」，而其他概念只是它的引申和發揮 [19]。是以，荀子在儒家

這一系統中便不當比孟子重要，因前者把討論的焦點放在客觀的或外在的禮，而未能把握仁這一禮的背後精神；孟子則逕從「四端之心」立論，以明儒家之所以為儒家的本質 [20]。同理，董仲舒雖亦重視人的行為操守，但其中原因卻不是因為他以為人的操守當要符合仁這一發自內心的道德要求，而是認為人的行為要與天的運作相感應 [21]。在這一意義下，荀子和董仲舒在儒家這一系統中只能算是非

13　更多討論，見 Xinzhong Yao, 'Who is a Confucian Today? A Critical Reflection on the Issues Concerning Confucian Identity in Modern Times', in Xinzhong Yao and Wei-ming Tu ed., *Confucian Studies* vol.2 (New York: Routledge, 2011), pp.392-410; Anna Sun, *Confucianism as a World Religion: Contested Histories and Contemporary Realities* (New Jersey and Oxford: Princeton University Press, 2013), pp.110-133.

14　以下討論，主要參考 Ervin László, *The Systems View of the World* (New York: George Braziller, 1972), pp.1-15；Joanna Macy, *Mutual Causality in Buddhism and General Systems Theory: The Dharma of Natural Systems* (New York: State University of New York, 1991), pp.69-104；關子尹，《語默無常：尋找定向中的哲學反思》（香港：牛津大學出版社，2008年），頁 43-61；陳天機，《學海湧泉：系統視野・天上人間》（香港：牛津大學出版社，2016年），頁 5-17。

15　更多討論，參考 Julia Ching, *Chinese Religions* (Hampshire and New York: Palgrave Macmillan, 1993), pp.61-62.

16　詳見李零，《簡帛古書與學術源流》（北京：三聯書店，2008年），頁 1-18。

17　這從各類有關《論語》與簡帛的思想比較中可見，參考陳麗桂，《近四十年出土簡帛文獻思想研究》（北京：中華書局，2015年），頁 212-281。

18　情況一如古印度人把「奧義書」視為對「吠陀」（Veda）的補足，而不會用前者的觀點來取代後者。詳見 Dermot Killingley, 'The Older Vedas and the Upaniṣads', in Signe Cohen ed., *The Upaniṣads: A Complete Guide* (Oxon and New York: Routledge, 2018), pp. 43-57.

19　杜維明，《儒家思想：以創造轉化為自我認同》（台北：東大圖書公司，1997年），頁 85-99；劉國強，《儒學的現代意義》（台北：鵝湖出版社，2001年），頁 95-97。

20　牟宗三，《名家與荀子》（台北：台灣學生書局，1994年），頁 216-219；勞思光，《新編中國哲學史（卷一）》，頁 251-257。

21　徐復觀，《兩漢思想史（卷二）》（台北：台灣學生書局，2000年），頁 387-392。

主流或歧出 [22]，其地位乃不能與孔、孟等同 [23]。

事實上，吾人若不能把握一系統的核心而逕言支節，則支節或容易為我們曲解，以致有倒過來違背整個系統的精神之可能，故荀子的隆禮之學一變而為崇尚權力的法家 [24]；董仲舒的五德終始說亦容易淪為迷信思想或教條主義 [25]。當然，讀者或會批評以上分析實犯了循環論證的謬誤，即我們既假定孔、孟思想為評比其他儒者的標準，則自然會得出其他儒者當比孔、孟較為次要的這一結論。惟吾人之所以用孔、孟思想作為評價其他儒者的標準，實建基於一理由：在歷史上，孔子的出現是儒家的開始。蓋孔子以前雖有儒家元素，但這些元素只以散亂的姿態出現而尚未成一系統。這一情況，直至孔子出現才有所改變，因孔子正好把若干有着儒家色彩的元素整合成一較具系統的思想體系也 [26]。換言之，孔子作為儒家這一系統的開始，我們乃有理由使用其觀點作為評判往後儒學的標準；除非吾人發現孔子的思想在推論或價值上有明顯缺失，否則歷代儒者的觀點當只是對孔子思想的注腳、補足或發揮，而不可違反或取代孔子的觀點 [27]。情況一如各種佛教理論只是對佛陀提出的「三法印」所作的注疏和發揮，而始終不能取代三法印在佛教中的地位或違反其代表的立場 [28]。至此，本書雖對儒家一詞採一較為開放的態度，不以有儒者為他者影響即視之為不是儒家；但這種開放並非等於全無限制，以致輕易認為所有儒者均享有同等的地位，或不同儒者的思想均能並行不悖，無有矛盾 [29]。簡言之，本書的立場是認為儒家的範圍可以甚廣，但儒家內部的主次和本末還是要有所分辨，由此才不致主次不分或本末倒置 [30]。筆者相信，以上原則正好符合儒家「物有本末，事有終始。知所先後，則近道矣」（《大學》）的態度。

本書的定位既是思想史，則討論範圍當集中在思想層面。是以，有關儒家的討論亦與前述有關佛教和道家的討論一樣，主要集中在儒

家的思想上。簡言之，本書對儒家的討論將集中在儒學這一範疇。儒家雖包含如典章制度和祭祀儀式等的儒教元素，惟在本書的角度而言，其只是用以表達儒學的媒介；而所謂儒者則指對儒學有所闡釋、發揮和實踐的人。惟從孔子的「文質彬彬，然後君子」（《論語・雍也》）到孟子的「踐形」，再到宋明理學強調知行合一，

22　Wing-tsit Chan, *A Source Book in Chinese Philosophy* (New Jersey: Princeton University Press, 1973), pp.115 & 271-272.

23　更多討論，參拙文：〈書評：*The Rebirth of the Moral Self: The Second Generation of Modern Confucians and their Modernization Discourses* by Jana S. Rošker〉，《漢學研究》第 34 卷，第 4 期（12/2016）：331-336；〈蔣慶「儒門判教論」辨析〉，收入錢永祥編，《思想 33：原民狩獵的倫理省思》（台北：聯經，2017 年），頁 285-303。

24　Benjamin I. Schwartz, *The World of Thought in Ancient China* (Cambridge MA. and London: The Belknap Press of Harvard University Press, 1985), pp. 319-320.

25　徐復觀先生即言董仲舒的思想終成一種非理性的思想，見其《兩漢思想史（卷二）》，頁 387-392。

26　徐復觀，《中國人性論史・先秦篇》（台北：台灣商務印書館，2003 年），頁 63-64；勞思光，《新編中國哲學史（卷一）》，頁 75；Wing-tsit Chan, *A Source Book in Chinese Philosophy*, pp.14-17；Angus C. Graham, *Disputers of the Tao: Philosophical Argument in Ancient China* (La Salle, Ill.: Open Court, 1989), p.31. 當然，這一具系統的思想體系同時表現在孔子的行為和個人生命上，見 Shu-hsien Liu, 'Confucius', in Donald H. Bishop ed., *Chinese Thought: An Introduction* (Delhi: Motilal Banarsidass, 1995), pp. 14-31.

27　類似主張，見唐君毅，《中國哲學原論・原道篇（卷一）》（台北：台灣學生書局，1992 年），頁 148-151。

28　釋印順，《以佛法研究佛法》（台北：正聞出版社，1992 年），頁 1-14。

29　可惜的是，不少學者均犯了這一錯誤。例子見蔣慶，《生命信仰與王道政治：儒家文化的現代價值》；李維武，〈近 50 年來現代新儒學開展的「一本」和「萬殊」〉，《南京大學學報（哲學・人文科學・社會科學》第 6 期（2008）：91-100；Jana S. Rošker, *The Rebirth of the Moral Self: The Second Generation of Modern Confucians and their Modernization Discourses* (Hong Kong: Chinese University Press, 2016).

30　更多討論，詳見拙文〈蔣慶「儒門判教論」辨析〉。

儒家強調理論和實踐並重之意甚明 [31]。因此，一人縱使在儒學上有所發揮，但假若其行為和操守根本與儒學所主張者不相應，嚴格而言吾人還是不應以儒者視之 [32]。由於本書的焦點是思想，故對一人的行為和操守便不宜作過多的討論。可是，儒家從來要求一人的行為和學問當要相符的這一立場，實值得將來撰寫儒門史的人士注意。綜上所述，本書對「儒家」一詞所指涉的範圍遂有一相對清楚的界定，而後文的討論亦能因此而有一較為具體的對象。惟在正式討論佛教和儒家的互動前，我們尚有一點須作交待，其即是近代詮釋學（hermeneutics）的興起對吾人在理解一思想上所帶來的衝擊和啟示。

◎ 第二節　詮釋學的啟示

詮釋學是近代西方哲學中極為重要的一部分，其源起主要是希望探討讀者理解文本（text）的方法，到後來則更發展為對吾人主體的認識條件作出分析 [33]。查詮釋學的風潮首先由施萊瑪赫（Friedrich Daniel Ernst Schleiermacher，1768－1834）開始，施氏有名言曰：「比作者更好地理解作者」，意指作者在創作一文本後，該文本便有自己的生命，讀者不必然要循作者的角度來闡釋文本，而可循自己的視野，發掘出比原作者更具洞見的觀點。承施氏的主張，狄爾泰（Wilhelm Dilthey，1833－1911）指出吾人當了解不同讀者何以會對同一文本作出不同的闡釋。以上觀點有一重要意義：打破客觀主義和由此而衍生的權威主義。蓋不同讀者既可因為不同理由而對一文本作不同的闡釋，則一文本乃沒有絕對的客觀意義，是以，一人乃不能無條件地宣稱其為解讀這一文本的權威；或一文本縱有客觀意義，但礙於每人均以自己的視野來闡釋該文本，故這一所謂的客觀意義亦不能為我們把握。循此，海德格（Martin Heidegger，1889－1976）遂言「解釋奠基於一種前把握之中」，認為人們總是建基於自己的前見（pre-understanding）來理解一文本。眾多因素能影響吾人

如何闡釋一文本,由簡單者如一人的心情或文字能力,到複雜者如一人的文化背景,其均可左右我們對一文本的理解。建基於以上觀點,伽達瑪(Hans-Georg Gadamer,1900－2002)指出「我們總是以不同的方式在理解」,示意吾人對一文本的闡釋實沒有絕對的對錯,最多只是有較好和較差的分別而已。換言之,我們一己的看法實是經過無數前見影響下的結果,故吾人應以一謙遜的態度來檢視自己的立場,並以開放的胸襟來面對不同的觀點。若把以上所述帶回有關佛教和儒家關係的討論中,吾人不禁要問:傳統中國人在理解和吸收佛教時,是否有受前見的影響?若是,則這些前見除了前一章所論及的道家思想外,還有什麼?

事實上,在佛教來華以前,中國已有非常發達的哲學傳統,其中尤以對人性的討論與本章的內容最為密切,這是因為佛教與儒家的互動,首先即建基在人性論這一點上 [34]。誠然,漢代以前的中國哲

31　Sze-kwang Lao, 'On Understanding Chinese Philosophy: An Inquiry and a Proposal', in Robert E. Allinson ed., *Understanding the Chinese Mind: The Philosophical Roots* (Hong Kong: Oxford University Press, 1989), pp.265-293.

32　誠如賀麟所言:「最概括簡單地說,凡有學問技能而又具有道德修養的人,即是儒者。儒者就是品學兼優的人。」見其著《文化與人生》(北京:商務印書館,2016 年),頁 13。

33　此段有關詮釋學的討論,主要參考勞思光,《當代西方思想的困局》(台北:台灣商務印書館,2014 年),頁 51-74;張鼎國,《詮釋與實踐》(北京:商務印書館,2016 年),頁 147-178。另讀者更可參考 Richard E. Palmer, *Hermeneutics: Interpretation Theory in Schleiermacher, Dilthey, Heidegger and Gadamer* (Evanston: Northwestern University Press, 1969) 一書有關章節,了解詳細情況。

34　誠如徐復觀先生所言,「古代整個文化的開創、人性論的開創,以孔孟老莊為中心;似乎到了孟莊的時代,達到了頂點。自此以後,則是由思想地綜合,代替了上述的由工夫地開創;或者可以說是由思想平面性的擴張,代替了思想立體性的深入。」見其《中國人性論史・先秦篇》,頁 461-462。

學傳統有關人性的討論實非常複雜[35]，但大致而言，以下列三類為主[36]：第一，主張人性善，其代表人物為孔子和孟子一系的儒者。查孔子對人性的看法未如孟子般明確，《論語》中涉及人性的討論似乎只有一句：「性相近也，習相遠也。」（〈陽貨〉），意指人的天性本來近似，惟後天的教育和環境造成人有賢與不賢的分別。孔子雖未對吾人的人性更作分析，但觀乎《論語》強調仁，並認為其當比我們的生命和財產更為重要，則吾人應可假定孔子隱然有認為仁即是人的本質之意思，而這一本質又正好是我們能成為一君子的關鍵；孟子即把握這一觀點更作發揮，認為「人性之善也，猶水之就下也」（《孟子·告子上》），以為人性朝善的方向發展便如水之向下流動般是一自然不過的事，似有人性本善的意思。但值得注意者，是當孟子被其學生公都子（生卒年不詳）問及人性是否即為善時，他卻重新界定其有關「性善」的學說並不是指人性即為善，而是指人有為善的能力，此正是「乃若其情，則可以為善矣，乃所謂善也」（《孟子·告子上》）之意。正是建基於這一能力，吾人才有成為君子的可能。孔、孟雖沒有明確指出人性本來是善，但其均認為人性中以善性最為重要，此則為先秦時期性善說的大概[37]。

第二，主張人性惡，持此觀點的代表人物為荀子和韓非。荀子明言人性是惡，人之能夠做好是由於後天教育所致，故其言「人之性惡，明矣，其善者偽也」（《荀子·性惡》）；韓非一方面承荀子的性惡說，另一方面則認為人性既是惡，則根本不能透過教育而使人為善，故索性提倡用嚴刑峻法使人不敢行惡[38]，以上即為性惡說的主要立場。

第三，認為人性並無特定形態，或謂無善無不善，故亦可以是善和不善，持這一觀點者以告子為代表。惜告子的思想現已失傳，吾人只能循如孟子等人對告子的描述中得知其思想大概。據《孟子》，告子認為人性沒有善惡，故其可善可惡，沒有定然。類似看法雖曾

在秦、漢和魏、晉時期一度流行，但終未對中國哲學傳統有關人性的討論帶來太大影響[39]。簡言之，以上三種有關人性的討論，在中國歷史上以性善說為主流，性惡說只屬末流，而人性無定說則大抵不傳[40]。惟不論是性善說還是性惡說，儒家均強調人可成聖成賢，此即孟子言「人皆可以為堯舜」（《孟子・告子下》）和荀子言「塗之人可以為禹」（《荀子・性惡》）之意[41]。儒家這一觀點非常重要，因其直接影響傳統中國人如何選擇和闡釋各種來華的佛教理論。

蓋佛教未有如儒家般直接或明確地討論人性的善惡問題，而是把關心的重點放在吾人的心是否淨染，以及外境是否真妄等議題上[42]。換言之，初期來華的佛教僧人或對儒者有關人性的討論感到陌生；

---

35   唐君毅先生即對這一複雜的情況有精要説明，見其《中國哲學原論・原性篇》（台北：台灣學生書局，1991 年），頁 528-537。

36   以下所述，主要參考方東美，《中國人生哲學》（台北：黎明文化，2004 年），頁 209-213；呂思勉，《呂思勉論學叢稿》（上海：上海古籍出版社，2006 年），頁 168-176。

37   Roger T. Ames, *Confucian Role Ethics: A Vocabulary* (Hong Kong: Chinese University Press, 2011), pp. 87-92.

38   勞思光，《新編中國哲學史（卷一）》，頁 269-271。

39   唐君毅，《中國哲學原論・原性篇》，頁 109-110。

40   張岱年，《中國哲學大綱》（北京：中國社會科學出版社，1982 年），頁 250-253；Xinzhong Yao, *An Introduction to Confucianism*, pp. 160-165.

41   劉國強，《儒學的現代意義》，頁 7-8。事實上，縱然是人性無善無不善的主張，亦不排除人們能成聖成賢。在這一意義下，認為吾人能朝着積極的一面發展，可謂中國哲學傳統的共識。詳見方東美，《中國人生哲學》，頁 211-214。

42   荒木見悟著，廖肇亨譯，《明末清初的思想與佛教》（台北：聯經，2006 年），頁 220-221；梁漱溟，《憶熊十力先生 ── 附勉仁齋讀書錄》（台北：明文書局，1989 年），頁 63-64；金克木，《怎樣讀漢譯佛典》（北京：三聯書店，2017 年），頁 100-101。另參考姚衛群，《佛教思想與印度文化》（北京：北京大學出版社，2018 年），頁 61-63。

而其時儒者亦難免用自己的人性觀來闡釋佛教理論，從而做成比附的情況出現[43]。查佛教有不少關於吾人主體的看法，而論影響之廣及與本書關係較大者，主要有三：第一，原始佛教認為人是由色、受、想、行、識五蘊所組成。色指物質，受等四者則為各種心理和精神活動。簡言之，原始佛教認為吾人的生命即是物質和精神。由於這兩者均是因緣而有，其常處於流變的狀態之中，故原始佛教認為吾人並沒有獨立不變的本質，此即為佛教所主張的「無我」思想。無我者，非沒有「我」的意思，而是指「我」並沒有獨立不變的本質而已[44]。第二，真常心一系主張「有我」的存在，而這「我」即指如來藏（Tathāgatagarbha）或佛性。簡言之，如來藏是我們得以成佛的根據，惟吾人當注意這一如來藏並非指一真實不變的實我；否則，如來藏這一概念便當違反佛教緣起性空的根本立場。事實上，與其他佛教的理論一樣，如來藏是由空的義理引伸而出，故對如來藏的闡釋亦當循空的角度出發：正是因為吾人和其他一切事物實為空，故我們沒有獨立不變的本質；由於我們沒有獨立不變的本質，因此才有即人成佛乃至眾生皆可成佛的可能。在這一意義下，如來藏之名僅為一方便法門，是令人明白佛教並非虛無主義的一種手段，其本質亦為空，故我們對彼乃不能執實[45]。誠如《佛性論》所言：「若不說佛性，則不了空；若不說空，則不了佛性。」由於眾生均有如來藏，故其在理論上皆可成佛。這一觀點對於我們理解佛教與儒家的關係可謂非常重要，後文對此將再有述及，暫按下不表。第三，唯識宗認為我們的主體雖由五蘊構成，其會隨着因緣消失而散滅，但吾人所作的業（karma）及由其產生的業力卻會保存在一表面與靈魂相似的阿賴耶識（ālayavijñāna）之中，一旦因緣成熟，業力即會衍生相應的果報。從存有論的角度而言，阿賴耶識是保存業力的載體，故其有「藏識」之稱；惟從價值論的角度而言，佛教的目的是要我們不再流轉生死以得解脫，故阿賴耶識還待吾人轉化，此即轉識成智的道理[46]。也許是基於上述理由，阿賴耶識多少給人負面或虛妄的形象，而鮮予人一正面或積極的感覺[47]。

更重要的，是唯識宗有一說法或容易惹人誤會，其即是「五種姓」的理論。蓋唯識宗根據吾人解脫的潛能，把眾生分為五大類：聲聞種姓、獨覺種姓、菩薩種姓、不定種姓和無姓有情。前三者分別是有成為阿羅漢、辟支佛，以及菩薩或佛的潛能之眾生；第四者則是或可成為阿羅漢、或可成為辟支佛，又或可成為菩薩或佛的眾生；第五者卻是不能實現以上任何解脫形態的眾生，其又名「一闡提」（Icchāntika）[48]。正是唯識宗表面似認為有眾生不能成佛，故其遂不容易為信奉人皆可以為堯舜的傳統中國仕人所接受。誠如唐代的新羅僧人遁倫（生卒年不詳）於《瑜伽論記·卷十四》記玄奘法師（602－664）對無姓有情一說有所困擾曰：「若至本國，必不生信，願於所將論之內，略去無佛性之語。」足見傳統中國人對有眾生竟

43　　Whalen W. Lai, 'The Pure and the Impure: The Mencian Problematik in Chinese Buddhism', in Whalen W. Lai and Lewis R. Lancaster ed., *Early Ch'an in China and Tibet* (Berkeley: Asian Humanities Press, 1983), pp. 299-326.

44　　木村泰賢著，釋依觀譯，《原始佛教思想論》（台北：台灣商務印書館，2019 年），頁 71-82。

45　　Heng-ching Shih（釋恆清），'The Significance of Tathāgatagarbha: A Positive Expression of Śūnyatā',《哲學論評》，第 11 期（1988）: 227-246. 當然，歷來對如來藏的闡釋有着極大分歧，有論者認為如來藏根本不是佛教思想，其至近代甚至發展成一股「批判佛教」（Critical Buddhism）的風潮。本書則逕採如來藏當是佛教思想的立場，至於對如來藏的質疑和對這些質疑的回應，詳見 Jamie Hubbard and Paul Swanson ed., *Pruning the Bodhi Tree: The Storm over Critical Buddhism* (Honolulu: University of Hawaii Press, 1997) 一書。

46　　更多有關阿賴耶識的討論，見李潤生，《佛家輪迴理論（上）》（台北：全佛文化，2000 年），頁 132-137。

47　　方東美先生即對無著、世親一系的唯識學有嚴厲批評，認為其視世界為虛妄，而未能建立正面的價值觀，詳見其《中國大乘佛學（下）》（台北：黎明文化，2004 年），頁 324-325。印順法師則更有「虛妄唯識」的著名說法，見其《印度佛教思想史》（新竹：正聞出版社，1998 年），頁 275-280。

48　　有關唯識宗五種姓理論的簡要介紹，可參閱李潤生，《生活中的佛法——山齋絮語》（台北：全佛文化，2000 年），頁 176-179。

不能成佛的這一觀點當有着極大疑慮和反感[49]。

討論至此，吾人當可為前文有關佛教與儒家的關係作一小結。循儒家，人皆可成聖成賢是極重要的主張，其甚至隱然成為中國人闡釋外來文化的一個主要前見[50]。若是，則我們當可理解中國人在吸收佛教時，或會傾向選擇如來藏一系的思想，因其認為眾生皆可以成佛的這一立場，實與儒家主張人皆可以成聖成賢的觀點相似[51]；反之，唯識宗的阿賴耶識表面上與屬中國文化末流的性惡說有相似之嫌[52]，其或影響唯識宗在中國的傳播。事實上，中國佛教史上有多次與前述觀點相關的論爭，而最終均以屬如來藏一系的思想取得勝利作結：如北魏（386－534）末期北地論宗與南地論宗的辯論、唐中葉時唯識宗與華嚴宗的較勁，以及宋代時天台宗山家與山外的爭議都是其中例子[53]。在理論上，唯識宗的思想不見得比如來藏一系的思想遜色；反之，其更比後者嚴密和完善。但在實際上，中國佛教卻朝着建基於如來藏一系的思想以發展，究其原因，相信主要還是與中國人用了其前見來闡釋和吸收佛教有關[54]。若以上的分析正確，則儒家對佛教的影響在表面上雖不如道家對佛教的影響般直接和明顯，但其背後對佛教的約軌實更為深遠，甚至竟然影響整個在華佛教的發展方向[55]。以下即從佛、儒之間的具體互動，進一步說明以上觀點。

◎ 第三節　儒家對佛教的約軌

如第三章所述，佛教最初是以方術的姿態來華。因此，佛教與傳統中國文化的接觸，先是以宗教層面為主。在這一階段中，道教的出現即為傳統中國文化對佛教的一個主要回應，而儒家士人與佛教之間於其時似未展開深入的溝通[56]；惟隨着佛教中較具思想深度的典籍逐漸傳入中國，時人對佛教的認識亦由方術和宗教的範圍轉變為思想的層面，其結果是不但引起道家的玄學家之興趣，更引起儒者

的注意。

蓋儒家思想雖在春秋戰國迎來第一個高峰，但其在秦漢時期卻因滲入陰陽家的元素而變得混雜，以致在很大程度上未能把握先秦儒學反求諸己的精神[57]。可是，儒家於秦、漢時期雖在思想上未有太大突破，但其在典章制度上卻對社會發揮極大的影響。簡言之，秦、漢時期或未有如《論語》、《孟子》和《荀子》等重要典籍為儒家的義理作更有深度的解釋，但儒家提倡的價值卻已透過典章制度而為

49　當然，唯識宗是否真的認為無姓有情不能解脫，這一點實值得商榷。李潤生先生便有大文討論此一問題，詳見〈轉識成智困難的辨解〉，《法相學會集刊》，第 6 期（12 / 2008）：1-45。

50　牟宗三先生即形容竺道生（355 – 434）是孟子靈魂的化身，因兩人均主張凡人皆有成佛或成聖的可能。詳見其《中國哲學的特質》（台北：台灣學生書局，1998 年），頁 116-118。更多討論，見 Whalen W. Lai, 'The Pure and the Impure: The Mencian Problematik in Chinese Buddhism'；荒木見悟著，廖肇亨譯，《明末清初的思想與佛教》，頁 215-216；蕭玟，〈心性詮釋的宗教與哲學進路 —— 以《如來藏經》與《孟子》為例〉，《宗教哲學》，第 55 期（3 / 2011）：59-86。

51　霍韜晦，《絕對與圓融 —— 佛教思想論集》（台北：東大圖書公司，2002 年），頁 50-51。

52　楊維中，《中國佛教心性論研究》（北京：宗教文化出版社，2007 年），頁 409-410。

53　詳見 Whalen W. Lai, 'The Pure and the Impure: The Mencian Problematik in Chinese Buddhism'.

54　方東美，《中國大乘佛學（上）》，頁 73-74；牟宗三，《心體與性體（第一冊）》，頁 579；方立天，《中國佛教哲學要義（上卷）》（北京：中國人民大學出版社，2002 年），頁 537、599。

55　更多有關儒家在心性問題上對佛教的影響，可參考楊維中，《中國佛教心性論研究》，頁 403-410。

56　季羨林先生便言，儒者直至南北朝仍「好像世間根本沒有 [佛教] 這種學説」，詳見其《中華佛教史 · 佛教史論集》（太原：山西教育出版社，2013 年），頁 86-87。

57　勞思光，《新編中國哲學史（卷二）》，頁 11-16。

普遍時人所遵守[58]。佛教對儒家的首個衝擊，正是時人認為佛教提倡的價值觀與儒家所提倡者不同，從而認為兩者當不能並存[59]。上一章提及的《牟子理惑論》即記載時人對佛教有不少負面的印象，但其時佛教既以方術的形式存在，故尚未惹來儒者的大規模反對；惟隨着佛教的發展，其在社會上的影響力亦與日俱增，儒者遂不能繼續漠視佛教提倡的價值觀，而必須對佛教作出回應，韓愈（768－824）即為這波回應的一個代表人物[60]。

事實上，韓愈對佛教的批評，很大程度是繼承《牟子理惑論》中已經提出的命題和其時道教中人對佛教的態度，而大致不離以下兩點：第一，佛教有違儒家倫理；第二，佛教是外來的意識形態。循前者，韓愈認為佛教的價值觀實為不忠不孝，如其在〈原道〉所言：

> 今其［佛］法曰，必棄而君臣，去而父子，禁而相生相養之道，以求其所謂清淨寂滅者。嗚呼！

在〈諫佛骨表〉中則說：

> ［佛教］自後漢時流入中國，上古未嘗有也［……］口不言先王之法言，身不服先王之法服，不知君臣之義，父子之情。

根據引文，韓愈認為佛教出家的主張是漠視父子和君臣等人倫價值，故大違儒家提倡的倫理。此外，他亦認為佛教徒不擅生產而只賴國家的供養，遂對國家構成經濟壓力。誠如他在〈送靈師〉中所言：

> 佛法入中國，爾來六百年。齊民逃賦役，高士著幽禪。官吏不之制，紛紛聽其然。耕桑日失隸，朝署時遺賢。

佛教對其時儒家提倡的社會秩序之衝擊，乃增加了韓愈的排外情緒，如其在〈原道〉中繼言：

> 今也舉夷狄之法，而加之先生之教之上，幾何其不胥而為夷也。

在韓愈眼中，佛教只是「夷狄之法」，其地位實不能與儒家並列。事實上，前文提及傳統中國人在闡釋和吸收佛教義理時，或為其前見所影響而有偏愛如來藏一系的傾向。但從韓愈以及其時道士對佛教的輕蔑可見，佛教在中國實有一「原罪」：佛教是外來宗教 [61]。如來藏一系的思想既強調眾生皆可成佛，故一切眾生在本質上實為無異。若是，則其遂有為佛教人士爭取與中土人士一樣地位的效果，直接把佛教解釋為與儒、道等中土思想當是平等的位置。因此，筆者懷疑除了如來藏的概念本身與儒家性善論有若干類似之處，從而惹來時人的垂青以外，客觀條件亦迫使其時的佛教徒不

58　最明顯的例子，是考試制度和祭祀制度的常規化，把儒家的理念帶到普羅大眾的意識形態和日常生活之中。詳見于春松，《制度化儒家及其解體》（北京：中國人民大學出版社，2003 年），頁 96-113；李申，《儒教簡史》（桂林：廣西師範大學出版社，2013 年），頁 63-87。

59　雖有學者如謝無量（1884－1964）等認為發生在梁武帝蕭衍（464－549）時期的「神滅論」和「神不滅論」之爭為儒、佛的早期衝突，但儒家是否即如持神滅論者所主張以為人沒有精神的存在，而佛教又是否真如持神不滅論者認為主張有靈魂不滅，其均是可供爭議的問題。換言之，魏晉南北朝期間的所謂儒士未必對儒學有確切的了解；其時佛教中人對佛教義理亦大致處一摸索的階段，故本書不以神滅論和神不滅論之爭為儒、佛的真正矛盾。有關該論爭的內容，見謝無量，《中國哲學史校注》（上海：華東師範大學出版社，2018 年），頁 282-292。更見許抗生，〈簡說儒佛道三教的形神觀〉，收入鍾彩鈞、周大興編，《跨文化視野下的東亞宗教傳統：體用修證篇》（台北：中央研究院中國文哲研究所，2010 年），頁 171-193。

60　唐君毅，《中國哲學原論‧原道篇（卷三）》（台北：台灣學生書局，2000 年），頁 397-403。

61　釋印順，《中國佛教論集》（北京：中華書局，2010 年），頁 198。

得不強調如來藏思想，以其有助佛教防禦來自儒、道人士的攻擊也 62。當然，這一觀點是否正確，還待更多的歷史證據支持，現僅指出這一可能性以為將來的討論作一預備而已。回到韓愈的問題，綜合以上所述，韓愈闢佛的立場遂非常堅定，如其在〈諫佛骨表〉中道：

> 漢明帝時始有佛法，明帝在位，才十八年耳。其後亂亡相繼，運祚不長。宋、齊、梁、陳、元魏以下，事佛漸謹，年代尤促。唯梁武帝在位四十八年，前後三度捨身施佛，宗廟之祭，不用牲牢，晝日一食，止於菜果。其後竟為侯景所逼，餓死台城，國亦尋滅。事佛求福，乃更得禍。由此觀之，佛不足信，亦可知矣。

明言信佛者皆不得善終。凡此，終使韓愈以拒佛教為己任。他在〈與孟尚書書〉即有言：

> 釋老之害過於楊墨，韓愈之賢不及孟子，孟子不能救之於未亡之前，而韓愈乃欲全之於已壞之後。嗚呼！其亦不量其力，且見其身之危，莫之救以死也。雖然，使其道由愈而粗傳，雖滅死萬萬無恨！天地鬼神，臨之在上，質之在旁，又安得因一摧折，自毀其道，以從於邪也！

至此，儒者對佛教的第一個大規模抨擊即在唐代發生 63，而其時亦正好為佛教於中國歷史上最為興盛的時代。

的確，儒者對佛教的批評使後者不得不調整自身的理論，以求減輕儒者對佛教的衝擊；而佛教的做法，主要是強調自身宗教的入世一面 64，從而主張佛教與重視人倫關係的儒家實沒有太大的分別。最著名的一個例子，是佛教開始翻譯如《佛昇忉利天為母說法經》、《佛說父母恩難報經》和《佛說睒子經》等討論孝道的典籍，強調

儒家重視的價值實為佛教所共同主張，甚至根據上述典籍重新創作如《父母恩重經》和《盂蘭盆經》等較易為儒家認同的經典[65]。誠如唐代的宗密法師（784－841）在《盂蘭盆經疏》中所言：

> 始於混沌，塞乎天地，通人神，貫貴賤，儒釋皆宗之，其唯孝道矣。［……］經詮理智，律詮戒行。戒雖萬行，以孝為宗。

事實上，佛教自晉代開始即有對傳統中國文化就其所作的批評作出回應，其中最直接的做法是強調佛教實主張儒家所肯定的人倫價值，只是彼此對這些價值的表達方式有所不同。如東晉崇好佛典的重臣何充（292－346）在〈尚書令何充等重表〉中便有言：

> 五戒之禁，實助王化。［……］［沙門］每見燒香咒願，必先國家，欲福祐之隆。［……］不令致拜，於法無虧。因其所利而惠之，使賢愚莫敢不用情，則上有天覆地載之施，下有守一修善之人。

62　筆者這一觀察，主要受六祖惠能（638－713）在初見五祖弘忍（601－674）時的一段說話所啟發。按《六祖大師法寶壇經・行由品》：「祖 [弘忍] 問曰：汝何方人？欲求何物？惠能對曰：弟子是嶺南新州百姓，遠來禮師，惟求作佛，不求餘物。祖言：汝是嶺南人，又是獦獠，若為堪作佛？惠能曰：人雖有南北，佛性本無南北。獦獠身與和尚不同，佛性有何差別？」足見如來藏或佛性思想實有回應時人對外來文化或外來人士輕侮的作用。

63　事實上，儒者在有唐一代均無間斷地對佛教作出批評，韓愈只是其中的代表。惟我們亦當注意，唐代亦有如柳宗元等個別儒者對佛教有所同情和好感，故唐儒對佛教的態度亦非純粹的排斥，只是同情佛教的儒者只為當時的少數，下章將會就這一方面更作討論。至於唐代儒者闢佛的情況，詳見湯用彤，《隋唐及五代佛教史》（台北：慧炬出版社，1997 年），頁 35-45。

64　余英時，《中國文化史通釋》（香港：牛津大學出版社，2010 年），頁 61-72。

65　詳見道端良秀著，釋慧嶽譯，《佛教與儒家倫理》（台北：中華佛教文獻編撰社，1979 年），頁 30-52。

認為佛教的戒律不但沒有違反儒家的價值，其更是與儒家提倡的價值相同。是以，佛教只有助培養具質素的人民，對國家沒有絲毫的不良影響。《弘明集‧卷五》則記東晉的慧遠法師在其《沙門不敬王者論》（334－417）言：

> 出家則是方外之賓，跡絕於物。其為教也，達患累緣於有身，不存身以息患；知生生由於稟化，不順化以求宗。求宗不由於順化，則不重運通之資；息患不由於存身，則不貴厚生之益。此理之與形乖，道之與俗反者也。［……］雖不處王侯之位，亦已協契皇極、在宥生民矣。是故內乖天屬之重，而不違其孝；外闕奉主之恭，而不失其敬。（《弘明集‧卷五》）

認為佛教既以解脫為目的，則世俗的禮教固然不是佛教的着眼點。但佛教正導人心，有益國家，其儀軌縱有不符中土禮教的標準，惟精神卻沒有異致。凡此均是中國早期愛好佛教的人士為佛教亦有入世一面辯護的例子。在這一意義下，佛教徒強調佛教實認同儒家價值的這一做法，當不是唐代時的佛教徒所新創。惟唐代僧人對佛教義理的調整，有一方面卻是劃時代的，其即是對「禪」的界定。蓋唐代有禪宗的興起，顧名思義，禪宗即以禪為宗旨。李潤生先生對禪宗所指的禪有以下精確的說明：

> 「禪」是工夫，是方法；「悟」是目的，是宗趣。［……］「禪修」既然只是方法，由於應機不同，方法便不止一種；不過禪宗的「禪修」特色，就是揚棄了印度傳統的一套「枯坐冥想」的止觀法門，提出了「單刀直入」、「頓悟成佛」、「思量即不中用」、「識自本性」、「見自本心」、「言下須見」的簡單直接的方法，名之為「祖師禪」，以別於傳統的「如來禪」。[66]

循禪宗對「禪定」的界定，禪定當不是指吾人的軀體要盤腿而坐

或是吾人的心緒能寂然不動等偏向靜態的修持工夫或心理狀態，而是認為我們的心思在面對各種處境時應一方面能對這些處境有所回應，另一方面卻能夠做到一心不亂，從而不要為外境牽引而心生煩惱[67]。簡言之，吾人的心性在禪定的狀態下，當是動態和活潑的。誠如《六祖大師法寶壇經‧定慧品》所言：

> 一行三昧者，於一切處行住坐臥，常行一直心，是也。[……]但行直心，於一切法，勿有執着。迷人着法相，執一行三昧。直言坐不動，妄不起心，即是一行三昧。作此解者，即同無情。

又於〈坐禪品〉曰：

> 善知識，何名禪定？外離相為禪，內不亂為定。

若是，則僧人未嘗不可以工作，只要其不對這些工作產生執取即可；反之，吾人的心若對外境有所執取，則我們縱然在寺院修行，煩惱還是如影隨形。《古尊宿語錄‧卷一》即對這一觀點有所解釋：

> 問：斬草伐木，掘地墾土，為有罪報相否？師〔百丈懷海〕云：不得定言有罪，亦不得定言無罪。有罪無罪，事在當人。若貪染一切有無等法，有取捨心在，透三句不過，此人定言有罪。若透三句外，心如虛空，亦莫作虛空想，此人定言無罪。

66　李潤生，《禪宗公案》（台北：方廣文化，2016 年），頁 33-34。

67　李潤生，《禪宗公案》，頁 32-41。

換言之，禪宗實為僧人可作適度的工作提供了一理論上的解釋，藉以使佛教能減少對政府的依賴，堵塞其時儒者對佛教所作的一主要批評。更有進者，禪宗以上理論甚至給予眾生不用出家的理由，因解脫的關鍵既是吾人的內心而非外在的環境，則我們在任何場合均可修持，出家與否遂不是解脫的必要條件。《六祖大師法寶壇經·疑問品》對此曰：

> 若欲修行，在家亦得，不由在寺。在家能行，如東方人心善；在寺不修，如西方人心惡。但心清淨，即是自性西方。韋公又問：在家如何修行？願為教授。師言：吾與大眾作無相頌，但依此修，常與吾同處無別；若不作此修，剃髮出家，於道何益。頌曰：心平何勞持戒，行直何用修禪。恩則親養父母，義則上下相憐。讓則尊卑和睦，忍則眾惡無喧。

是以，信佛的人乃不一定要脫離與家人和社會的關係，乃至信佛更可發揮儒家的價值。若是，則儒家對佛教所作批評的威力遂頓時大減。禪宗以上觀點，為中國佛教得以進一步朝入世的方向發展邁出革命性的一步[68]，因其不但強調佛教有入世的面向，而更是理順這一面向；惟這一理論上的調整亦容易令佛教變得過於世俗，以致僧團的綱紀日漸鬆散[69]。前者使佛教變得更為普及，後者卻使佛教淪為俗套，禪宗的功過終惹來近代僧人和佛教學者對其作出深刻的反省，而這一部分將在第六章再述，暫按下不表。

討論至此，佛教為了回應儒家對其所作批評而在自身理論上有所調整可謂十分明顯，惟佛教和儒家之間所作的深層次互動實尚未開始。這是因為佛教雖對儒家就其所作的批評作出回應，但更核心的問題是佛教的理論本身是否即能讓其作出如此這般的回應？這論爭即為繼唐代的儒者後，宋代的儒者對佛教所作批評的着力點[70]，有關爭論甚至延續到近代，一如本書稍後所討論。誠如宋代儒者程頤

（程伊川，1033－1107）言：

> 釋氏言成住壞空，便是不知道。只有成壞，無住空。且如草木初
> 生既成，生盡便枯壞也。他以謂如木之生，生長既足卻自住，然
> 後卻漸漸毀壞。天下之物，無有住者。嬰兒一生，長一日便是減
> 一日，何嘗得住？然而氣體日漸長大，長的自長，減的自減，自
> 不相干也。（《河南程氏外書・卷十八》）

循引文，程頤認為世間不斷流轉，故沒有停駐在任何的狀態，而
我們亦根本沒有對其產生執取的可能。換言之，佛教認為吾人煩惱
的根源是我們對本為無常的世間有所執取，但在程頤眼中其無疑是
一假命題。程頤對佛教的批評，固然有混淆「能否」和「會否」之
嫌，即吾人在客觀效果上能否對世間有所執取是一回事，但我們主
觀動機上會否對世間有所執取卻為另一回事，惟他更重要的觀點是
認為佛教既以一切事物均不當為我們執取，故佛教遂不能真的肯定
一切人倫價值的這一結論。如其言：

> 人倫者，天理也。彼〔佛〕將其妻子當作何等物看？望望然以為
> 累者，文王不如是也。為釋氏以為壞、為無常也。是獨不知無常
> 乃所以為常也。今夫人生百年者，常也；一有百年而不死者，
> 非所謂常也。釋氏推其私智所及而言之，至以天地為妄，何其陋
> 也。（《河南程氏外書・卷七》）

68　余英時，《中國文化史通釋》，頁 61-72。

69　釋印順，《人間佛教論集》（新竹：正聞出版社，2007 年），頁 65。

70　Charles Wei-hsun Fu, 'Morality or Beyond: The Neo-Confucian Confrontation with Mahāyāna Buddhism', *Philosophy East and West* vol.23, no.3 (1973): 375-396.

換言之，佛教雖表面上似重視各種人倫價值，但在儒者眼中，佛教的理論實不能真有此效果[71]。故程頤的兄長程顥（程明道，1032－1085）逕言：

> 釋氏不識陰陽晝夜古今，安得謂形而上者與聖人同乎！（《河南程氏遺書・十八》）

明言佛教和儒家雖似同樣重視人倫價值，但兩者始終有着本質上的分別，不能混同。然這一本質上的分別究是什麼？朱熹（下稱朱子）即對此提出答案。承程氏兄弟的觀點，朱子批評佛教既主張世間一切事物本質為空，故吾人的心性亦當為空寂。若是，則空寂的心性如何能夠衍生各種道德價值？其有言曰：

> 惟其［佛教］無理，是以為空。它之所謂心，所謂性者，只是個空底物事，無理。（《朱子語類・卷一二六》）

又言：

> 釋氏說空，不是便不是，但空裡面須有道理始得。若只說道我見箇空，而不知有箇實底道理，卻做甚用得？譬如一淵清水，清冷徹底，看來一如無水相似。它便道此淵只是空底，不曾將手去探是冷是溫，不知道有水在裡面，佛氏之見正如此。今學者貴於格物、致知，便要見得到底。（《朱子語類・卷一二六》）

蓋儒家的立論基礎是吾人有道德反省的能力，是以能夠在遇到別人遭逢不幸時產生惻隱之心，並對他人伸出援手[72]。此即為《孟子・公孫丑上》所載的經典例子：

> 人皆有不忍人之心。先王有不忍人之心，斯有不忍人之政矣。以

不忍人心，行不忍人之政，治天下可運之掌上。所以謂人皆有不忍人之心者，今人乍見孺子將入於井，皆有怵惕惻隱之心。非所以內交於孺子之父母也，非所以要譽於鄉黨朋友也，非惡其聲而然也。由是觀之，無惻隱之心，非人也；無羞惡之心，非人也；無辭讓之心，非人也；無是非之心，非人也。惻隱之心，仁之端也；羞惡之心，義之端也；辭讓之心，禮之端也；是非之心，智之端也。

惟我們若細看激發悉達多太子離宮求法的經過，當會發現儒學與佛教在面對類似處境時實有完全不同的反應。茲引《長阿含經・卷一》的文字，以解釋此一觀點：

於時，菩薩欲出遊觀，告勅御者嚴駕寶車，詣彼園林，巡行遊觀。［……］於其中路見一老人，頭白齒落，面皺身僂，拄杖羸步，喘息而行。太子顧問侍者：「此為何人？」答曰：「此是老人。」又問：「何如為老？」答曰：「夫老者生壽向盡，餘命無幾，故謂之老。」太子又問：「吾亦當爾，不免此患耶？」答曰：「然，生必有老，無有豪賤。」於是，太子悵然不悅，即告侍者迴駕還宮，靜默思惟：「念此老苦，吾亦當有。」［……］又於後時，太子復命御者嚴駕出遊。於其中路逢一病人，身羸腹大，面目黧黑，獨臥糞除，無人瞻視，病甚苦毒，口不能言。顧問御者：「此為何人？」答曰：「此是病人。」問曰：「何如為病？」答曰：「病者，眾痛迫切，存亡無期，故曰病也。」又曰：「吾亦

71　唐君毅，《中國哲學原論・原道篇（卷三）》，頁 423-424。

72　勞思光，《新編中國哲學史（卷一）》，頁 120-122。

當爾，未免此患耶？」答曰：「然。生則有病，無有貴賤。」於是，太子悵然不悅，即告御者迴車還宮。靜默思惟：「念此病苦，吾亦當爾。」又於異時，太子復勅御者嚴駕出遊。於其中路逢一死人，雜色繒幡前後導引，宗族親里悲號哭泣，送之出城。太子復問：「此為何人？」答曰：「此是死人。」問曰：「何如為死？」答曰：「死者，盡也。風先火次，諸根壞敗，存亡異趣，室家離別，故謂之死。」太子又問御者：「吾亦當爾，不免此患耶？」答曰：「然，生必有死，無有貴賤。」於是，太子悵然不悅，即告御者迴車還宮，靜默思惟：「念此死苦，吾亦當然。」〔……〕又於異時，復勅御者嚴駕出遊，於其中路逢一沙門，法服持鉢，視地而行。即問御者：「此為何人？」御者答曰：「此是沙門。」又問：「何謂沙門？」答曰：「沙門者，捨離恩愛，出家修道，攝御諸根，不染外欲，慈心一切，無所傷害，逢苦不慼，遇樂不欣，能忍如地，故號沙門。」太子曰：「善哉！此道真正永絕塵累，微妙清虛，惟是為快。」

根據引文，悉達多太子在遇上不幸的人時，並沒有如孟子所主張般上前幫助，而是思考自己是否會與這些不幸的人一樣有着相同的遭遇。我們或不宜過早判定悉達多太子即為一個不仁的人，亦不須認為孟子的立論即為武斷，而是當思考為何佛教和儒學在面對類似處境時，竟有如此不同的反應。

查儒學成為一系統自孔子始，而孔子要處理的問題則是要社會回復一符合人性的秩序[73]，此即《論語・八佾》中所言的「郁郁乎文哉，吾從周」之意。孔子強調秩序的原因，是其所身處的正為一個既有秩序瓦解的時代[74]。因此，孔子銳意把握在變動中永恆不變的價值，並認為縱使世界如何改變，其均是圍繞這一永恆不變的價值來改變[75]。故《論語・為政》有言：「殷因於夏禮，所損益可知也。周因於殷禮，所損益可知也。其或繼周者，雖百世可知也。」至於

120

這一永恆不變的價值，簡言之即為儒家強調的「仁」[76]。如前文所述，《論語》認為仁比我們的身外物和生命更為重要，其於任何時地均應為吾人所把握。足見孔子以為仁是其思想中最核心的價值，而這一立場亦為歷代主流儒者所繼承[77]。反觀佛教的興起，很大程度是對古印度相對穩定的社會作出的一次反動[78]。這是因為古印度是一階級森嚴的社會，其中人民大致可分為四個階級：第一，婆羅門教的僧侶或祭司「婆羅門」（Brahmin）；第二，擁有政治和經濟權力的貴族「剎帝利」（Kṣatriya）；第三，平民「吠舍」（Vaiśya）和第四，賤民或奴隸「首陀羅」（Śūdra）。以上四種階級又稱為四種姓，不同種姓之間不能通婚，賤民或奴隸乃不能透過與其他地位較高的種姓通婚而提升社會地位；而一人所屬的種姓亦會自動由其子女所繼承，故種姓不只是個人所屬，其更影響後代，因此向被外人視為

73　　徐復觀，《中國人性論史・先秦篇》，頁 67-68。

74　　杜維明著，陳靜譯，《儒教》（上海：上海古籍出版社，2008 年），頁 20-22。

75　　方東美，《方東美先生演講集》（台北：黎明文化，2004 年），頁 221-231。

76　　不少學者把「仁」的涵義分為狹義和廣義，前者指吾人眾多德目中的一種，後者則指所有德目的總稱，其亦等同理想的人格。例子見錢新祖，《中國思想史講義》（台北：台大出版中心，2013 年），頁 57-75。惟誠如牟宗三先生指出，理想的人格必定遙契天道，而天道又是生生不息，故「仁」的狀態亦當永無止境，一同永恆。此所以牟先生言「仁」的極點是「與天地合德、與日月合明、與四時合序、與鬼神合吉凶。」詳見其《中國哲學的特質》，頁 37-56。

77　　Wei-ming Tu, *Way, Learning, and Politics: Essays on the Confucian Intellectual* (New York: State University of New York Press, 1993), pp. 2-12.

78　　Siddhi Butr-Indr, *The Social Philosophy of Buddhism* (Bangkok: Mahamakut Buddhist University, 1979), pp. 26-40；木村泰賢著，釋依觀譯，《原始佛教思想論》，頁 18-21；程曦，〈試論佛教的社會批判立場〉，收入學愚編，《出世與入世——佛教的現代關懷》（北京：中國社會科學出版社，2010 年），頁 3-12。

一有欠公平的社會和政治制度[79]。由於社會階層缺乏流動，在上位的婆羅門生活遂日趨腐化，終惹來其他種姓的不滿。悉達多太子屬於剎帝利階層，自幼過着物質優厚的生活，故當他發現其出巡所見的景象竟與皇宮時的經歷有天淵之別時，遂赫然生起自己是否都會如此的反思[80]。簡言之，我們當可言儒、佛兩者所要處理的問題實為不同：儒家要在不斷變化的世間把握永恆不變的價值；佛教則要在表面永恆不變的秩序中使人明白無常的道理。前者的着眼點是成聖成賢和與其相關的人倫事宜，後者的着力處則是涉及生死苦況的解脫問題[81]。以上解說對本書往後的討論非常重要，因其已涉及佛、儒兩家的分歧和分工。佛、儒兩者在義理上當然有衝突之處，但其亦有可以協作的地方。本章討論的主要為前者，至於後者，則留待往後兩章再作分析。

儒家和佛教要處理的問題既是不同，彼此的立論基礎遂有分別，而衍生的理論效果亦殊異。誠如張九成（1092－1159）於《橫浦集·卷五》言：

> 倏然見有孺子者將入於井，則其心將如何哉？必於無事心中肅然而起怵惕惻隱之狀，期乎疾走救之而後已［……］是其天理決然，遇事而發，欲罷不能也。若夫釋老之學豈知此耶？彼已視世間如夢幻，一彭殤，為齊物，孺子死生何所介其心哉？是未知天理之運用也。

直言佛、儒關心的問題根本不同，故面對同一處境時的反應乃不一致。兩家理論效果的分別終惹來儒家對佛教的最嚴厲批評，此即儒家認為佛教的理論實不足以處理世間的人倫關係及對社會有所建設，簡言之即不能「開物成務」[82]，如《宋史·程顥傳》所言：

> ［佛教］自謂之窮神知化，而不足以開物成務，言為無不周遍，

實則外於倫理，窮神極微，而不可以入堯舜之道。

討論至此，吾人可知若要強調佛、儒兩家當有相似或相同的地方，便要提出更具說服力的論證，否則恐怕只是迴避了彼此的理論分歧。事實上，宋代儒者對佛家的批評已涉及一重要的哲學問題：「體」和「用」的關係。查體和用為佛、儒、道共同重視的概念，雖然三者就這對概念的闡釋或非全然一致[83]；而以體和用作思考模式，由魏晉始已為時人所使用，到宋代則為其使用的高峰，直至近代仍廣為思想家重視[84]。由於在佛、儒互動的脈絡下，儒家對體和用的看法遠為重要，故本章亦集中以儒家的觀點作討論對象。然則，儒家理解的體和用的具體內容究是什麼？查體和用的意思大致

79　更多討論，見 Steven E. Lindquist, 'The Social Background: Caste and Gender in the Upaniṣads', in Signe Cohen ed., *The Upaniṣads: A Complete Guide* (Oxon and New York: Routledge, 2018), pp.81-92.

80　David J. Kalupahana, *A History of Buddhist Philosophy: Continuities and Discontinuities* (Honolulu: University of Hawaii Press, 1992), pp. 22-29; Peter Harvey, *An Introduction to Buddhism: Teachings, History and Practices* (New York: Cambridge University Press, 2013), pp. 8-21; A.K. Warder, *Indian Buddhism* (Delhi: Motilal Banarsidass, 2017), pp.27-30.

81　唐君毅，《中國哲學原論・原道篇（卷三）》，頁 426；勞思光，《哲學問題源流論》（香港：中文大學出版社，2001 年），頁 31-33、59-60。

82　錢新祖，《中國思想史講義》，頁 393-421。

83　更多討論，見林鎮國，《空性與現代性：從京都學派、新儒家到多音的佛教詮釋學》（台北：立緒文化，1999 年），頁 100-102；查爾斯・繆勒（A. Charles Muller）著，李想等譯，〈略論印度佛教中國化過程中的體用論〉，收入張風雷等編，《佛教與傳統文化》（北京：宗教文化出版社，2017 年），頁 111-136。

84　詳見楊儒賓，〈近現代儒家思想史上的體用論〉，收入劉述先等編，《天人之際與人禽之辨：比較與多元的觀點》（香港：香港中文大學新亞書院，2001 年），頁 195-226。

有三[85]：第一，體指形體，用指功能。誠如唐代崔憬（生卒年不詳）於《周易探元》所言：

> 凡天地萬物，皆有形質，就形質之中，有體有用。體者，即形質也；用者，即形質上之妙用也。

循引文，體是一物的形軀，而用則是這一形軀展現出來的功用。如一個水壺有一定的形軀，這一形軀即決定這一水壺的容量，而盛載這一容量的液體即為這一水壺的功用。第二，體指本質，用指現象。朱子於《朱子語類・卷五》有言：

> 仁，性也；惻隱，情也。性是體，情是用。

按引文，吾人有惻隱之情，惟這一惻隱之情只是我們的表象；吾人之所以有惻隱之情，是因為我們有一更為根本的心體，此即為仁心。換言之，仁心是人之所以為人的本質，惻隱之情則是這一本質的用。第三，體指原則，用指方法。孫家鼐（1827－1909）於〈議復開辦京師大學堂摺〉便言：

> 中學為主，西學為輔，中學為體，西學為用。

由於體和用這一對概念有多種意涵，故其指涉實取決於具體脈絡，不能一概而論[86]。誠如朱子在《朱子語類・卷六》所言：

> 如這身是體，目視，耳聽，手足運動處，便是用；如這手是體，指之運動提掇處便是用。

惟體和用的意涵雖沒有明確規定，但有一點卻可肯定：體和用必然一致，兩者密不可分。程頤於〈易傳序〉便明言：

體用一源，顯微無間。

嚴復（1854－1921）於《嚴幾道文鈔・卷四》中更言：

> 體用者，即一物而言之也。有牛之體，則有負重之用；有馬之
> 體，則有致遠之用。未聞以牛為體，以馬為用者也。中西學之為
> 異也，如其種人之面目然，不可強謂似也。

綜上所述，我們可知傳統儒家的思考模式，是認為一東西或一事物若有什麼的體，其便有相應的用。宋儒對佛教的最大挑戰，正是認為佛教既主張一切事物沒有不變的本質而只是因緣而有，則這一沒有不變本質的自我如何能夠衍生各種有固定取向的倫理價值[87]？朱子在《朱子語類・第一二六》便有言：

> 莫過於父子，卻棄了父子；莫重於君臣，卻絕了君臣，以至民生
> 彝倫之間不可闕者，它一皆去之。[……] 天下只是這道理，終是
> 走不得。如佛老雖是滅人倫，然自是逃不得。如無父子，卻拜其
> 師，以其弟子為子，長者為師兄，少者為師弟。

85　本段有關體和用的討論，主要參考 Antonio S. Cua, 'Ti and Yong (Tl and Yung): Substance and Function', in Antonio S. Cua ed., *Encyclopedia of Chinese Philosophy* (New York and London: Routledge, 2003), pp.720-723; Dainian Zhang, Edmund Ryden trans., *Key Concepts in Chinese Philosophy* (New Haven and London: Yale University Press, 2002), pp. 240-257.

86　錢穆，《中國思想史》（香港：新亞書院，1962 年），頁 165。

87　牟宗三，《宋明儒學的問題與發展》（台北：聯經，2003 年），頁 31-32。

程氏兄弟亦在《河南程氏遺書‧第二》曰：

> 其〔佛教〕術，大概是絕倫類，世上不容有此理。又其言待要出
> 世，出那裡去？又其迹須要出家，然則家者，不過君臣、父子、
> 夫婦、兄弟，處此等事，皆以為奇寓，故其為忠孝仁義者，皆以
> 為不得已爾。又要得脫世綱，至愚迷者也。

簡言之，宋儒認為佛教既主張一切皆空，遂不能對人倫價值真有肯
定；若要對人倫價值有真確的肯定，佛教乃得放棄一切皆空的根本
立場，蓋入世與出世實不能兩者兼得也[88]。是以，主張入世的儒家
必對出世的佛教有所批評；主張出世的佛教對主張入世的儒家必不
能真有肯定。

循以上分析，宋儒雖認為佛教為了回應唐儒而已在行為和義理上作
出調整，但問題的關鍵是宋儒主張佛教根本不能作出相關的調整。
究其原因，是佛教主張的體並不能導引出其希望出現的各種涉及入
世的用，一如前述。因此，朱子於《朱子文集‧卷五十九》便有
言：

> 佛學之與吾儒雖有略相似處，然正所謂貌同心異，似是而非者，
> 不可不審。〔……〕聖門所謂聞道，聞只是見聞，玩索而自得之
> 之謂道。只是君臣父子日用常行當然之理，非有玄妙奇特不可測
> 知，如釋氏所云豁然大悟，乃是心思路絕，天理盡見，此尤不
> 然。心思之正便是天理，流行運用，無非天理之發見，豈待心思
> 路絕而後天理乃見耶？且所謂天理，復是何物？仁義禮智豈不是
> 天理？君臣父子兄弟夫婦朋友豈不是天理？若使釋氏果見天理，
> 則亦何必如此悖亂？殄滅一切，昏迷其本心而不自知耶？凡此皆
> 近世淪陷邪說之大病，不謂明者亦未能免俗而有此言也。

並在《朱子語類‧卷一二六》言：

> 釋氏只要空，聖人只要實。釋氏所謂敬以直內，只是空豁豁地更無一物，卻不會方外。聖人所謂敬以直內，則湛然虛明，萬里具足，方能義以方外。

又言：

> 釋氏棄了道心，卻取人心之危而作用之。遺其精者，取其粗者以為道。如以仁義禮智為非性，而以眼前作用為性是也。此只是源頭處錯了。（同上）

再言：

> 其〔佛家〕喚醒此心則同，而其為道則異。吾儒喚醒此心，欲他照管許多道理；佛氏則空喚醒，在此無所作為，共異處在此。（《朱子語類‧卷十七》）

繼言：

> 吾儒卻不然，蓋見得無一物不具此理，無一理可違於物。佛說萬理俱空，吾儒說萬理俱實。從此一差，方有公私義利之不同。今學佛者云識心見性，不知是識何心見何性？（同上）

88　詳見熊十力，《十力語要》（鄭州：大象出版社，2018 年），頁 113-114。

凡此均認為佛教沒有儒家的體，故亦不應有儒家的用[89]。至此，宋儒認為佛教對唐儒的回應實不足恃的這一立場甚明。誠然，宋儒對佛教的批評僅集中在其對空宗的了解而未涉如唯識和如來藏等有宗思想。因此，不少學者認為宋儒對佛教的理解實非常粗疏，以致對佛教的批評亦欠缺意義[90]。惟有趣的是，宋儒的相關批評似足以令在華佛教調整自身對如來藏的看法，以致佛教竟有朝着一歧路的方向以發展之嫌。但在進一步討論前，吾人有必要對如來藏這一概念更作說明。

蓋如來藏作為吾人得以成佛的根據，其在效果上固然與儒家言人均有良知故凡人皆可成聖成賢相似[91]，但如來藏與良知的立論點始終有別：儒家認為良知是人的本質，其作用主要是說明我們成德一事如何可能，以及社會上各種人倫價值怎樣能夠得以建立；但如來藏卻不是一實有，其用處則是解釋吾人如何可以做到無執，從而獲得解脫。是以，兩者的相似之處實不能蓋過彼此的分別[92]。如前所述，如來藏的本質亦是空，故其只是一虛體[93]，誠如《大般涅槃經·卷廿五》所言：

> 佛性名第一義空，第一義空名為智慧。

又言：

> 見一切空，不見不空，不名中道，乃至見一切無我不見我者，不名中道。中道者名為佛性。（《大般涅槃經·卷廿七》）

而《大乘入楞伽經·卷二》則言：

> 以種種善巧智慧方便，或說如來藏，或說無我。

足見如來藏當建立在「空」這一概念之上，其之所以提出實為佛教中道思想的一個表現，以作為渡化世人的一個方便法門，吾人當不能對其加以執取。

但無可否認，如來藏一系的表達方式甚容易使人誤會佛教亦主張一永恆不變的實體[94]。《楞伽經・卷二》即載有佛陀被問及如來藏與婆羅門教的神我概念究竟有何分別：「大慧問佛：云何世尊，同外道說我，言有如來藏耶？世尊！外道亦說有常作者，離於求那，周遍不滅。」事實上，若如來藏真為一實體，則佛教或未嘗不能衍生出如儒家所主張的各種價值；但循這一角度對如來藏作出闡釋，卻恐已違反原始佛教三法印對佛教理論的規範，即佛教的各種理論和概念當不能違反「諸行無常」、「諸法無我」和「涅槃寂靜」的原則[95]。惜在中國佛教史上對如來藏作闡釋者，不乏容易使人誤解的例子。如北朝慧思法師在《大乘止觀法門》便有言：

89　有關這一立場的論述，詳見牟宗三，《心體與性體（第一冊）》，頁 571-657。

90　Thomé H. Fang, *Chinese Philosophy: Its Spirit and Its Development* (Taipei: Linking Publishing Co., Ltd., 1981), p. 340；牟宗三，《心體與性體（第一冊）》，頁 579。

91　參考李潤生，〈自性與自心的批判〉，《法相學會集刊》第 8 期（12 / 2018）：5-17。

92　勞思光，《新編中國哲學史（三卷上）》，頁 298-299。更見劉宇光，〈佛家自主性思想——印、漢佛學論自主〉，收入楊國榮、溫帶維編，《中國文明與自主之道》（香港：匯智出版有限公司，2008 年），頁 193-210。

93　林鎮國，《空性與現代性：從京都學派、新儒家到多音的佛教詮釋學》，頁 97-130。

94　Andrew Rawlinson, 'The Ambiguity of the Buddha-nature Concept in India and China', in Whalen Lai & Lewis R. Lancaster ed., *Early Ch'an in China and Tibet* (Berkeley: Berkeley Buddhist Studies Series, 1983), pp.259-279.

95　釋印順，《以佛法研究佛法》，頁 1-14。

> 問曰：云何復名此心為如來藏？答曰：有三義。一者能藏名藏，
> 二者所藏名藏，三者能生名藏。所言能藏者，復有二種。一者如
> 來果德法身，二者眾生性德淨心，並能包含染淨二性及染淨二
> 事，無所妨礙，故言能藏名藏。藏體平等之為如，平等緣起目之
> 為來，此即是能藏名如來藏也。第二所藏名藏者，即此真心而為
> 無明穀藏所覆藏，故名為所藏也。藏體無異無相名之為如，體備
> 染淨二用目之為來，故言所藏名藏者。第三能生名藏者，如女胎
> 藏能生於子，此心亦爾，體具染淨兩性之用，故依染淨二種熏
> 力，能生世間出世間法也。

循引文，如來藏有體有用，其體甚至能「生」起世間和出世間的一
切法，凡此遂容易予人一個佛教亦同意儒家的體用義，以及佛教主
張的體即為一實體的印象。另，宋代的契嵩法師（1007－1072）在
《廣原教》亦言：

> 夫性也，為真，為如，為至，為無邪，為清，為靜。近之，則為
> 賢，為正人；遠之，則為聖神，為大聖人。聖人以性為教教人。

把如來藏或佛性形容為「真」或「至」等，以顯眾生皆有成佛可能
的真確性，其於認識佛教義理者而言固或沒有太大問題，但無可否
認，這一表達方式同樣容易給人認為如來藏是一實有的感覺，以致
吾人亦不能排除或真的有僧人對其作出錯誤的解讀[96]；縱然我們有
信心大部分的僧人或不致對如來藏這一概念有所誤會，亦難保一般
人不會望文生義地對該概念作錯誤的解讀，從而對佛教產生不當的
了解[97]。若是，則佛教和儒家有關心性問題的實質相異，乃容易為
兩者的表面相同所覆蓋，以致佛、儒之間的差別進一步收窄。事實
上，已有學者指出儒家對佛教的影響，主要集中在前者使後者變得
更重視倫理和心性兩方面[98]，甚至佛教重視體和用的思維模式亦是
為儒家所啟發[99]，惟就儒家對佛教的這些影響究竟是好是壞卻嫌反

省不足。誠如前文所述，佛教的心性論最終有朝實有方向以立說的傾向，這一做法本身即有違反三法印的危險。雖有論者認為佛教對儒家的傾斜或由於儒者於傳統中國實多為官方人物，以致佛教人士未能坦然地就儒家對佛教的批評作出反駁 [100]，但無可否認的是佛教已進一步模仿或靠攏儒家 [101]，從而使佛、儒兩者的分別變得模糊，以致兩者的特色亦變得暗淡，這對佛教和儒家的發展而言實不能純然視作好事。關於這一觀點，本書將在第五章再作說明，而本章有關儒家對佛教所作影響的討論亦暫告一段落。以下，即討論佛教對儒家的影響，以明佛、儒互動的另一面向。

96　　詳見釋印順，《淨土與禪》（台北：正聞出版社，1992 年），頁 165-178；賴永海，〈佛教與中國傳統哲學〉，收入藍吉富編，《中印佛學泛論 ── 傅偉勳教授六十大壽祝壽論文集》（台北：東大圖書公司，1993 年），頁 109-122；馮達文，《尋找心靈的故鄉 ── 儒道佛三家學術旨趣論釋》（北京：中華書局，2015 年），頁 294-311。

97　　這從學人對佛教心性的討論往往莫衷一是中可知，詳見鄧克銘，《心性與言詮：禪宗思想研究論集》（台北：文津出版社，2014 年），頁 49-55。事實上，雖有論者認為望文生義式的理解方式有助佛教融入傳統中國文化，但卻輕視了這種做法的潛在風險。例子見陳堅：〈望文生義也是義 ── 論漢語佛學中的「平面解釋法」〉，收入洪漢鼎、傅永軍編，《中國詮釋學 · 第六輯》（濟南：山東人民出版社，2009 年），頁 346-358。林鎮國先生即對如來藏在什麼程度上已陷入一種實體主義有詳細討論，見其《空性與現代性：從京都學派、新儒家到多音的佛教詮釋學》，頁 97-130。

98　　冉雲華，《從印度佛教到中國佛教》，頁 1-17；魏道儒，《唐宋佛學》（北京：中國社會科學出版社，2017 年），頁 189。

99　　查爾斯 · 繆勒（A. Charles Muller）著，李想等譯，〈略論印度佛教中國化過程中的體用論〉。

100　　羅時憲，《能斷金剛般若波羅蜜多經纂釋講記（第四冊）》（香港：佛教法相學會，2019 年），頁 471-474；季羨林，《中華佛教史 · 佛教史論集》，頁 87。

101　　任繼愈，《任繼愈禪學論集》（北京：商務印書館，2005 年），頁 167-168。

◎ 第四節　　佛教對儒家的調節

跟儒家對佛教的影響相同，佛教對儒家的影響亦是多方面的，吾人若用佛教的術語說之，則我們當可言佛教不論是在因地、果地，還是由因到果的實踐工夫上，均對儒家有着程度不一的影響；惟與儒家對佛教的影響不同，儒家為佛教影響的各種元素於儒家本身實亦有之，佛教只是進一步激發儒家在有關方面的論述而已。換言之，是佛教對儒家的影響大致未有改變儒家的根本性格，佛教對儒家只是作出一定程度的調節或補充而已。惟在理論上，若儒家為佛教調節或補充的這一面不斷擴大，則吾人亦難保儒家的精神或面貌終會大幅改變，只是這一情況在實際上並未明顯發生[102]。因此，不少學者均認為佛教對儒家的影響在中國思想史上當不及儒家對佛教的影響般深遠[103]。茲僅就心性論、世界觀和工夫論三方面作出討論，以明佛教如何在因地、果地和實踐工夫上對儒家構成潛在的影響，從而說明上述看法。

首先，是心性論。如前所述，儒家對人性的看法，大致以孟子性善說為主流或正統。蓋孟子有關人性的看法，有兩段說話極值得我們重視。第一，為《孟子・告子上》所言：

> 告子曰：性，猶湍水也；決諸東方則東流，決諸西方則西流。人性之無分於善不善也，猶水之無分於東西也。孟子曰：水信無分於東西，無分於上下乎？人性之善也，猶水之就下也；人無有不善，水無有不下。今夫水，搏而躍之，可使過顙；激而行之，可使在山；是豈水之性哉？

循引文，孟子反對告子認為人性沒有定論的觀點，認為人性便如水必向下流動一樣，其亦必向善的方向展露。這一觀點，被不少學者認為孟子主張人「性本善」，或性善即為吾人的本性[104]。但〈告

子上〉有第二段說話，反映孟子對人性的看法或未如吾人設想般確定：

> 公都子曰：告子曰：性無善無不善也。或曰：性可以為善，可以
> 為不善。是故文、武興，則民好善；幽、厲興，則民好暴。或
> 曰：有性善，有性不善。是故以堯為君而有象；以瞽瞍為父，而
> 有舜；以紂為兄之子，且以為君，而有微子啟、王子比干。今曰
> 性善，然則彼皆非與？孟子曰：乃若其情，則可以為善矣，乃所
> 謂善也。

蓋在孟子的時代，告子有關人性的看法似頗流行，以致孟子的學生公都子亦用告子的看法來詢問其師的意見。簡言之，告子認為人性沒有善惡，故一人實可善可惡，其行為純受外圍環境所影響；更有甚者，是人性既然沒有善惡，則外圍環境也不一定對人的行為有決定性的影響。是以，人的行為究是如何，可謂沒有必然的保證[105]。孟子在回應告子的觀點時，竟未有直接指出人性是善還是惡，而是言「乃若其情，則可以為善矣，乃所謂善也」，意指其對「善」的理解，是指人有行善的能力[106]。換言之，孟子實迴避了肯認人性

102　這一觀點將在下一章再述，暫按下不表。

103　Thomé H. Fang, Chinese Philosophy: *Its Spirit and Its Development,* p. 340；牟宗三，《心體與性體（第一冊）》，頁 579-580；李承貴，《儒士視域中的佛教 —— 宋代儒士佛教觀研究》（北京：宗教文化出版社，2007 年），頁 530-533。

104　黃俊傑，《孟子》（台北：東大圖書公司，2006 年），頁 116-117；Haiming Wei, *Chinese Philosophy* (Cambridge: Cambridge Unviersity Press, 2012), pp.36-38.

105　對告子想法的闡釋，詳見 D.C. Lau trans., *Mencius* (London: Penguin, 2004), pp.200-209.

106　牟宗三，《心體與性體（第二冊）》（台北：正中書局，1971 年），頁 461-463；勞思光，《新編中國哲學史（卷一）》，頁 122-125。

當是善還是惡的這一關鍵問題,而對其採一較為折衷或曖昧的態度。事實上,重視人有行善能力的這一觀點貫徹《孟子》全書,如〈公孫丑上〉便言「人皆有不忍人之心。先王有不忍人之心,斯有不忍人之政矣」;〈梁惠王上〉亦言「今恩足以及禽獸,而功不至於百姓者,獨何與?然則一羽之不舉,為不用力焉;輿薪之不見,為不用明焉;百姓之不見保,為不用恩焉。故王之不王,不為也,非不能也。」其均是孟子強調人之能力多於人之本性的例子[107],而這種為善的能力正是孟子認為人之所以為人的關鍵所在。換言之,性善的「性」當指人的特性,而非指人的本性[108]。惟我們若細察其他儒者有關人性的看法,不少實有對人性究是什麼的問題有所討論,如唐儒李翱(774–836)於其《復性書》中便明言其要探討人如何回復本性的問題[109]。歷史學者張灝認為儒家對人性本質和人性陰暗一面的探求當受佛教所影響[110],但這一觀點實值得商榷。這是因為孟子雖或未對人性本質的問題有明確界定,但荀子卻明言人性為惡,可見戰國末年的儒家已對人性的本來面目及人性的陰暗面有所反思。換言之,儒家若在人性論上有受佛教影響的地方,則這一地方當另有所指。

事實上,佛教對儒家人性論的影響,與其籠統地說是前者使後者更為留意人性的本來面目或人性的陰暗面,倒不如說是佛教使儒家性善一說的內涵有所改變。如前文所述,孟子的性善說是強調人有為善的能力,但宋儒周敦頤(周濂溪,1017–1073)卻在其著名的〈愛蓮說〉中暗示人性的本來面目即為善:

> 予獨愛蓮之出淤泥而不染,濯清漣而不妖;中通外直,不蔓不枝;香遠益清,亭亭淨植,可遠觀而不可褻玩焉。

引文認為不論周遭的環境如何,蓮花的潔淨仍不受污染,其強調蓮花本來面目的一點甚明。此外,文中更言蓮花是「花之君子者

也」，直把蓮花這一佛教的象徵和儒家君子的形象拉上聯繫，佛教對儒家的影響遂隱隱為吾人所見 [111]。的確，佛教的如來藏思想既強調吾人的真我當為佛性，則佛性遂為我們的本來面目。儒家的性善觀念一方面為傳統中國人闡釋和吸收佛教的前見，從而使如來藏一系的思想特為在華佛教所重，一如前述；另一方面，如來藏的思想卻倒過來影響儒者如何理解性善一說，並把重點由孟子所強調的為善能力，改變為宋儒所主張的人之本來面目。《二程先生遺集》言「以性之善如此，故謂之性善」（〈卷廿五〉）和《朱子語類》的「性則是純善底」（〈卷五〉）均為儒家對性善的理解有所轉向的例子。至此，主流儒家的心性論乃由「性善」轉變為「性本善」，而此轉變才應是佛教在心性論上對儒家的主要影響 [112]。

惟有一點須注意：孟子雖然未有明確指出人性本為善，但從其認為人性當向善而趨的這一說法觀之，孟子似未有斷然否定類似主張，

107　Roger T. Ames, *Confucian Role Ethics: A Vocabulary*, pp.136-143.

108　張岱年，《中國哲學大綱》，頁 183-187。

109　林啟彥，《中國學術思想史》（台北：書林出版，1994 年），頁 177-179。

110　張灝，《幽暗意識與時代探索》（廣州：廣東人民出版社，2016 年），頁 51-54。

111　蕭玫，〈從〈愛蓮說〉「出淤泥而不染」一語論周敦頤援佛入儒之文學轉化〉，《宗教哲學》第 56 期（6 / 2011）：113-144；張祥龍，《拒秦興漢和應對佛教的儒家哲學：從董仲舒到陸象山》（桂林：廣西師範大學出版社，2012 年），頁 252-258。

112　更多討論，詳見劉振維，〈從「性善」到「性本善」——一個儒學核心概念轉化之探討〉，《東華人文學報》第 7 期（7 / 2005）：85-122；劉振維，《論佛教中國化之「佛性」概念對儒家人性論論述的影響——兼論中國哲學之哲學問題》（香港：香港大學饒宗頤學術館，2009 年）。

這從不同學者對孟子性善說的闡釋往往莫衷一是中可見一斑[113]。更重要的是，人的本性和人的能力並非相互排斥，故孟子性善說實可同時包含兩者[114]。若是，則佛教對於儒家心性論的影響實只扮演一刺激的角色。換言之，佛教僅是儒家在心性的討論上由性善轉變為性本善的助力，吾人遂不能輕言佛教徹底改變了儒家的心性論，從而高估了佛教對儒家的影響；更遑論上述儒家心性論的改變，其結果究竟是好是壞，還有待我們進一步探討。這是因為若循性善的觀點，一人不論本性如何，其既有為善的能力，則該人若未能為善乃值得吾人的譴責，而這正好是孟子對未能為善者所採取的基本立場[115]。但如循性本善的觀點，一人若做了惡事乃是因為後天環境影響所致，惟其人的本性還當是善。因此，我們對該人乃能以一較為同情的眼光對待之，此即衍生明代王守仁（下稱王陽明，1472－1529）於《傳習錄》所言「滿街都是聖人」的思想。誠然，這一思想原是為了解說吾人的心體是一切倫理價值的泉源，藉以希望達到對一切人均能有所肯定，但卻容易衍生對惡人或人的惡念有所姑息的效果[116]。在這一意義下，有關思想遂未能繼承孟子對人之不善所持的批判精神。如以上觀察正確，則佛教對儒家的影響乃不一定全為美事，而實有值得我們警惕的地方[117]。

其次，是世界觀。蓋世界觀一詞的含義甚廣，吾人若要具體說明佛教對儒家的世界觀在什麼方面有所影響，在技術上實是一頗為困難的事情。有學者即指出，傳統中國人在初對佛陀的境界作闡釋時，是以儒家的聖人、道家的真人或道教的神仙觀念作比附[118]；惟在對佛教的了解日益加深後，卻反過來以佛陀的境界來闡釋儒家的聖人等形象[119]，藉以說明佛教對儒家的世界觀當有不少的影響。在某程度上，這一觀點大致不誤。惟吾人若循前文的分析，當知宋儒實嚴格分辨儒、佛之間的不同，以致我們不能輕易認為時人即簡單把佛陀和聖人的境界視作等同。事實上，佛教和儒家的世界觀有根本的分別，如文化哲學家勞思光先生（1927－2012）便認為佛教基

本上對現實世界抱一出離的態度，儒家則對現實世界有所肯定 120。佛、儒的分別可謂不一而足，難以勝舉 121。是以，我們遂不宜因為佛教的佛陀觀和儒家的聖人形象或有若干近似之處而輕言儒家即為佛教影響。

惟就筆者所理解，佛教對儒家在某一點上似有頗大影響，其即為對萬物的態度。蓋先秦儒家在理論上向有認為人和萬物實為一體的想法，如《中庸‧二十二章》便有言：「唯天下至誠，為能盡其性。能盡其性，則能盡人之性；能盡人之性，則能盡物之性；能盡物之性，則可以贊天地之化育；可以贊天地之化育，則可以與天地參矣！」認為人與天地萬物當共同發展 122；《孟子‧盡心上》亦有「萬

113　詳見袁保新，《從海德格、老子、孟子到當代新儒學》（台北：台灣學生書局，2008 年），頁 203-250。

114　成中英，《儒學、新儒學、新新儒學》，頁 3-27。

115　誠如牟宗三先生所言，孟子直接表現道德意識，遂對所有的不善有強烈的感觸和反應。詳見其《中國哲學的特質》，頁 83-93。

116　這即劉宗周（劉蕺山，1587－1645）於〈證學雜解〉批評王門後學「今天下爭言良知矣，及其弊也，猖狂者參之以情識，而一是皆良」之意。更多討論，見岡田武彥著，吳光等譯，《王陽明與明末儒學》（重慶：重慶出版社，2016 年），頁 10-12。

117　這一點將在下文討論工夫論時再述，暫按下不表。

118　伊藤隆壽，〈格義與三教交涉〉，收入岡部和雄、田中良昭編，辛如意譯，《中國佛教研究入門》（台北：法鼓文化，2013 年），頁 51-63。

119　Pratoom Angurarohita, *Buddhist Influence on the Neo-Confucian Concept of the Sage* (Philadelphia: Department of Oriental Studies, University of Pennsylvania).

120　勞思光，《新編中國哲學史（三卷上）》，頁 57-58。

121　更多例子，見梁漱溟，《憶熊十力先生 ── 附勉仁齋讀書錄》，頁 63-67；唐君毅，《中國哲學原論‧原道篇（卷三）》，頁 422-440。

122　參考方東美，《生生之德》（台北：黎明文化，2004 年），頁 330-334。

物皆備於我矣。反身而誠,樂莫大焉」一說,主張把一切事物均包含在我們的道德關注範圍以內[123]。惟在實踐上,儒家或基於愛有等差的原則而在一定程度上有輕視人類以外的物種之嫌。如《論語·鄉黨》即有言:「廄焚,子退朝,曰:傷人乎?不問馬。」可見動物的安危並非孔子首要關心的對象;《孟子·梁惠王上》則有言:「君子之於禽獸也,見其生,不忍見其死;聞其聲,不忍食其肉。是以君子遠庖廚也。」說明孟子雖認為吾人或對動物有惻隱之情,但這一惻隱之情始終未能讓我們放棄食用動物。在這一意義下,先秦儒家或容易予人一僅以人類為其關注對象的印象[124]。事實上,陸九淵即有言:「宇宙不曾限隔人,人自限隔宇宙。」(《象山全集·語錄》)足見宋儒已察覺儒家在理論和實踐之間或存在一定差距,以致吾人容易自我設限而未能真正做到萬物一體的效果。

反觀佛教認為世間一切事物均是因緣而有,故其沒有獨立不變的本質,一切事物的最終狀態乃為空。在這一意義下,一切事物實為平等。惟這一所謂平等卻只有消極義,因我們總不能強說吾人和石頭即沒有分別。因此,佛教重視的平等當更具積極義:正是一切事物的最終狀態為空,故任何事物都有成佛的可能[125]。換言之,佛教認為世界一切事物均是潛在的佛,只要因緣成熟,其即有解脫的機會。佛教中最能說明以上理念者,當為如來藏一系的思想。誠如《寶性論·卷一》所言:「一切眾生皆悉實有真如佛性,偈言皆實有佛性故。」是以,佛教對眾生遂皆抱持一尊重和認同的態度[126]。

有趣的是,自佛教在宋代開始逐漸變得普及,宋明儒者亦明顯把人類以外的物種再次納入其仁心關注的範圍以內,如張載(張橫渠,1020－1077)於《張子全書·近思錄拾遺》便有名言曰:

> 為天地立心,為生民立命,為往聖繼絕學,為萬世開太平。

王陽明則於《王陽明全集‧卷廿六》言：

> 大人者，以天地萬物為一體者也。其視天下猶一家，中國猶一人
> 焉。若夫閒形骸而分爾我者，小人矣。大人之能以天地萬物為一
> 體也，非意之也，其心之仁本若是，其與天地萬物而為一也，豈
> 惟大人，雖小人之心亦莫不然，彼顧自小之耳。是故見孺子之入
> 井，而必有怵惕惻隱之心焉，是其仁之與孺子而為一體也。孺子
> 猶同類者也，見鳥獸之哀鳴觳觫，而必有不忍之心，是其仁之與
> 鳥獸而為一體也。鳥獸猶有知覺者也，見草木之摧折而必有憫恤
> 之心焉，是其仁之與草木而為一體也。草木猶有生意者也，見瓦
> 石之毀壞而必有顧惜之心焉，是其仁之與瓦石而為一體也。是其
> 一體之仁也，雖小人之心亦必有之。是乃根於天命之性，而自然
> 靈昭不昧者也，是故謂之明德。小人之心既已分隔隘陋矣，而其
> 一體之仁猶能不昧若此者，是其未動於欲，而未蔽於私之時也。
> 及其動於欲，蔽於私，而利害相攻，忿怒相激，則將戕物圮類，
> 無所不為，其甚至有骨肉相殘者，而一體之仁亡矣。

凡此均明言真正的儒者當把其仁心發揮到關注包括動物和植物等一
切事物的程度，而這種把我們的關注擴大到人類以外的物種之思

123　羅光，《中國哲學思想史（一）》（台北：先知出版社，1975 年），頁 387。

124　釋昭慧即對儒家有類似批評，見其《佛教倫理學》（台北：法界出版
社，2001 年），頁 3-4。更多討論，見 Ruiping Fan, 'How Should We Treat Animals? A
Confucian Reflection', *Dao: A Journal of Comparative Philosophy* vol. 9, no. 1 (2010): 79-96.

125　李潤生，《生活中的佛法——山齋絮語》，頁 198-205。

126　釋恆清，《佛性思想》（台北：東大圖書公司，1997 年），頁 142-143。

想，即宋明理學主張的「天人合一」的大意[127]，其亦為杜維明所稱的儒家思想的「生態轉向」[128]。事實上，已有學者指出宋儒喜在山水之間設立書院講學的做法實為佛教叢林制度的影響[129]。若是，則儒家的這一生態轉向適值興盛於儒家與佛教有緊密接觸的宋代，其是否為佛、儒互動下的一個結果，可謂值得我們的注意[130]。惟縱使儒家的這一改變真的為佛教所影響，吾人亦不宜誇大後者的作用。這是因為佛教和儒家雖均認為人和萬物當為一整體，但彼此的立論還是有一重大分別：佛教認為人與一切眾生本來平等，彼此相依相待，並共同構成一整體。換言之，人和萬物可謂沒有真正的高下之分[131]；儒家雖有以為人和萬物當為一整體之意，但其以人類當帶動萬物發展之意還是非常明顯。是以，儒家的「天人合一」始終以人類為中心（anthropocentric）[132]，這便與佛家的以生態為中心（ecocentric）的世界觀有頗大的不同[133]。因此，佛教與儒家相關立論縱有相似的地方，但兩者的相異之處還是極大[134]，故吾人可言佛教於世界觀上對儒家的影響最多只扮演着一刺激的作用，其主要是把先秦儒家已有但未必明顯的想法激發出來，而未對儒家的整體精神加以改變。在這一意義下，我們遂不宜高估佛教在這一方面對儒家的影響。的確，中國思想史上不乏類似有關佛教影響儒家的例子，較著名者當數唐代華嚴宗「一即一切，一切即一」的想法或對宋儒「理一分殊」的概念有所啟發[135]，但儒家在接觸佛教以前，實已存在以一個概念來統攝不同概念，或認為不同概念只是一個更高層次的概念的不同表達等主張[136]，故這類例子同樣只能說明佛教對儒家僅有一定程度的刺激作用而已，其性質一如前述「天人合一」的情況。

最後，是工夫論。所謂「工夫」，最簡單的解釋是指吾人為了達到某個目的而付出的努力。不論是佛、儒、道均認為我們當循一定的工夫，才能臻至其所主張的理想人格或境界。誠然，工夫既涉及個人實踐，故其性質或未必有普遍性。是以，同一工夫不一定適

用於所有人，不同的人也許需要不同的工夫；惟一套工夫的傳授

127　陳榮捷，《宋明理學之概念與歷史》（台北：中央研究院中國文哲研究所，1996 年），頁 97-99；季羨林，《三十年河東　三十年河西》（北京：當代中國出版社，2006 年），頁 55-56。

128　Wei-ming Tu, 'The Ecological Turn in New Confucian Humanism: Implications for China and the World', *Daedalus* vol. 130, no. 4 (2001): 243-264.

129　蔣義斌，《宋儒與佛教》（台北：東大圖書公司，1997 年），頁 274-278。

130　有學者即認為兩者當有關係，例子見 Wing-tsit Chan, *A Source Book in Chinese Philosophy*, p.499；張君勱，《中西印哲學文集（下）》（台北：台灣學生書局，1981 年），頁 1384；賴永海，〈佛教與中國傳統哲學〉；楊維中，《中國佛教心性論研究》，頁 469-473；郭朋，《中國佛教思想史（上卷）》（福州：福建人民出版社，1994 年），〈前言〉頁 8-9。更多討論，見景海峰，〈儒家「天人合一」思想的歷史脈絡及當代意義〉，收入鄭宗義、林月惠編，《全球與本土之間的哲學探索——劉述先先生八秩壽慶論文集》（台北：台灣學生書局，2014 年），頁 551-581。

131　David Landis Barnhill, 'Relational Holism: Huayan Buddhism and Deep Ecology', in David Landis Barnhill and Roger S. Gottlieb ed., *Deep Ecology and World Religions: New Essays on Sacred Ground* (Albany: State University of New York Press, 2001), pp. 77-106.

132　Chenyang Li, 'Confucian Cosmic Model and the Environment'，收入國際儒學聯合會編，《儒學的當代使命：紀念孔子誕辰 2560 周年國際學術研討會論文集》（北京：九州出版社，2010 年），頁 49-74。

133　Paul O. Ingram, 'The Jeweled Net of Nature', in Mary Evelyn Tucker and Duncan Ryuken Williams ed., *Buddhism and Ecology: The Interconnection of Dharma and Deeds* (Cambridge MA., Harvard University Press, 1997), pp. 71-85.

134　有關以人類為中心和以生態為中心的環境觀之分別，可參考拙文〈從方東美哲學看環境與生態公義的融通〉，《哲學與文化》第 507 期（8 / 2016）：61-74。

135　Wing-tsit Chan, 'The Individual in Chinese Religions', in Charles A. Moore ed., *The Chinese Mind: Essentials of Chinese Philosophy and Culture* (Honolulu: University of Hawaii Press, 1968), pp. 286-306；楊維中，《中國佛教心性論研究》，頁 470-471；潘桂明，《中國佛教思想史稿 · 第二卷：隋唐五代卷（上）》（南京：江蘇人民出版社，2009 年），頁 394-397；張祥龍，《拒秦興漢和應對佛教的儒家哲學：從董仲舒到陸象山》，頁 289-310。

136　如唐君毅先生即認為孔子是以仁統貫諸德，見其《中國哲學原論 · 原道篇（卷一）》，頁 73。另見柯雄文著，李彥儀譯，《君子與禮：儒家美德倫理學與處理衝突的藝術》（台北：台大出版中心，2017 年），頁 59-85；劉國強，《儒學的現代意義》，頁 95-97。

還得依靠理論，這一理論是否合理則當有普遍性，而這一有關工夫的理論即為工夫論 137。吾人於此並不是要探討個別的工夫是否有效，而僅想討論佛、儒在工夫論上的互動是否合理。在進一步討論儒家的工夫論如何潛在地為佛教影響以前，讓我們先看以下例子。清代（1636－1912）進士尹銘綬（生卒年不詳）於《學規舉隅・卷上》曾記曰：

> 朱子曰：前輩有欲澄治思慮者，於坐處置兩器。每起一善念，則投白豆一粒於器中；每起一惡念，則投黑豆一粒於器中。初時黑豆多，白豆少，後來隨不復有黑豆，最後則雖白豆亦無之矣。然此只是個死法，若更加以讀書窮理底工夫，則去那般不正當底思慮，何難之有？

引文載朱子教人用白豆和黑豆計算吾人每日起善念和惡念的次數，這做法雖未算是上乘的修養工夫，但亦有助我們在修持的初期能抱有警惕的心，從而有助吾人立定目標和志向，故其對我們的進德修業還是有一定用處。有趣的是，用白色和黑色的物件代表善念和惡念的做法，於佛教早已有之，如在《賢愚經・卷十三》即有言：

> 此耶貰羈是阿羅漢，三明具足，能知人根。觀此二兒，與道無緣，亦自息意，不慇懃求。時彼居士復更生男，顏貌端妙，形相殊特。時耶貰羈，復往從索。其父報曰：兒今猶小，未能奉事，又復家貧，無以餉送。且欲停之，須大當與。年漸長大，才器益盛，父付財物，居肆販賣。時耶貰羈，往到其邊，而為說法，教使繫念，以白黑石子用當籌算，善念下白，惡念下黑。優婆毱提奉受其教，善惡之念，輒投石子，初黑偏多，白者甚少，漸漸修習，白黑正等，繫念不止，更無黑石，純有白者。善念已盛，逮得初果。

查《賢愚經》的編輯和來華時代當為北涼（約 397－439）晚期 138，

故其以白色和黑色物件代表人的善念和惡念的這一方法實遠比朱子的時代為早。在這一意義下，我們當可推斷宋儒在修養工夫上確有借鑒佛教的地方[139]。事實上，佛教有不少修持的工夫，其中最重要者當是修習止觀，誠如《解深密經・卷三》所言：

> 眾生為相縛，及為粗重縛，要勤修止觀，爾乃得解脫。

明言只有透過修習止觀，吾人才能有真正解脫的可能[140]，而儒者自宋代始亦熱衷於修習止觀。《河南程氏外書・卷十二》便記程頤「每見人靜坐，便嘆其善學」；《北溪大全集・卷廿四》則載陸九淵「終日靜坐，以求本心。」足見宋儒不但傾慕佛教的修持方法，更以之作為自身的修持工夫。在這一意義下，佛教豐富儒家的內涵之意似甚明。惟值得注意的是，儒家在未接觸佛教前，亦甚重視一人的修養工夫。佛學名家羅時憲先生（1914－1993）便認為《大學》「知止而後有定，定而後能靜，靜而後能安，安而後能慮，慮而後能得」一句，為儒家有其自身修持工夫的明證，可見修持一事非佛教獨有[141]。若是，則佛教只是刺激儒家在工夫上的關注，並

137　更多有關工夫和工夫論的討論，參考 Peimin Ni, 'What Does a Chinese Master Know? Toward A Gongfu Epistemology', in Yanming An and Brian Bruya ed., *New Life for Old Ideas: Chinese Philosophy in the Contemporary World* (Hong Kong: Chinese University Press, 2019), pp. 275-316.

138　參考梁麗玲，〈《賢愚經》在敦煌的流傳與發展〉，《中華佛學研究》第 5 期（2001）：123-162。

139　季羨林，《中華佛教史・佛教史論集》，頁 215-217。

140　更多有關止觀於佛教角色的討論，可參考羅時憲講，陳雁姿編，《止觀大意講記》（香港：佛教法相學會，2017 年），頁 9-13。

141　羅時憲講，陳雁姿編，《止觀大意講記》，頁 21。

豐富儒家在工夫論上的探討而已 [142]。更重要的，是佛教對儒家的這一豐富作用究竟是好是壞，卻非不辨自明。這是因為儒、佛的基源問題既是不同，彼此的理論和修持工夫亦當有異。的確，佛教的修行目標是要吾人觀照世間一切事物因緣而有，故畢竟空。因此，其工夫遂以趨靜和歸寂為主；儒家的理想卻是要人成聖成賢，其立論的始點乃是要激發吾人的良知及對世界的感觸，從而增加我們的道德感。是以，儒家的工夫當不離人倫和社會。簡言之，佛、儒在工夫論上的立論方向不但未必有相似之處，其分別更是極大 [143]。若是，則佛、儒在工夫論上的互動乃不一定對彼此均為有利。事實上，前文提及宋代以後部分儒者或予人未能繼承孟子批判精神的印象，其中一個原因正是部分儒者以趨靜和歸寂為其修養工夫，以致對良知的理解和把握或已與孔、孟等先秦儒者有異而不自知，這一情況在明代尤為嚴重。如漢學家陳榮捷先生（1901－1994）便言王陽明有關良知的討論本甚清晰，但因其「無善無惡心之體，有善有惡意之動，知善知惡是良知，為善去惡是格物」一語帶有佛教色彩而反為見累 [144]。此外，明末聶豹（聶雙江，1486－1563）和王畿（王龍溪，1498－1583）等亦有被時人質疑其有把儒家引領到佛教之嫌 [145]，可見佛教在工夫或工夫論上對儒家的影響實有引起時人顧慮的地方。但另一方面，不少論者認為佛教的修持工夫實是主張吾人在趨靜和歸寂後，反能去掉各種情慾和惡念，從而有助我們更了解人的本性和責任 [146]。若是，則佛、儒的終極目標雖然不同，惟彼此的修持工夫還是有可以類通的地方。在這一意義下，我們遂不必誇大兩者之異。換言之，佛教在工夫論上對儒家的影響當是什麼，很大程度上取決於個別人士的質素，而非純然是一理論的問題 [147]。

以上有關心性論、世界觀和工夫論的例子，足見佛、儒互動的效果實有進一步探討的必要。否則，吾人或未能從歷史中汲取教訓，以使兩者在將來的交流中有所得益 [148]。誠然，佛教對儒家的潛在影響尚有其他方面 [149]，本章僅舉出數個較具思想性質兼明顯的例

子，以助了解事情的複雜程度，藉以加深讀者對佛、儒互動這一議題的認識。我們若要更好地了解佛教對儒家的影響，還有賴將來的研究。

◎ 第五節　　佛、儒關係再析

在結束相關的討論前，尚有一點需要補充：如本章開首時所述，世間一些價值實可為不同的思想和宗教所共同肯定。換言之，一些價值為儒家認同，其亦可為佛教所贊成，吾人不必因為某些價值為佛、儒所共同擁有，即輕言一者是為另一者所影響；同理，一些推論的方式或修持的方法亦可同時存在於佛教和儒家兩者之中。因此，我們在有更多證據支持以前，實不宜過早判斷其即是兩者互動

142　李承貴，《儒士視域中的佛教 ── 宋代儒士佛教觀研究》，頁 519-520。

143　詳見牟宗三講，蔡仁厚輯錄，《人文講習錄》（台北：台灣學生書局，1996 年），頁 95-96。另參考楊儒賓，〈主敬與主靜〉，《台灣宗教研究》第 9 卷，第 1 期（6 / 2010）：1-27。

144　陳榮捷，《宋明理學之概念與歷史》，頁 325-328。

145　詳見秦家懿，《王陽明》（北京：三聯書店，2012 年），頁 180-186。

146　Sidney Piburn ed., *The Dalai Lama: A Policy of Kindness* (New York: Snow Lion Publications, 1991), pp. 55-57；Sallie B. King, *Socially Engaged Buddhism* (Honolulu: University of Hawaii Press, 2009), pp. 18-20；羅時憲講，陳雁姿編，《止觀大意講記》，頁 41。

147　相關討論，見梁漱溟，《憶熊十力先生 ── 附勉仁齋讀書錄》，頁 63-67；釋印順，〈評熊十力《新唯識論》〉，收入林安梧編，《現代儒佛之爭》（台北：明文書局，1997 年），頁 221-268。

148　惜大部分涉及佛、儒互動的討論，均只是着重兩者互動的好處，而對這一現象可能帶來的負面影響缺乏認識。例子見陳引馳、蘇暢，《蓮花淨土：佛教的彼岸》（香港：中華書局，2017 年），頁 160-163；牟鐘鑒，《儒道佛三教關係簡明通史》（北京：人民出版社，2018 年），頁 370-375。

149　如儒家的祭祀方式便有為佛教影響的地方。參考 Xinzhong Yao, *An Introduction to Confucianism*, p. 237.

的結果。事實上，在中國思想史中有不少例子均似與佛、儒互動扯上關係。但吾人若細心分析，則這些表面上與佛、儒互動有關的例子或未必如想像般真與兩者的互動有太大聯繫，《大乘起信論》即為當中例子。蓋該論相傳為馬鳴菩薩（Aśvaghoṣa，生卒年不詳）所著，漢譯則有真諦（Paramārtha，499－569）和實叉難陀（Śikṣānanda，652－710）翻譯的兩版本。惟據近人的考證，《大乘起信論》應是中國人所造，故其所謂漢譯本亦非真的為真諦和實叉難陀依據梵文本而成 150；有論者亦認為《大乘起信論》中有關心性的討論似有若干儒家的色彩，故增加了該論即為中國人偽造的可信性 151。如《大乘起信論》所言：

> 顯示正義者，依一心法，有兩種門。云何為二？一者心真如門，二者心生滅門。二門皆各總攝一切法。[……]心真如者，即是一法界大總相法門體。[……]心生滅者，依如來藏故有生滅心。所謂不生不滅與生滅和合，非一非異，名為阿黎耶識。此識有二種義，能攝一切法，生一切法。云何為二？一者覺義，二者不覺義。[……]所言不覺義者，謂不如實知真如法一故，不覺心起而有其念。念無自相，不離本覺。又如迷人，依方故迷。若離於方，則無有迷。眾生亦爾，依覺故迷。若離覺性，則無不覺。以有不覺妄想心故，能知名義，為說真覺。若離不覺之心，則無真覺自相可說。

引文認為染法或煩惱的存在，實源於吾人不察覺我們的本心當為如來藏，或我們的最初狀態實與佛無異，反而執着於一己的生死或外物的生滅 152。誠然，類似的推論方式亦見於主流儒家的典籍中，如《論語·里仁》便言「苟志於仁矣，無惡也」，認為只要我們發揮仁心，惡便不會出現；《孟子·告子上》則有言：「富歲子弟多賴，凶歲子弟多暴。非天之降才爾殊也，其所以陷溺其心者然也。」以為人之所以未能做好，正是由於其心陷溺於五官等小體的

享受之中。在這一意義下，言《大乘起信論》的成書或為儒家所影響，似不無道理。惟我們若對印度佛教有所了解，當可發現以上的推論方式非儒學所獨有，而是早期的印度佛教亦有之，如《南傳大藏經‧增支部‧一集》即記曰「比丘眾！此心極光淨，而客塵煩惱雜染」；《異部宗輪論》則言「大眾部、一說部、說出世部、雞胤部。本宗同義者，謂四部同說 [……] 心性本淨，客隨煩惱之所雜染，說為不淨」，足見《大乘起信論》的立論實有其印度根源。因此，我們縱然仍可接受《大乘起信論》是當時的中國人所作，但卻不宜輕言其是儒家影響下的產物，以免把儒家對中國佛教的影響作無限的放大或過高的估算 153。

跟以上例子相似，王陽明於三十七歲（1508 年）時在貴州龍場悟道，這雖是宋明理學史上的一件大事，惟卻因他在悟道途中曾有參禪的經歷，以及其突然開悟的結果似有佛教頓悟的色彩，故有論者認為這即是儒家為佛教影響的一個例子 154。吾人當然不能排除

150   W. Liebenthal, 'New Light on the Mahāyāna-śraddotpāda Śāstra', *T'oung Pao* vol. 46, no.3-5 (1959): 155-216；Whalen Lai, 'A Clue to the Authorship of the Awakening of Faith: Siksananda Redaction of Word Nien', *Journal of the International Association of Buddhist Studies* vol.3, no.1 (1980): 34-53.

151   方立天，《中國佛教哲學要義（下卷）》，頁 819；龔雋，《大乘起信論與佛學中國化》（台北：文津出版社，1995 年），頁 38-42。

152   釋印順，《中國佛教論集》，頁 123-128。

153   筆者此一觀點實得博士論文指導老師 Dr. Jacqueline Suthren Hirst 在筆者在讀研究院時的提點，特此致謝。更多討論，見 Paul Williams, *Mahāyāna Buddhism: The Doctrinal Foundations* (Oxon and New York: Routledge, 2009), pp.115-119.

154   例子見黃光國，《倫理療癒與德性領導的後現代智慧》（新北：心理出版社，2014 年），頁 30-31。另參考 Wei-ming Tu, *Neo-Confucian Thought in Action: Wang Yang-ming's Youth (1472-1509)* (Berkeley: University of California Press, 1976), pp.120-121.

王陽明為佛教影響的可能，但若直接把其悟道視為儒家被佛教影響的一個例子，則容易忽視儒家自身實有其重視直覺的傳統 155。王陽明的悟道雖在形式上或與佛教有相似之處，但彼此所悟的內容是否一致？若否，則為何同一形式會衍生不同內容？還是不同的內容當有不同的開悟方式？若吾人承認王陽明所悟的道理當與佛教有異，則是否應該懷疑其在龍場的悟道當與佛教沒有太大關係 156？凡此，均有待吾人作更加細心的考證。

筆者並非斷然否定《大乘起信論》有為儒家影響的地方，亦不敢輕視佛教對王陽明等儒者的潛在影響，而僅想重申一點：某些義理和做法實可為不同思想和宗教所共同承認。若我們在一些情況下真的未能確定佛、儒之間的關係，較好的做法或許是對其存而不論，而不須強行穿鑿附會。誠如牟宗三先生言：

> 儒自是儒，道自是道，佛自是佛，雖有其共通之形態，而宗義之殊異不可泯。157

吾人若驟見某些思想和做法為佛、儒所共同擁有，即假定其為佛、儒互動的結果，則恐把兩者的關係弄得撲朔迷離，以致永遠不能從過去的經驗中汲取教訓，並為將來改善相關立論時所用。在這一意義下，前文有關佛、儒互動的討論實有進一步探討的必要。吾人於此僅對佛、儒這一複雜的關係作初步的分析，冀能對這一關係的特色稍作一些釐清。

◎ 第六節　小結

綜上所述，佛教與儒家對彼此有所影響實非常明顯，乃至有學者認為若沒有儒家對佛教的挑戰，禪宗未必即能出現；如沒有佛教對儒家的衝擊，宋明理學也有不存在的可能 158。惟佛教與儒家雖均予

對方有鉅大的影響，但其影響的程度有大小，效果亦有好壞，故吾人遂不宜用一種模稜兩可的態度或籠統的字詞來描述佛教和儒家互動的情況。當然，在有充分的證據以前，我們亦不須把兩者的關係強行說清。否則，兩者的關係或永遠不能呈現在我們面前。就佛教對儒家的影響而言，佛教無疑豐富了儒家的義理和修持方法，但其程度畢竟有限，性質乃近似是對儒家有所調節或補充而已。

本書所以如此判斷的原因，主要是佛教影響儒家的元素，其於儒家系統中實亦有之，只是儒家在與佛教接觸以前，或未有對這些元素作更多的發揮。換言之，佛教無疑有助激發儒家或未有充分發揮的面向，但其對儒家系統的整體結構而言，卻未有帶來根本的改變[159]。更重要者，是佛教對儒家的影響是好是壞？這實有待後文的進一步探討[160]。

155　有關這一傳統的討論，見謝幼偉，《中國哲學論文集》（台北：華崗出版部，1973 年），頁 6-17；楊儒賓，〈新儒家與冥契主義〉，收入陳德和編，《當代新儒學的關懷與超越》（台北：文津出版社，1997 年），頁 317-363；陳來，《有無之境：王陽明哲學的精神》（北京：北京大學出版社，2006 年），頁 359-384。

156　事實上，王陽明在龍場悟道以前，已對佛教的禪修表達強烈不滿，詳見鄭吉雄，《王陽明——躬行實踐的儒者》（台北：幼獅文化，1990 年），頁 15-19。

157　牟宗三，《心體與性體（第一冊）》，頁 579-580。

158　類似觀點，見蘇文擢，《邃加室講論集》（台北：文史哲出版社，1985 年），頁 31。

159　曾錦坤，《佛教與宗教學》（台北：新文豐，2000 年），頁 414-415。

160　在一次對學生的講話中，唐君毅先生即言佛教對宋儒若真有影響，其影響亦是以負面為主。見唐君毅，《哲學論集》（台北：台灣學生書局，2014 年），頁 552。惜唐先生未有對這一觀點更作解釋。

相較於佛教對儒家的影響，儒家對佛教的影響卻有使後者的性質偏離正軌的風險。蓋儒家對佛教的批評主要涉及兩層面：倫理與心性。就倫理方面，佛教當然有屬於自己的倫理主張，故佛教漸趨入世的一面發展，並不會使佛教不再成為佛教。惟假若吾人把佛教有關心性的理論，闡釋為一類似實有的心體，則當會違反三法印的原則，從而使佛教不再成為佛教[161]。在這一意義下，我們當可言儒家對佛教的影響實甚大，其甚至使後者漸向前者傾斜，終至兩者之間的分歧日益收窄，一如佛教與道家互動的情況。惟不論佛、儒的互動是利是弊，有一點卻可以肯定：佛、儒兩家的相似程度日增終為「三教合流」之得以可能踏出關鍵一步，而佛、儒、道合流這一在人類文化史上可謂獨特的現象，正是我們下一章要討論的重心。

---

[161]　更多討論，見林鎮國，《空性與現代性：從京都學派、新儒家到多音的佛教詮釋學》，頁 97-130。

三教的合流

三教
的合
流

◎第一節　激盪以外的道路

在上兩章的討論中，我們知道佛教與傳統中國文化的互動並非一帆
風順，而是有過不少的衝突，道教在政治上對佛教的排斥和儒者在
義理上對佛教的抨擊等便是當中的顯明例子；但誠如第一章指出，
人類文明的發展實是透過不同文化之間的相互激盪而得以向前，只
要這些激盪是循一理性和人道的方向發展，則文化之間的和諧協作
終會出現。換言之，吾人不須刻意迴避與他者有着不同的意見，因
為健康的文化交流實有助人類文明的進步[1]。此所以唐、宋雖是佛
教與儒、道的衝突最為激烈的時代，但其亦是中國在文化上最為輝
煌的時期[2]。惟值得注意者，是在佛教與儒、道發生爭端的同時，
中國思想史上還是有主張佛教與儒、道兩者當可溝通的人士，希望
藉着增進彼此的了解以減少不同思想間的磨擦。這類人士在佛教傳
入中國之初並非時人的主流，但隨着佛教與儒、道的接觸日頻，三
者在思想上亦開始接近，上述主張溝通的意見終逐漸盛行，甚至在

明代開始成為中國思想上的主流，當中立場在現今華人社會依然普遍[3]。簡言之，在佛教與儒、道互動的過程中，彼此的關係在初期雖以對抗為主軸，但互動的重心實逐步轉變為調和。佛教與儒、道關係的這一改變終衍生出「三教合流」的現象[4]。

查把佛、儒、道三者合稱「三教」，最早應出現在南北朝（420－589）時期。如陶弘景在〈茅山長沙館碑〉便言「百法紛陵，無越三教之境」；衛元嵩（生卒年不詳）則撰有《齊三教論》；道宣亦在《廣弘明集‧卷十一》中有「梁武之世，三教連衡」一說，可見「三教」一名於其時的道教和佛教人物中已漸見流行。至唐代，三教並稱不僅是時人的用語習慣，其更在某程度上得到政府的肯認。如《舊唐書‧卷一三五》便載曰：

> 貞元十二年四月，德宗誕日，御麟德殿，召給事中徐岱、兵部郎

1　Karl-Otto Apel, 'Harmony through Strife as a Problem of Natural and Cultural Evolution', in Shu-hsien Liu and Robert E. Allinson ed., *Harmony and Strife: Contemporary Perspectives, East & West* (Hong Kong: Chinese University Press, 1988), pp.3-19.

2　類似觀點，見釋印順，《中國佛教論集》（北京：中華書局，2010 年），頁 195-196。費正清（J. K. Fairbank）便因為宋代的物質和文化成就而稱其為中國歷史上最偉大的時代，見其《費正清論中國》（台北：正中書局，1994 年），頁 90-111。

3　如香港的佛教刊物《香港佛教》於一期訪問本地佛、儒、道、天主、基督和回等六大宗教領袖的報導中，指各領袖均提到「『求同存異，和而不同』的精神，這是香港六宗教 40 多年和睦共處的根本，也是人與人、群體與群體、社會與社會或國與國之間和諧共存的根本。」見《香港佛教》，第 716 期（1 / 2020）：14。惟以上願景恐怕是忽視了宗教本身即含有排他性，以致宗教和宗教之間若要真正和平共存，實需要嚴密的理論和廣闊的胸襟作支持，而不能只靠空泛的口號。有關宗教的排他性，詳見 Hans Küng, 'What is the True Religion? Toward an Ecumenical Criteriology', *Journal of Theology for Southern Africa* (9/1986): 4-23. 至於有關不同宗教如要並存不悖應注意的地方，見唐君毅，《中華人文與當今世界（下）》（台北：台灣學生書局，1988 年），頁 95-101。

4　余英時，《中國近世宗教倫理與商人精神》（台北：聯經，1987 年），頁 328。

中趙需、禮部郎中許孟容與渠牟及道士萬參成、沙門譚延等十二人，講論儒、道、釋三教。

足見佛教在來華以後雖長期為道、儒人士所挾擊，以致竟有三武毀佛和佛教向儒家靠攏等事情出現[5]，一如本書前兩章所論；但佛、儒、道並稱在唐代時實已成為官方的一種制度，三者已呈一鼎立之勢[6]。惟在作更多的討論前，有一點需要說明：儒家雖被時人稱為「三教」之一，但其所謂「教」不一定是指現代意義下的宗教或 religion 的意思，一如本書在討論佛教和道教時所採取的角度；儒家對「教」的理解，實較接近「教育」或「教化」的內涵。誠如《中庸‧一章》所言：「天命之謂性，率性之謂道，修道之謂教。」簡言之，能夠幫助吾人進德修業的即為「教」（teaching）[7]。事實上，儒家上述觀點當能為佛教所接受，如宗密法師在《禪源諸詮集都序》中便言佛教有「宗門」和「教門」之說，前者指宗旨，後者則指教法。是以，宗教或 religion 固然可被視為是教育或教化的一種，但教育或教化的範圍卻比宗教或 religion 所指涉的更為廣泛。因此，吾人在以下有關「三教」的討論中，遂不宜把被時人稱為「教」的儒家逕視為是與佛教和道教有着同一性質的宗教或 religion。本章要討論的，仍然是儒家的思想而非儒家傳統中具有宗教性質的物事。的確，儒家在什麼程度上可謂一個宗教，在學界中還是一可具爭議的題目[8]。對這一議題有興趣的讀者可參考相關研究[9]，惟本書對此問題卻不擬詳談，因儒家是否屬於宗教的範疇，與吾人了解佛教與儒、道的互動實沒有太大的關係。

回到有關「三教」一詞的討論，民俗學家羅香林先生（1906－1978）認為「三教」既已成為時人的一個用語習慣，則其亦由原初的指涉佛、儒、道三者，逐漸改變為表示一個僅包括佛、儒、道的整體[10]。若是，則「三教」之名的流行已預示佛、儒、道三者當會朝合流的方向以發展。事實上，本書所用「三教合流」一詞只屬一個

極為籠統的說法，在中國歷史上用以稱謂這一現象的用詞甚多，當中包括「三教同源」、「三教同歸」、「三教歸一」、「三教同一」和「三教合一」等；而當代學界則有用「三教調和」、「三教會通」和「三教融合」等來形容相關情況[11]。惟本章將僅用「三教合流」一詞以概括佛、儒、道的相關互動，而不對上述用以描述相關互動的名詞更作細分。當中原因，主要有二：第一，上述各種用以形容三教關係的詞彙雖在內涵上或多少有着差異[12]，但不同詞彙的相同之

5　　參考季羨林，《中華佛教史・佛教史論集》（太原：山西教育出版社，2013 年），頁 83-88；Peter K. Bol, *This Culture of Ours: Intellectual Transitions in T'ang and Sung China* (Stanford: Stanford University Press, 1992), pp. 15-21.

6　　陳寅恪，《金明館叢稿二編》（上海：上海古籍出版社，1980 年），頁 250-251。

7　　梁啟超，《飲冰室全集》（台南：大孚書局，2002 年），卷三，頁 30；勞思光，《大學中庸譯註新編》（香港：中文大學出版社，2000 年），頁 41-43；Xinzhong Yao, *An Introduction to Confucianism* (Cambridge: Cambridge University Press, 2010), pp. 28-29.

8　　如勞思光先生認為儒家沒有彼世的觀念，亦不主張神是吾人價值的根源，故其雖有教化的宗教功能，卻不是宗教。參考其《中國文化要義新編》（香港：中文大學出版社，2002 年），頁 192-194。黃進興則逕從孔廟實為神聖空間或聖域（holy ground）的角度，認為儒家可謂一種「國家宗教」（state religion）。見其《從理學到倫理學：清末民初道德意識的轉化》（台北：允晨文化，2013 年），頁 234-264。牟宗三先生卻認為儒家不是普通的所謂宗教，縱使其有着使人精神向上轉化的宗教性。詳見《中國哲學的特質》（台北：台灣學生書局，1998 年），頁 125-141。從上述學者之間的分歧，足見問題的複雜程度。

9　　參考 Kai-wing Chow, On-cho Ng and John B. Henderson ed., *Imagining Boundaries: Changing Confucian Doctrines, Texts, and Hermeneutics* (Albany: State University of New York Press, 1999)；Yong Chen, *Confucianism as Religion: Controversies and Consequences* (Leiden: Brill, 2013).

10　　羅香林，《唐代文化史》（台北：台灣商務印書館，1955 年），頁 159-176。

11　　詳見魏月萍，《君師道合：晚明儒者的三教合一論述》（台北：聯經，2016 年），頁 19-40。另參考徐聖心，《青天無處不同霞：明末清初三教會通管窺》（台北：台大出版中心，2016 年），頁 5-6。

12　　窪德忠，〈金代的新道教與佛教 —— 從三教調和思想來看〉，收入劉俊文編，黃約瑟等譯，《日本學者研究中國史論著選譯：第七卷・思想宗教》（北京：中華書局，1993 年），頁 478-496。

處實遠大於相異之處，而這些相異之處亦非斷然隔絕，而是能夠彼此融通。第二，「三教合流」得以可能的關鍵並非理論的問題，而是涉及吾人的修養和胸襟。是以，對上述詞彙更作細分乃不必是一特別有價值的工作。後文對這些觀點將再有討論，暫按下不表。本章首先介紹三教合流的背景，再討論其成熟時的形態，最後則對這現象作一價值上的判斷。唯有明白三教合流的得失，吾人才能了解近代三教人士互動的目的，以及其相關工作的特色和意義；同理，只有明白近代三教人士相關工作的特色和意義，我們才能有效思考今後三教當朝一怎樣的方向以發展等重要問題，其亦即本書第六章和第七章將要分別討論者。

◎ 第二節　　合流的濫觴

誠如前文所述，佛教在中國歷史上雖長期為儒、道人士所抨擊，但與此同時，一些人士還是嘗試找出佛教與儒、道的可溝通之處，以冀說明三者實可並行不悖，而這類人士又先以佛教徒為主[13]。事實上，被視為最早記錄佛教在華情況的《牟子理惑論》已在一定程度上表現出上述態度，如其言：

> 或曰：如子之言，則黃帝、堯、舜、周、孔之儔，棄而不足法也。牟子曰：夫見博則不迷，聽聰則不惑，堯、舜、周、孔，修世事也；佛與老子，無為志也。仲尼栖栖七十餘國；許由聞禪，洗耳於淵。君子之道，或出或處，或默或語，不溢其情，不淫其性，故其道為貴，在乎所用，何棄之有乎？

引文認為佛教之理與道家之說當屬同類性質，其雖與儒家所論有所不同，但彼此卻是互補的。換言之，吾人實不須把佛教和傳統中國文化放在一對立的位置上。孫綽在《喻道論》中則更言：

周、孔即佛，佛即周、孔，蓋內外名之耳。［……］周孔救極
弊，佛教明其本耳，共為首尾，其致不殊。

明言佛教與儒家的目標一致，兩者的分別只是名字而已。凡此均見
佛教在傳入中國之初實極力解釋自身教義與儒、道等傳統中國思想
相符，是以，時人乃沒有反對佛教的必要。的確，作為外來意識形
態的佛教為了在中國爭取生存空間而迎合本土思想，本不足為奇。
惟有趣的是，佛教上述立場竟亦為部分道教人士所同意，因後者可
順勢把佛教壓倒在自身的地位以下。最明顯的例子，是道教經典
《老子化胡經》認為佛陀即是尹喜奉老子之命轉化而成。若是，則
佛教不但與道教同源，前者更是由後者衍生而出。誠然，在佛、道
兩教均認為彼此當沒有根本分別的這一前提下，佛教和道教雖曾因
政治等問題而發生過不少衝突，但兩者的相似程度卻是異常驚人。
誠如甄鸞在《笑道論》中言：

《妙真偈》云：假使聲聞眾，其數如恆沙，盡思其度量，不能測
道智。臣笑曰：此乃改《法華》佛智為道智耳。

反映時人已認為道教實有抄襲佛經之嫌，足見佛、道兩教的關係如
何密切。以上觀點於第三章已有論及，此僅把其作為三教合流的背
景再次簡述，茲不贅引。

相對道教人士看待佛教的態度，儒者普遍更能嚴守佛教與自身理論
的分別，韓愈與朱子等即為當中的代表人物；惟在嚴分佛、儒之別

13　嚴耀中，《佛教與三至十三世紀中國史》（北京：宗教文化出版社，
2007 年），頁 29-30。

的氛圍下，個別儒者如柳宗元（773－819）等還是強調佛教和儒家當有並存的可能。蓋柳宗元在〈送僧浩初序〉有言：

> 儒者韓退之與予善，嘗病予嗜浮屠言，訾予與浮屠遊。[……]浮屠誠有不可斥者，往往與《易》、《論語》合，誠樂之，其於性情奭然，不與孔子異道。[……]退之所罪者其跡也，曰：髡而緇，無夫婦父子，不為耕農蠶桑而活乎人。若是，雖吾亦不樂也。退之忿其外而遺其中，是知石而不知韞玉也。吾之所以嗜浮屠之言以此。與其人遊者，未必能通其言也。且凡為其道者，不愛官，不爭能，樂山水而嗜閒安者為多。[……]吾之好與浮屠遊以此。

循引文，柳宗元認為韓愈僅看到佛教與儒家的表面分歧，卻未明兩者的義理實沒有根本分別，柳宗元甚至以為佛教的道理可與《周易》和《論語》相通[14]。事實上，柳宗元的情況並非孤例，有唐一代部分儒士如杜甫（712－770）和白居易（772－846）等便持和柳宗元類似的見解[15]。但無可否認，柳宗元等人的說法實頗為粗疏，其最多只能反映個人對佛、儒關係的立場，卻未有提出嚴密的論證來支持。換言之，他們立論的精密程度與宋儒可謂相去甚遠。但柳宗元等人的例子卻有一現實意義：既有儒者表示佛教與儒家當可相通，而佛教又早已和道家或道教相互模仿，則在某程度上佛、儒、道三者實未嘗不可視為一體[16]。的確，宗密法師在其名作《原人論》中便對這種三教一體的思想初作發揮：

> 孔老釋迦皆是至聖，隨時應物，設教殊塗，內外相資，共利群庶，策勤萬行，明因果始終，推究萬法，彰生起本末，雖皆聖意，而有實有權。二教惟權，佛兼權實。策萬行，懲惡勸善，同歸於治，則三教皆可遵行；推萬法，窮理盡性，至於本源，則佛教方為決了。余今還依內外教理，推窮萬法，從淺至深，於習權

教者，斥滯令通，而極其本，後依了教，顯示展轉生起之義，會偏令圓，而至於末。

引文雖循佛教的立場強調佛教相比儒、道有其殊勝的地方，但卻明言佛、儒、道三者只是實、權或本、末之別，若能依次第以會通，則佛、儒、道不但可以並存，其更未嘗不可視為一體。宗密法師強調依次第以會通三教，其說法比柳宗元的主張又遠為詳盡。是以，不少學者即指出宗密法師是提出嚴密論證以嘗試融通佛、儒、道三教的先鋒人物[17]。惟若循本書的角度，重要的也許不是柳宗元和宗密法師個人的分析能力，而是從兩人的例子窺探當時的社會情況。蓋柳宗元和宗密法師均生於八世紀末而卒於九世紀上半葉。換言之，兩人的例子或意味一股風氣已於其時萌芽和發展：三教合流[18]。

事實上，柳宗元和宗密法師等人有關三教的態度，為唐代以後不少佛教和道教人士所主張。如宋代的契嵩法師在〈輔教編中〉便有言：

14　更多有關柳宗元與佛教關係的討論，可參考蘇文擢，《邃加室講論集》（台北：文史哲出版社，1985 年），頁 51-72；Jo-shui Chen, *Liu Tsung-yüan and Intellectual Change in T'ang China, 773–819* (Cambridge: Cambridge University Press, 1992), pp. 178-180.

15　崔海東，《唐代儒士佛教觀研究》（南京：東南大學出版社，2015 年），第 3 及第 4 章。

16　Peter K. Bol（包弼德）即強調柳宗元反映的正是一種不礙於一己成見的整體觀，雖然這一整體觀尚欠具體內容，亦未明言佛、儒、道即為一體。詳見其 *This Culture of Ours: Intellectual Transitions in T'ang and Sung China,* pp. 140-145。

17　Peter N. Gregory, *Tsung-mi and the Sinification of Buddhism* (Honolulu: University of Hawaii Press, 2002), pp.255-294；Joachim Gentz, 'Buddhism and Chinese Religions', in Perry Schmidt-Leukel ed., *Buddhist Attitudes to other Religions* (St. Ottilien: EOS, 2008), pp.172-211.

18　有關三教合流的風氣於唐代出現的討論，見羅香林，《唐代文化史》，頁 159-176；洪修平，《中國佛教與佛學》（南京：南京大學出版社，2016 年），頁 114-118。

古之有聖人焉，曰佛，曰老，曰儒，其心則一，其迹則異。夫一焉者，其皆欲人為善者也；異焉者，分家而各為其教者也。聖人各為其教者，故其教人為善之方，有淺有奧，有近有遠。[……]方天下不可無儒、不可無老、不可無佛。虧一教，則損天下之一善道；損一善道，則天下之惡加多矣。

循引文，契嵩法師認為佛、儒、道在某意義下實為一者，這是因為三者的用心均是欲人向善，彼此的分歧遂只在教法上有所差別。《正統道藏·第四冊》則載全真派初祖張伯端（987－1082）曰：

釋氏以空寂為宗，若頓悟圓通，則直超彼岸，若有習漏未盡，則尚徇於有生；老氏以煉養為真，若得其要樞，則立躋聖位，如其未明本性，則猶滯於幻形；其次，《周易》有窮理盡性至命之辭，《魯語》有毋意、必、固、我之說，此仲尼極臻乎性命之奧也。[……]教雖分三，道乃歸一。奈何後世黃緇之流，各自專門，互相非是，致使三家宗要迷沒邪歧，不能混一而同歸矣。

其有關三教的看法大抵與契嵩法師的觀點相同。從以上例子，可見宋代佛、道兩教均有代表人物認為三教實有相通乃至相同的地方。因此，佛、儒、道當能並行不悖，彼此實沒有互相攻擊的必要。的確，這一有關三教的態度幾成當時佛、道兩教人士的共識。以佛教人物為例，智圓法師（976－1022）於《閑居編·卷十六》便言：「釋道儒宗，其旨本融，守株則塞，忘筌乃通」；宗杲法師（1089－1163）在〈答汪狀元聖錫〉則言：「儒即釋，釋即儒。僧即俗，俗即僧。凡即聖，聖即凡。我即爾，爾即我。天即地，地即天。波即水，水即波。酥酪醍醐攪成一味，餅盤釵釧鎔成一金，在我不在一。」在道教方面，王重陽（1113－1170）有言：「潔己存心歸大善，常行惻隱之端，慈悲清靜亦頻觀。希夷玄奧旨，三教共全完」（《重陽全真集·卷十二》）；丘處機（1148－1227）則於〈磻溪詞·神

光燦〉曰：「推窮三教，誘化群生，皆令上合天為，慕道修真，行住坐臥歸依」；尹志平（1169－1251）亦於《葆光集》道：「道顯清虛妙，釋明智慧深，仲尼仁義古通今，三聖一般心。」凡此足證宋代以降主流佛、道人士對於三教當為一體的看法已甚為明顯[19]。

惟討論至此，有三點值得吾人注意：第一，儒者如何看待上述佛教和道教人士有關三教合流的立場？誠如前一章所述，宋代儒者對佛教有很大的批判，其認為佛、儒在表面上雖有相似的地方，但兩者的相異卻是更大，以致彼此不能並存。惜三教合流若要成事，儒者的首肯必不能缺。否則，佛、道的相關主張充其量只是一廂情願的想法。事實上，正是宋代儒者比同期的佛、道人士更能堅持佛、道思想的特色和身分，故馮友蘭（1895－1990）認為前者「比道家和佛家自己更加一貫和徹底，他們［宋儒］是比道家更道地的道家，也是比佛家更道地的佛家。」[20] 換言之，佛、道人士如真要堅持三教合流的主張，乃得利用理由來說服儒者三教的思想確為一致甚至一樣，而不能只是重申一己的立場。

這即涉及第二點：佛、儒、道三者的思想在多大程度上可謂一致或是一樣？循以上佛教和道教人士的說法，不少也強調三教聖人的「心」當是無異，而三教的目的均只是欲人向「善」。但問題的關

19　更多討論，見饒宗頤，《饒宗頤道學文集》（香港：天地圖書，2016年），頁 357-401；牟鍾鑒，《儒道佛三教關係簡明通史》（北京：人民出版社，2016年），頁 353-358；河野訓，〈三教衝突與融合〉，收入沖本克己、菅野博史編，辛如意譯，《佛教的東傳與中國化 —— 中國 I 南北朝》（台北：法鼓文化，2016年），頁 180-232，尤頁 228-232。

20　馮友蘭著，趙復三譯，《中國哲學簡史》（北京：新世界出版社，2004年），頁 275。

鍵，正是三教各自用以立論的「心」是否同一意思，由這「心」所開展的境界又是否相同？如本書第三章所論，道家的「無」與佛教的「空」即有不同的內涵；第四章則指出儒家所言的良知和佛教強調的如來藏亦有分別。佛、儒、道立論的基礎和追求的境界既如此不同，佛、道人士若逕言三教可以合流，則恐怕僅是一種把複雜問題作簡單處理的做法，其對解決三教分歧可謂沒有真正的幫助。換言之，三教合流若要可能，佛、道人士乃不僅要提出理由，而是其所提出的理由應比儒者用以認為三教當不能並存的理由更強。此即所以宗密法師雖已提出理論以嘗試會通三教，但三教還是未能於其時得以會通，而佛教還是繼續惹來儒者的反對。最明顯的例子，是與宗密法師身處同一時代的儒者李翱便堅持闢佛，而絲毫沒有打算和佛教融通的跡象 [21]。究其原因，也許是因為宗密法師的理論實未觸及佛、儒分歧的核心，以致根本不能說服當時的儒者。

凡此，即涉及第三點：佛、道人士若未能在理論上說服儒者，則有另覓途徑的必要。是以，其用以說明三教合流之得以可行的關鍵也許不是理論上的分析，而是實踐上的體證 [22]。的確，前引張伯端的看法中有一點非常重要，即他認為三教既可謂一，則我們遂沒有強辨三者的分別或優劣的必要；吾人若堅持分辨三教中誰是誰非或孰優孰劣，實只反映分辨者的個人修為仍有待提昇而已。如後文所述，這一觀點正好是佛、道人士用以說服儒者最終願意肯認三教合流當為可能的關鍵。以下，即圍繞上述各點進一步討論三教合流如何產生。

◎ 第三節　合流的成形

隨着佛、道均有人士提倡三教當可並存，甚至三教可以合流，宋、明兩代乃有不少佛教和道教中人在三教合流的大氛圍下探討其自身的教義：道士李道純（生卒年不詳）、陳致虛（1290－？）、王道

淵（生卒年不詳）、張宇初（1359 － 1410），以及佛教僧人雲栖袾宏（1535 － 1615）、紫柏真可（1543 － 1603）、憨山德清（1546 － 1623）、藕益智旭（1599 － 1655）等都是當中的重要例子 23。至於以上佛、道人士用以說明三教可以合流的論證，大致不離以下三個步驟：第一，指出佛、儒、道三者在理論上確有不同；第二，認為吾人若能循一超然的整體或宏觀的角度審視三教，則當發現三教實同大於異，彼此在理論上的分歧不但可以泯掉，三教甚至未嘗不可視為一整體；第三，要體證超然的整體或從宏觀的角度看待三教的問題，首先有賴吾人提昇自身的修養 24。事實上，道、佛人士自身信仰的理論，本身即可為以上主張提供合理解釋。如「齊物論」是道家或道教的核心理念，其中〈德充符〉便有言：

> 自其異者視之，肝膽楚越也；自其同者視之，萬物皆一也。夫若然者，且不知耳目之所宜，而游心乎德之和。物視其所一而不見其所喪，視喪其足猶遺土也。

力陳吾人若能循不同事物的共同之處而觀，則不同事物當未嘗不可視為相同；而我們如要能夠從不同事物的共同之處而觀，首先當有

21　詳見勞思光，《新編中國哲學史（三卷上）》（桂林：廣西師範大學出版社，2005 年），頁 21-29。

22　土田健次郎，〈宋代思想與文化〉，收入沖本克己、菅野博史編，辛如意譯，《中國文化中的佛教──中國 III 宋元明清》（台北：法鼓文化，2015 年），頁 26-69，特別是頁 66-67。

23　參考孔令宏，《宋明道教思想研究》（北京：宗教文化出版社，2002 年），頁 387-399；釋聖嚴，《明末佛教研究》（台北：法鼓文化，2000 年），頁 4；洪修平，《中國佛教與佛學》，頁 137-139。

24　參考饒宗頤，《饒宗頤道學文集》，頁 396。

待一己眼光和胸襟的開濶[25]。佛教華嚴宗則有「六相圓融」的概念，主張不同事物的分歧當能在宏觀的角度下得以消除。誠如法藏法師在《華嚴一乘教義分齊章・卷四》所言：

> 總即一舍，別即諸緣；同即互不相違，異即諸緣各別；成即諸緣辦果，壞即各住自法。別為頌曰：一即具多名總相，多即非一是別相；多類自同成於總，各體別異現於同；一多緣起理妙成，壞住自法常不作。唯智境界非事識，以此方便會一乘。

指出不同事物當可在一整體的觀點下被視作相互協作的部分[26]，其含意即與前述道家或道教的觀點相似。唐君毅先生便指出中國思想不乏把相異者加以中和的特性，莊子和華嚴即為其中兩個例子[27]。因此，三教合流的主張在哲學上雖或欠缺深刻的義理[28]，但我們卻要承認相關立論其實正是道、佛思想在發展到一定程度時的必然結果。事實上，儒家雖不一定有如上述道、佛思想般可用以支持三教合流的理論，但儒家的中庸精神卻強調吾人應常採一「執兩用中」的態度，而當避免在任一事情上走向極端。在這一意義下，其亦當反對我們在佛教和儒、道互動的判析上採一非此即彼的態度[29]。若是，則吾人或可說儒家的這一折衷精神當不會斷然反對三教合流的出現，雖然用以支持這一合流的理由須比反對之的理由更具說服力，一如前文所述。惟三教合流雖能為佛、道思想所肯認，但吾人當不能忽視佛教或道教人士的相關主張實建基於一個前提：體證。簡言之，三教合流得以可能的關鍵並非理論，而是個人的修持。的確，這一態度在宋代佛、道人士的立論中已見端倪，往後的兩教中人只是繼之更作發揮而已。如元代（約 1271 － 1368）道教的代表人物張三丰（1247 － ？）在《大道論》中便言：

> 予也不才，竊嘗學覽百家，理綜三教，並知三教之同此一道也。儒離此道不成儒，佛離此道不成佛，仙離此道不成仙。[……]平

> 充論之曰：儒也者，行道濟時者也；佛也者，悟道覺世者也；仙
> 也者，藏道度人者也。各講各的好處，合講合的好處，何必口舌
> 是非哉！夫道也，無非窮理盡性以至於命而已矣。

循引文，張三丰認為三教雖有各自的理論以成就不同的效果，但三
者卻同隸屬於「道」。是以，吾人實不必為三教的優劣或同異所累
而生起事端，誠如其在〈天口篇〉繼言：

> 故今有兩教，無三教。奚有兩教？曰正曰邪。[……] 孔老牟尼皆
> 古聖人。聖人之教以正為教，若分正教，是名邪教。儒家楊墨，
> 道家方士，釋家妖僧，亦三教也，雖分三教，仍一邪也。是故分
> 三教者愚，別邪正者智。

明言強分三教僅反映我們的程度不濟。換言之，三教之間的衝突可
謂庸人自擾，當中涉及的理論問題實沒有多大價值。前文提及的憨
山法師亦有同類觀點，如其曰：

> 為學有三要，所謂不知《春秋》，不能涉世；不精老莊，不能忘
> 世；不參禪，不能出世。此三者，經世、出世之學備矣。（《憨

25　陳鼓應，〈《齊物論》的理論結構之開展〉，收入張松如等著，《老莊論
集》（濟南：齊魯書社，1987 年），頁 204-222。

26　廖明活，《中國佛教思想述要》（台北：台灣商務印書館，2006 年），
頁 423-427。

27　唐君毅，《中國哲學原論・原道篇（卷一）》（台北：台灣學生書局，
1992 年），頁 69-72。

28　勞思光，《新編中國哲學史（三卷下）》，頁 660。

29　謝扶雅先生（1892－1991）即用「唯中論」來形容儒家這一精神或態
度，詳見其《唯中論集》（台北：台灣商務印書館，1969 年），頁 1-12。

山老人夢游全集・卷三十九》)

先指出佛、儒、道有着不同的特性和功能，故三者可並行不悖；繼而指出我們若從一個宏觀的角度觀之，則三教未嘗不可視為一體，故言：

> 若以三界唯心，萬法唯識而觀，不獨三教一理，無有一法一事，一從此心之所建立；若以平等法界而觀，獨三聖本來一體，無有一人一物，不是毗遮那海印三昧威神所現。(《憨山老人夢游全集・卷四十五》)

因此，問題的關鍵只是吾人是否有足夠的程度或質素，可以從大道或宏觀的角度來看待問題而已。是以，智旭法師在《靈峰宗論・卷二》逕言：

> 本心不昧，儒老釋皆可也。

凡此，均符合上文所論佛、道人士用以說明三教合流之得以可能的三個步驟。惟相關的說法或未足以說服其時全部的儒者，此所以在有明一代不少儒者還是以闢佛為己任，而堅拒與佛教和道教融合。劉宗周即在《人譜》中言：

> 其［佛、道］意主於了生死，其要歸之自私。故太上有《感應篇》，佛氏亦多言因果。大抵從生死起見，而動援虛無以設教，猥雲功行，實恣邪妄，與吾儒惠迪從逆之旨霄壤。是虛無之說，正功利之尤者也。

批評佛、道兩教的立論僅從自利出發，與儒家強調一己的責任實不同層次；王夫之（王船山，1619－1692）亦在《尚書引義・卷六》曰：

庶物不明，則人倫不察，老、釋異派而同歸以趨於亂。

此可謂承宋儒對佛教的批評，認為後者根本未能真正處理人倫和社會議題的意思。但是，佛、道兩教強調個人修養是理解三教合流得以可能的關鍵之主張，卻成功說服同樣着重修心的儒者，從而為三教合流得以落實打開了一個重要缺口，這類儒者即以王陽明為代表[30]。

蓋王陽明緊遵宋儒對佛教的批評，認為佛教的最大缺失是無助於治理天下。《傳習錄·卷下》記其學生與王陽明的對話曰：

> 或問：釋氏亦務養心，然要之不可以治天下，何也？先生曰：吾儒養心，未嘗離卻事物，只順其天則，自然就是功夫。釋氏卻要盡絕事物，把心看做幻相，漸入虛寂去了，與世間若無些子交涉，所以不可治天下。

引文載王陽明認為佛教既主張心、物皆「空」，則最終遂沒有入世的動力。是以，佛教在心性的討論和修持的工夫等雖有值得儒者借鑒的地方，但在事功上比之儒家卻有所不及[31]；惟王陽明亦同意儒者在理想的境界時當不會否定佛教和道家或道教的義理，甚至可把佛教的義理視為自身理論的一部分。如其言：

> 聖人與天地民物同體，儒佛老莊，皆吾之用，是之謂大道。

30　秦家懿，《王陽明》（北京：三聯書店，2011 年），頁 156-159；土田健次郎，〈宋代思想與文化〉，頁 66-67。

31　秦家懿，《王陽明》，頁 157-155。

（《王陽明全集‧卷四》）

秦家懿（Julia Ching，1934－2001）認為王陽明這種對佛教既否定又同意的態度有點曖昧[32]，其實王陽明的態度正好是前述不少佛、道人士對三教合流所取的態度：三教縱使有別，但得道的人當不用強分。誠如王陽明曰：

> 聖人之道，坦如大路。而世之儒者，妄開竇徑，蹈荊棘，墮坑塹。究其為說，反出二氏之下。宜乎世之高明之士厭此而趨彼也。此豈二氏之罪哉？（《王陽明全集‧卷一》）

並言：

> 二氏之用，皆我之用，即吾盡性至命中，完養此身謂之仙。即吾盡性至命中，不染世界，謂之佛。但後世儒者不見聖學之全，故與二氏成二見耳。（《王陽明全集‧卷四》）

認為我們若強分三教之別，實反映自身的心胸狹隘而已。循此，吾人在佛教與儒、道關係的這一議題上，最迫切的工作乃不是在義理上分辨三教的優劣或異同，而是改善自己的修養。《傳習錄‧卷上》即有言：

> 仙佛到極處，與儒者略同［⋯⋯］今學者不必先排仙佛，且當篤志為聖人之學。聖人之學明，則仙佛自泯。

簡言之，我們的心量愈是廣大，則世間不同的義理愈能為吾人所容受；反之，則世間不同義理縱有其各自的價值，但吾人仍會因為一孔之見而對其加以排斥[33]。王陽明這一看法直接影響其後學，而三教合流得以達致，亦終因部分具影響力的儒者肯定而變得可能。此

所以其弟子王畿於《王龍溪集・卷一》形容乃師曰：「先師良知之學，乃三教之靈樞」；三教的關係當如何理解，至此在時人當中亦取得初步共識 34。在這一意義下，王陽明在三教合流這一議題上實扮演着一劃時代的角色 35。惟值得注意者，是我們不能因為王陽明及其後學亦同意佛、道有關三教合流的說法而輕易以為儒家即受佛教大規模的影響，以致誤認為本章所論竟與第四章所論有所矛盾。這是因為一方面王陽明等人仍多少對佛教保持批判的態度，其只是認為若我們有足夠的胸襟和修養，則可以不堅持這一態度而對佛教疑中留情；另一方面，明末尚有不少儒者如黃宗羲（黃梨洲，1610 － 1695）、顧炎武（顧亭林，1613 － 1682）和王夫之等不採王陽明有關佛教的立場，仍認為佛教不能在事功上有所建樹而堅持闢佛 36。在這一意義下，吾人或宜說部分儒者雖為佛教和道教人士所說服，以致其在三教合流這一議題上有所放鬆，卻不能因此認為儒家即為彼等所大規模影響，讀者當辨清兩者之間的分別，不能混淆。

隨着王陽明以上觀點逐漸普及，明代不少儒者對佛教的態度亦較宋

32　秦家懿，《王陽明》，頁 147。

33　更多討論，詳見方東美，《生生之德》（台北：黎明文化，2004 年），頁 442-469。

34　意大利來華傳教士利瑪竇（Matteo Ricci，1552 － 1610）即言三教合流是當時中國社會普遍人士的主流意見。詳見 Matteo Ricci, Louis Gallager trans., *China in the Sixteenth Century: The Journals of Matteo Ricci, 1583-1610* (New York: Random House, 1953), p. 105.

35　詳見彭國翔，《良知學的展開 —— 王龍溪與中晚明的陽明學》（台北：學生書局，2003 年），頁 471-551；錢新祖著，宋家復譯，《焦竑與晚明新儒思想的重構》（台北：台大出版中心，2014 年），頁 31。

36　唐君毅，《中國哲學原論・原道篇（卷三）》（台北：台灣學生書局，2000 年），頁 411-412。

儒溫和[37]，並促使更多儒者發展出諸如前文提及的佛、道人士所持的三教合流理論，其中趙大洲（1508 - 1577）、羅汝芳（羅近溪，1515 - 1588）和耿定向（耿天台，1524 - 1597）等都是當中的典型例子[38]；而在這類儒者的提倡下，三教合流的阻力亦大為減少。是以，佛、儒、道合流終成為明末社會的一股趨向，並衍生大量「亦佛、亦儒、亦道」的思想，其堪稱人類文化史上一個罕見的現象[39]。以下，即分析在這股三教合流的氛圍下所產生的思想，藉以更明當中特色和意義。

◎ 第四節　　合流的結果

事實上，明末的一個特有現象是出現大量同時兼有佛、儒、道色彩的論著，其不論是在較嚴謹的還是較通俗的論著上均是如此[40]。惟在眾多的論著中，本節所選擇的討論對象主要是較具理論性質的，以其能配合本書的主題；或有較強的代表性，以其能反映普遍時人對三教關係的看法。儒士林兆恩（1517 - 1598）提出的「三一教」和由自號「還初道人」的洪應明（1572 - 1620）所撰的《菜根譚》即為符合上述標準的典型例子。

所謂三一教，是建基於佛、儒、道三教可合而為一的立場以發揮的一種主張。嚴格而言，三一教的主旨與前文所述各種有關三教合流的立論沒有根本的分別。所不同者，是前述諸人對於三教可視為一體的「一」多少保留一種曖昧的態度或模糊的空間，從而使三教人士能從中採取一種折衷的做法，藉以緩衝因三教在理論上的分歧而做成的緊張；但林兆恩的三一教卻把這個在很大程度上帶有曖昧或模糊色彩的「一」具體化，明言「一」正是指儒家的境界[41]。如《林子全書・性命札記》便有言：

　　合一者，合而為一也，非謂同也。合一謂同，則一字足矣。合而

為一者，儒道佛三教之流合而為一也，是孔子之儒也。

循引文，林兆恩認為三教合一不是指三教即沒有分別或相同，一如前文不少佛、儒、道人士所主張；三教合一當是指三教可同歸於儒家，以儒家來統攝三教也。事實上，林兆恩認為三教的目標或理境確為一致，如其言：

> 儒家之靜，佛家之禪，命字雖殊，其旨一也。誠使佛家而知有本來面目焉，坐可也，行可也。儒家而知有主敬工夫焉，靜可也，動可也。儒門之反，玄門之逆，命字雖殊，其旨一也。[……] 故儒門者流能善反之，則天地之性存焉，便成堯舜。道家者流能善逆之，則天地之性存焉，便成神仙。（〈破迷〉）

目標或理境既相同，則懷有此一目標或證入此一理境的心性亦不當有異。是以，佛、儒、道對心性的理解其實並無二致，其有言：

37　土田健次郎，〈宋代思想與文化〉，頁 66-67。

38　參考荒木見悟著，廖肇亨譯，《明末清初的思想與佛教》（台北：聯經，2006 年），頁 79-109；魏月萍，《君師道合：晚明儒者的三教合一論述》，頁 88-97；郭齊勇編，《宋明時期湖北的儒學研究》（北京：中國社會科學出版社，2013 年），頁 312-317。

39　Timothy Brook, 'Rethinking Syncretism: The Unity of the Three Teachings and Their Joint Worship in Late-imperial China', *Journal of Chinese Religions* vol.21, no.1 (1993): 13-44. 另參考唐君毅，《中國哲學原論‧原道篇（卷三）》，頁 410-411。

40　有關這些著作的例子，可參考牟鍾鑒，《儒道佛三教關係簡明通史》，頁 402-405；酒井忠夫著，曾金蘭譯，《道家‧道教史的研究》（濟南：齊魯書社，2017 年），頁 191-196、頁 206-210；黃絢親，《明代擬話本中宗教義理與修行觀之研究》（台北：萬卷樓，2018 年），頁 7-12。

41　岡田武彥著，吳光等譯，《王陽明與明末儒學》（重慶：重慶出版社，2016 年），頁 12-14。

釋氏曰：「明心了性。」儒者亦曰：「盡心知性。」道家曰：「性命雙修。」儒者亦曰：「盡心至命。」曰心曰性曰命之既同，則天下之道原於一矣。釋氏之歸一，道家之得一，儒者之貫一，蓋謂此也。（〈舊稿〉）

是以，林兆恩主張三教在道理上實為相同，彼此的相異之處僅是教法上的分別而已，故說：

夫道一而已矣，而教則有三，故孔子之教聖教也，老子之教玄教也，釋迦之教禪教也。（〈三教合一大旨〉）

但佛、儒、道三教雖沒有真正的矛盾，但吾人既承認彼此在教法上有所分別，則不能輕言三教即為等同。誠如林兆恩在〈三教合一大旨〉所言：

故孔子之教，惟在人倫日用，所謂世間法者是也。黃帝老子之教，惟在於主極開天，所謂出世間法者是也。而況釋迦之出世，則又在於虛空本體，無為無作，殆非斯人可得而擬議而測量之者。

換言之，我們若要堅持三教合流的主張，乃不能僅用一種模稜兩可的態度來把三教的差異輕易泯掉，而必須另覓途徑解釋三教何以能夠合流。林兆恩使用的方法，正是以他理解的儒家義理來貫通佛、道兩教，使三教能共同歸於儒家之內。蓋林兆恩認為吾人在體證三教的理境當沒有分別以前，須遵循一個固定的修持次序，而儒家正是在這一次序中擔當首要角色。其有言：

今以餘之教言之，始之以立本，以明人倫也；既明人倫以立本矣，則必繼之以入門，以明心法也；既明心法以入門矣，則必終之以極則，以體太虛也。故人倫未明，而曰我能明心法者，

未也；心法未明，而曰我能體太虛者，未也；故教之所當先者先之，而先其所不得不先也；教之所當後者後之，而後其所不得不後也。本來兼統以無遺，始終條理而不紊亂。昔統之而一者，既已分之而三；今分之而三者，乃複統之而一，三教既一，風俗自同，不矯不異，無是無非，太初太樸，渾渾熙熙，此余三教之大都，合一之本旨也。（〈三教合一大旨〉）

簡言之，吾人得先明白人倫之理這一世間法，才能了解出世間法的價值，繼而才可體證宇宙太虛的真理；否則，我們若逕從宇宙太虛的真理或出世間法的義理來看待問題，乃容易輕視世間法的各種人倫價值。是以，三教當有統一於儒家的必要，因儒家最能顧及世間法之餘，亦能不致排斥佛、道兩教。反之，佛、道兩教雖不會排斥儒家，但卻未能有效肯定世間法的價值[42]。事實上，林兆恩以上觀點有一定道理，這是因為吾人在學習一個學說或體證某些境界時，實當循一定次第[43]，而這一主張，亦應為三教中大部分人士所共許[44]。問題的關鍵，是這一修持次序的定立問題。的確，林兆恩的觀點反映當時大部分三教人士的一種立場：三教可以合一，但這「一」當是以自身信仰為基礎。

換言之，是儒家認為佛、道當與儒家合一，但佛教卻認為儒、道當

42　更多有關林兆恩三一教思想的討論，見鄭志明，《明代三一教主研究》（台北：學生書局，1988 年），頁 358-369。

43　唐君毅，《哲學概論（下）》（台北：台灣學生書局，1996 年），頁 536-539。

44　如儒家《大學》的「物有本末，事有終始，知所先後，則近道矣」，以及佛教的《菩提道次第廣論》和道教的《華陽金仙證論》等，都是三教認為求學和修持均應依循一定次第的明證。

與佛教合一，而道教則認為佛、儒當與道教合一[45]。在這一意義下，明末的三教人士對三教關係的闡釋實是一方面強調佛、儒、道可以融合，故鮮對他者採一敵對的立場；但另一方面卻還是多少對他者採一貶抑的態度[46]，而循前文的分析，這種在某程度上帶有欲拒還迎色彩的理論可謂明末思想的一個特色，其又為三教合流的風氣已經成熟後，與三教合流尚在蘊釀時的一個分別。筆者以為這或許是因為三教合流若是在成形的最初階段，一教乃不宜對別教作太多的優劣高下之判，以免破壞合流的進程；而三教合流一旦成為主流風氣，則三教人士為了保持自身的身份乃有必要強調自身教義的殊勝。是以，有學者認為明末的三教合流仍有助吾人辨清三教的分際，而非僅是把三教視為一混沌的整體[47]。惟三教既能合一，則一教的身份當在多大程度上還值得吾人保留，這一點卻可存疑[48]。事實上，正是時人多在三教一致和三教有異這一尷尬位置之間徘徊及游走，故本章開首才不對各種用以描述三教合流的詞彙更作細分，因這些詞彙實只在不同程度上表示某類人士究是較傾向三教一致還是三教有異而已。更重要的，是兩者並非斷然隔絕：傾向三教一致者不代表反對三教有異；支持三教有異者亦不排斥三教一致。這是因為三教一致的主張亦可認同三教在教法上確有分別；三教有異的立場亦當同意三教在終極意義上大致無異[49]。林兆恩只是這個大氛圍下儒家陣營的一個代表，其他如佛教的智旭法師透過註釋《梵網經》以貫通世間和出世間意義的孝，從而解釋儒、道如何能夠與佛教融合之餘，彼等又略比佛教遜色；以及道教的《性命雙修萬神仙圭旨》把性命雙修和內外兩丹理解為三教聖人共同修持的最終目的，藉以說明儒、佛當可與道教融合，但兩者的重要性卻稍低於道教等，均是佛、道兩教用以說明以上情況的典型例子，其與林兆恩的三一教雖在立論方向和深淺程度上或有不同，但彼此在本質上卻沒有分別。有興趣的讀者可參考相關研究，茲不詳述[50]。

除了三一教等較具理論色彩的思想外，對民間社會更具影響力的當

為一些有着世俗色彩並以格言方式來勸導他人向善的「善書」，其中袁了凡（1533 - 1606）的《了凡四訓》和洪應明的《菜根譚》可謂當中代表[51]。以《菜根譚》為例，其書名取宋人汪信民（生卒年不詳）「人若咬得菜根，則百事可成」一句，以冀透過三教的思想來表達一種平凡是福的人生觀。誠如該書所言：

> 作人無甚高遠事業，擺脱得俗情便入名流；為學無甚增益功夫，減除得物累便超聖境。

循引文，所謂名流或聖境不但不須吾人刻苦地修持才能獲得，反而認為我們的心態或行為愈是簡單即愈能達至。其又言：

> 誇逞功業，炫耀文章，皆是靠外物做人。不知心體瑩然，本來不失，即無寸功隻字，亦自有堂堂正正做人處。

45　岡田武彥著，吳光等譯，《王陽明與明末儒學》，頁 13。

46　魏月萍，《君師道合：晚明儒者的三教合一論述》，頁 322-324；Joachim Gentz, 'Rational choice and the Chinese discourse on the Unity of the Three Religions (*sanjiao heyi* 三教合一)', *Religion* vol. 41, no. 4 (Dec 2011): 535-546.

47　魏月萍，《君師道合：晚明儒者的三教合一論述》，頁 322-324。

48　羅香林，《唐代文化史》，頁 159-176。

49　有關三教合流的內涵，魏月萍有極佳的介紹，詳見其《君師道合：晚明儒者的三教合一論述》，頁 19-46。

50　詳見酒井忠夫著，劉岳兵、何英鶯譯，《中國善書研究（上卷）》（南京：江蘇人民出版社，2010 年），頁 247-295。

51　袁光儀，《晚明之儒家道德哲學與世俗道德範例研究 ── 以劉蕺山《人譜》與《了凡四訓》、《菜根譚》之比較》（台北：花木蘭文化出版社，2009 年），頁 6-7。

並言:

> 人之際遇，有齊有不齊，而能使己獨齊乎？己之情理，有順有不順，而能使人皆順乎？以此相觀對治，亦是一方便法門。

在某程度上，以上隨遇而安的人生態度雖未致大違佛教或道教的想法，惟卻與儒家強調的「苟日新，日日新，又日新」的積極精神和義命分立的處事原則有頗大的距離[52]。但《菜根譚》並不強調三教的差異；反之，其更是逕言佛、儒、道的境界實大同少異，如有言：

> 家庭有個真佛，日用有種真道。人能誠心和氣、愉色婉言，使父母兄弟間形骸兩釋、意氣交流，勝於調息觀心萬倍矣！

以上即是把儒家的孝道比附為佛教或道家的境界。又言：

> 釋氏隨緣，吾儒素位，四字是渡海的浮囊。蓋世路茫茫，一念求全則萬緒紛起，隨寓而安則無入不得矣。

這則是把佛、儒的義理闡釋為相互一致的例子。綜上所述，吾人可見自明末開始，時人對佛、儒、道的理解已趨表面，以致當中的思想往往缺乏嚴密的論證、艱苦的修持和高遠的理境[53]。簡言之，明末這種「亦佛、亦儒、亦道」的思想，實無異於「非佛、非儒、非道」，其結果是使三教各自的特色均變得模糊，佛、儒、道三者亦因而失去各自能在社會上發揮的角色和功能[54]。隨着三教合流已成大勢，中國民間亦出現大量如白蓮教和一貫道等滲入三教元素的秘密會社[55]，這些會社與前述各種有關三教合流的理論一樣，經常選擇性地挪用佛、儒、道的若干名相或儀軌來支持自身特定的政治目的，而鮮有對三教背後的義理更作分析[56]。至此，中國的思想乃逐漸朝平庸的方向發展[57]，而鮮有哲學性的創造[58]，甚至連三教的真

精神亦被抹煞[59]。這情況一直持續，至清末西學大規模來華才始有轉機[60]。惟在進一步分析這一情況前，讓我們先就三教合流這現象作一檢討，以明其理論得失和在思想史中的意義。

52 　更多討論，見唐君毅，《中國哲學原論·原教篇》（台北：台灣學生書局，2004 年），頁 692-693。

53 　勞思光先生即因為三教合流的主張缺乏嚴密理論的支持，而拒絕在他著名的《新編中國哲學史》中討論相關思想。詳見其《新編中國哲學史（三卷下）》（桂林：廣西師範大學出版社，2005 年），頁 660。另見傅偉勳，《佛教思想的現代探索》（台北：東大圖書公司，1995 年），頁 175-193。

54 　詳見唐君毅，《中國哲學原論·原教篇》，頁 692-693；釋印順，《中國佛教論集》（北京：中華書局，2011 年），頁 191-206、229-230；謝無量，《中國哲學史校注》（上海：華東師範大學出版社，2018 年），頁 434。

55 　饒宗頤，《饒宗頤道學文集》，頁 397；釋印順，《中國佛教論集》，頁 200。

56 　Judith A. Berling, *The Syncretic Religion of Lin Chao-en* (New York: Columbia University Press, 1980), pp. 1-13；Junqing Wu, *Mandarins and Heretics: The Construction of 'Heresy' in Chinese State Discourse* (Leiden: Brill, 2016), pp. 39-56.

57 　林啟彥，《中國學術思想史》（台北：書林，1994 年），頁 239-241。當然，明末思想的發展除了三教合流的元素外，還涉及時人對宋明理學好談高遠義理的反動，故當時乃有逐漸重視文字考據等堅實工夫學問的風氣。在這一意義下，吾人亦可言中國思想是朝一樸實的方向以發展。當然，這一重視考據的風氣還有賴政權的推動。以上觀點，詳見余英時，《論戴震與章學誠 —— 清代中期學術思想史研究》（台北：三民書局，2016 年），頁 355-388。

58 　誠如方東美先生言，自清初開始「中國哲學已經死亡了！」見其《方東美先生演講錄》（台北：黎明文化，2004 年），頁 41-42；牟宗三先生則言「講中國的學問，講到明朝以後，就毫無興趣了。」見其《中國哲學十九講：中國哲學之簡述及其所涵蘊之問題》（台北：台灣學生書局，1999 年），頁 418；勞思光先生亦言，自明末始中國思想即欠缺「文化活力」以進行創新的工作。見《新編中國哲學史（三卷上）》，頁 4-5。諸位先生對於中國思想為何會在明末開始便缺乏生機雖有自身的分析，其亦不一定涉及三教合流的問題，惟他們認為中國思想於其時即陷衰落則可謂意見一致。

59 　由於清代重視經學，故儒家的精神相對佛、道兩教還是得到較大的保存。詳見釋印順，《中國佛教論集》，頁 203-204。

60 　賀麟，《五十年來的中國哲學》（上海：上海人民出版社，2012 年），頁 16；羅志田，《民族主義與近代中國思想》（台北：三民書局，2011 年），頁 98-123。

◎ 第五節　合流的評價

對於三教合流這一現象，學界可謂毀譽參半。譽之者，認為其正好反映傳統中國文化的開放、包容與和諧的一面，並以之說明為何在中國歷史上較少有由宗教引起的戰爭等觀點；毀之者，則認為三教合流讓佛、儒、道均失去特色，中國思想亦因此變得欠缺稜角和失去批判性。有關前一個觀點，金耀基先生以下說法當有一定代表性：

> 中國文化與外界文化之衝突與對壘，在歷史上大規模的只出現過一次，那便是隋唐以後的儒佛的對壘，但那次對壘並不嚴重，因為中印二國的知識界都不曾有權利主義與勢利主義的氣味。印度人並沒有用槍炮來推銷佛學，中國人也只是出於一種真正愛慕的心理，而不夾帶絲毫勢利的眼光。因此，儒佛之衝突與對壘之局面是不嚴重的，而最後儒佛竟相互戀慕結，終有一寧馨兒之誕生，此一寧馨兒即是宋明之新儒學或理學。所以，中國文化第一次與外界文化由衝突與對壘而互相交流，是一大喜劇，是中國文化之一度文藝復興。61

誠然，傳統中國的思想有其開放和包容的一面，這實是三教合流之得以可能的關鍵62；惟不少學者亦指出，三教合流呈現的和諧雖在減少佛、儒、道之間的摩擦上有值得吾人重視的地方，但其在理論上的價值卻是乏善可陳63。事實上，在不同文化的交流或溝通上，觀點之間有所爭論也許比彼此強行趨同更為重要，許倬雲先生即有言：

> 同質與異質之間有趨同（homogenization）與趨異（diversification）的兩個趨勢。〔……〕〔趨異〕開創了新的可能。「和而不同」，即是容忍異質，庶幾不致因為高度同質而趨於窮盡。〔……〕〔趨同〕則趨向平均與整齊到劃一，減少了衝突與不調。兩者之中，容忍異質，似乎更為重要；有了異質，才有另一「可能」，以濟

助同質竭盡的困境。[……]知識系統中應當容許「異端」也是留下發展的空間。同質的整齊劃一太過分時，這一同質體只能應付既定不變的環境，無法因應任何外在與內在的變。64

蓋文化交流之所以可貴，正是一個文化能為另一文化提供一個截然不同的價值觀或世界觀，好使彼此能借鑒對方的優點來充實自己。因此，佛教對儒、道等傳統中國文化的最大益處，正好不是因為前者與後者相似，而在於前者與後者相異。一旦佛教被闡釋為與儒、道沒有二致，則佛教亦可謂沒有存在的必要，惜這正是佛教在三教合流下所面對的處境65。誠如著名漢學家許理和教授（Erik Zürcher，1928 － 2008）所言：

> [在佛教與中國文化交流]過程中，佛教的元素已多被「消化」。換言之，佛教已為中國主流文化所吸收，從而大致失去佛教特有的本質。[……]在一定程度上，中國佛教湮沒入儒家之中使人聯想到後期印度佛教為印度教所吸收的情況。66

61　金耀基，《從傳統到現代》（台北：時報文化，1979 年），頁 254。類似觀點，見 Xing Guang, 'Buddhist Impact on Chinese Culture', *Asian Philosophy* vol.23, no.4 (2013): 305-322.

62　丁耘，《儒家與啟蒙：哲學會通視野下的當前中國思想》（北京：三聯書店，2011 年），頁 121-140。

63　唐君毅，《中國哲學原論·原教篇》，頁 692-693；勞思光，《新編中國哲學史（三卷下）》，頁 660；饒宗頤，《饒宗頤道學文集》，頁 396-397。

64　許倬雲，〈和而不同〉，收入陳天機、許倬雲、關子尹編，《系統視野與宇宙人生》（香港：商務印書館，1999 年），頁 155-159。

65　林鎮國，《辯證的行旅》（台北：立緒文化，2002 年），頁 214。另見葛兆光，《古代中國文化講義》（台北：三民書局，2019 年），頁 17-23。

66　E. J. Zürcher, 'The Impact of Buddhism on Chinese Culture in an Historical Perspective', in Jonathan A. Silk ed., *Buddhism in China: Collected Papers of Erik Zürcher* (Leiden: Brill, 2014), pp. 339-351. 類似主張，參考釋印順，《人間佛教論集》（新竹：正聞出版社，2007 年），頁 64-66。

簡言之，三教合流使佛教失去自身的特色和身份，因為一個宗教或一套思想的身份正好是由其與他者的相異之處來界定。若一套思想竟能包含所有價值，或為其他價值所輕易統攝，則這套思想其實亦無異於未有獨特的價值，以致亦未能成功建構自身的身份[67]。如前所述，在三教合流的趨勢下道教和儒家可謂面對與佛教相同的問題。在這一意義下，三教在中國思想史上的互動乃未必真為一大喜劇，而是有着悲劇的元素。

的確，吾人若查古今中外的歷史，當不難發現重要思想的萌芽往往有賴不同學說之間的相互激盪[68]，此所以中國在春秋戰國時期有儒、墨、道、名、法等百家爭鳴的出現；印度六派正統哲學於公元八世紀的競爭乃促成商羯羅（Saṃkara，活躍於公元 700 年）這一哲人的誕生；歐陸哲學在十七八世紀曾經歷理性主義和經驗主義的論辯而終孕育了康德（Immanuel Kant，1724 － 1804）。簡言之，不同觀點之間的交流和切磋是成就重要思想的必要條件。因此，不論是不同文化之間有人拒絕溝通，還是因為政治壓力以致人們不能暢所欲言，其均不利思想的孕育。除非吾人根本不希望社會有重要思想的誕生，否則凡不利思想交流的事情均應為我們所避免[69]。若是，則三教合流無疑是使佛、儒、道三者思想桎梏的關鍵，因其正好予人一逃避爭論的藉口[70]。是以，明末的顏元（1635 － 1704）在《四存編·存人編》曰：

> 大凡邪教人都說三教歸一或萬法歸一。

直言三教合流的做法是三教發展的一條歧路，足見時人已對三教合流的潛在弊害有所警惕。因此，吾人亦當不能不汲取歷史的教訓，對一切涉及三教合流的主張更作反省。事實上，本書第一章已強調吾人在討論佛教與儒、道思想的互動時，不僅是要對相關情況作出描述，而更是要對其作出評價。是以，我們乃有必要思考構成三教

合流之所以優劣的背後因素，此即把我們的討論帶到下一階段：理論與體證之間的關係。

蓋三教合流的理論雖然粗疏，但其用以說明三教之所以能夠合流的理由，除了是從理論的角度出發，更是強調吾人修持的重要。簡言之，吾人的修養若是達到相當水平，則應能對三教的分歧存而不論，一如現象學家胡塞爾（Edmund Husserl, 1859 – 1938）在討論宗教問題時認為可暫時把上帝的存在視為某種意義下的「擬物」，而不須把祂視為有固定形態的「實物」[71]；同理，吾人的修養甚至當可容許我們默認三教所追求的理境實可契合，一如前文所記不同佛、儒、道人士的立論。事實上，三教主張的理想人格均有認為我們不應對固定形態有所執實，以免把理想的境界加以限定。如《論語·子罕》言「毋意、毋必、毋固、毋我」；《莊子·逍遙遊》說「至人無己，神人無功，聖人無名」；《雜阿含經·卷三十二》的「如來若有，若無，若有無，若非有非無後生死，不可記說」等都有上述意思。至於如何表達理想境界當不能為有限的語言文字所規限，三教的主張正是「離言」。換言之，作為一套學說，三教固然強調言說的價值；但佛、儒、道既同時作為一種強調實踐的教法，則其亦重視體證和沉默的必要。因此，《論語·陽貨》有「予欲無

67　更多討論，見 Robert H. Sharf, *Coming to Terms with Chinese Buddhism: A Reading of the Treasure Store Treatise* (Honolulu: University of Hawai'i Press, 2002), pp.16-18.

68　賀麟，《文化與人生》（北京：商務印書館，2016 年），頁 5-6。

69　誠如張君勱先生（1887－1969）強調，人類文化之得以前進首賴吾人精神的自由。詳見其《明日之中國文化》（台北：台灣商務印書館，1967 年），〈自序〉頁 1-2。

70　羅香林，《唐代文化史》，頁 159-176。

71　有關胡塞爾的觀點，見關子尹，《語默無常：尋找定向中的哲學反思》（香港：牛津大學出版社，2008 年），頁 251-252。

言」；《道德經‧一章》曰「道可道，非常道」；《增一阿含經‧
卷十》則載佛陀「我今宜可默然，何須說法？」簡言之，三教均認
為吾人理想的境界最終必表現為沉默；而吾人可言只有沉默才能讓
不同思想自由馳騁，彼此無有阻隔[72]。這即如《莊子‧大宗師》言
「魚相忘乎江湖，人相忘乎道術」的狀態。關子尹先生對上述涉及
「言」與「默」的關係有扼要說明：

> 哲學的工夫，就在於語表與緘默之間那片片廣闊的論域，我們在
> 論列種種問題時，只要一己理之能及，當可極深研幾，明確立
> 論，但要是一些事情，憑一己之理已無法予以定奪時，則我們對
> 問題「點到即止」之餘，便再不應執着於非黑即白的終極可否，
> 且讓其復歸於靜默便好了。[73]

是以，我們雖可循理論的角度批評三教合流的水平，認為其在立論
的深度上比之唐代時的佛教或宋代時的儒家均相去甚遠；惟我們若
循體證的角度考慮三教合流的問題，則其或未嘗不是一種在窮盡三
教理論的分別後，力圖為彼此的價值留有餘地的一種做法。若是，
則吾人亦可把三教合流的主張理解為是在一定程度上反映時人在面
對他者時的一種謙遜態度和開放胸襟[74]？因此，李贄（李卓吾，
1527 – 1602）在〈續焚書‧卷一〉有言：

> 凡為學皆為窮究自己生死根因，探討自家性命下落〔……〕唯真
> 實為己性命者默默自知之，此三教聖人所以同為性命知所宗也。

至此，問題的關鍵乃不是純然地對三教合流的做法採一表揚或貶抑
的態度，而是怎樣能夠做到一方面對他者保持開放，從而做到真正
的和而不同，另一方面卻能強調自身的特色和身份，以免陷於和稀
泥的困局。筆者認為只有強調理論與體證的次序才能有效回應以上
訴求[75]：只有先明辨三教之別，才可繼言彼此的理境有會通的可

能，卻不可把兩者的次序混淆；不然，我們若先肯定三教實為大同小異，則容易淡化佛、儒、道的各種分別。前者既強調三教的各自特色，又能對他者持一開放的態度；後者則表面對三教持一開放態度，惟卻有犧牲不同思想特色的風險。事實上，吾人只有明瞭理論的局限後才能真正明白修持的必要，並知道三教所追求的理境從來不是輕易體證；我們亦只有真正達到夠高程度的修持水平才有資格對三教的差別不予強分。否則，一人若是根本未明三教在理論上的分別，即以三教理境的近似來作為迴避討論的藉口，或是修持的水平根本未臻三教所許的理境，即輕言三教追求的為沒有分別，其均恐怕只是一種自欺欺人的做法，對佛、儒、道的發展可謂沒有正面意義[76]。簡言之，在佛、儒、道的脈絡下，理論是為了助人更有效地達到某一理境而存在，故我們不能逕循理境的角度出發而輕視理論，否則一切的理境均容易因為欠缺客觀理論的支持而流於主觀和獨斷；理境既是吾人所以提出理論的目的，故我們不能忽視理境而

72　唐君毅，《中國哲學原論・導論篇》（台北：台灣學生書局，1993 年），頁 223-247。另見 Robert Cummings Neville, 'Contemporary Confucian Spirituality and Multiple Religious Identity', in Weiming Tu & Mary Evelyn Tucker ed., *Confucian Spirituality* vol.2 (New York: The Crossroad Publishing Company, 2004), pp. 440-462.

73　關子尹，《語默無常：尋找定向中的哲學反思》，頁 xiii。

74　參考馬淵昌也著，史甄陶譯，〈宋明時期儒學對靜坐的看法以及三教合一思想的興起〉，收入楊儒賓、馬淵昌也及艾皓德編，《東亞的靜坐傳統》（台北：台大出版中心，2012 年），頁 63-103；楊祖漢，〈從「否定知識，為信仰留地步」看中國哲學〉，《新亞學報》第 31 卷（上）（6/2013）：267-287。

75　以下觀點，主要參考方東美，《科學哲學與人生》（台北：黎明文化，2004 年），頁 45-46；唐君毅，《哲學概論（下）》，頁 536-539。

76　不少學者即指出中國傳統有把直覺取代理論的傾向，並認為這種做法不利中國思想的發展，其意當與本章所言以修持、體證或境界來取代討論相似。詳見方東美，《中國大乘佛學（下）》（台北：黎明文化，2004 年），頁 384-386；謝幼偉，〈抗戰七年來之哲學〉，收入賀麟著，《五十年來的中國哲學》，頁 228-238；成中英，《中國哲學與中國文化》（台北：三民書局，1990 年），頁 216。

純談理論，否則理論遂容易淪為戲論而變得欠缺實際意義。是以，理論分析和宗教體驗從來不是互相排斥；反之，兩者更是相輔相成，缺一不可。此即為勞思光先生提出的「窮智見德」的意思[77]。本章只是提出吾人在討論有關三教互動的討論時所面對的問題和值得警惕的地方，更多涉及理論和體證關係的討論，由於已非本書的討論範圍，唯有將來另文再議[78]。

事實上，三教合流並非僅是一個涉及理論或體證的問題，而是有複雜的政治和經濟因素在背後發揮作用。中國歷代便有帝王如隋文帝楊堅（541 － 604）、唐高祖李淵（566 － 635）、宋孝宗趙昚（1127 － 1194）和明太祖朱元璋（1328 － 1398）等大力推動三教合流的議題，藉此希望減少三教之間的衝突以確保社會穩定[79]。惟吾人必須指出，政權的推動最多只是三教合流得以成功的助緣，三教合流之得以可能還賴佛、儒、道確有融通的條件，一如本章和前兩章所列舉的例子所示。若一思想或宗教根本沒有和他者融通的條件，則不論外緣如何推動或配合，該思想或宗教當還是難以與他者合流。最明顯的例子，是明成祖朱棣（1360 － 1424）對回教採取同化政策，以圖讓回教徒能融入其時中國的文化系統，及後亦有回教經師王岱輿（1584 － 1670）以儒家的觀點闡釋回教的義理，惟其均為當時的回教徒反對[80]；明末來華意大利籍天主教傳教士利瑪竇雖高度融入儒家文化，但卻認為天主教當不能同意佛教的輪迴觀而堅拒與後者融和[81]。凡此足見不同思想或宗教之得以合流，關鍵始終不離這些思想或宗教本身有可供合流的空間和特性，而不能依靠外力強行成事，這一點尤值得提倡宗教本地化的人士警惕。

綜上所述，三教合流在政治上雖有其貢獻，但在思想上卻嫌有所不足。惟最重要的，是三教合流的經驗似對吾人有重要的啟示，值得我們進一步探討。饒宗頤先生以下所述正好為這立場作一注腳：

有人可認為三教之合一，只是一種初步的混合，不是高度具有創造性之思想。自然，它既缺乏概括原理之抽象性思考，又缺少莊嚴而凝固之宗教信念，只趨向於道德心靈的陶冶，及輔助政治力量的和諧，此即其成就方面。不過，中國在多元民族多元文化之薰陶、熔鑄之下，已逾二千年，此一三教混融之歷史經驗，足為人類文明成長之一種教訓與借鏡。[82]

三教合流對吾人的啟示究是什麼，後文將再有討論。以下，讓我們先對三教合流這一現象作一結論，以為後文所論作一預備。

◎ 第六節　小結

如前所論，三教合流有其優點和缺點。事實上，這些優點和缺點在

77　　勞思光，《文化問題論集新編》（香港：中文大學出版社，2000 年），頁 99-111。

78　　楊儒賓先生對這一議題有清楚的分析，有興趣的讀者可參考其著〈新儒家與冥契主義〉，收入陳德和編，《當代新儒學的關懷與超越》（台北：文津出版社，1997 年），頁 317-363。

79　　參考饒宗頤，《饒宗頤道學文集》，頁 389-392；湯一介，《佛教與中國文化》（北京：中國人民大學出版社，2015 年），頁 214-226；Joachim Gentz, 'Rational choice and the Chinese discourse on the Unity of the Three Religions (sanjiao heyi 三教合一)'；任劍濤，《複調儒學：從古典解釋到現代性探究》（台北：台大出版中心，2013 年），頁 104-110；岡田武彥著，吳光等譯，《王陽明與明末儒學》，頁 14。

80　　詳見余之聰，〈中國伊斯蘭：文明交往、抗衡、融合與衝突〉，收入賴品超編，《從文化全球化看中外宗教交流史》（香港：香港中文大學崇基學院宗教與中國社會研究中心，2018 年），頁 167-234。

81　　參考張錯，《利瑪竇入華及其他》（香港：香港城市大學出版社，2007 年），頁 97-107。

82　　饒宗頤，《饒宗頤道學文集》，頁 396。

中國歷史上所扮演的角色並非一成不變，而是隨時代的變遷而有所不同 [83]。如在佛教和儒、道發生衝突的時代，三教合流有助緩和彼此的緊張局勢，故其於當時的因緣之下或可謂優點大於缺點，而成一可取的做法；但在三教均已因為趨同的情況非常嚴重以致失去各自的特色時，三教合流的缺點遂容易蓋過其優點而成一於其時不大可取的做法。循本章的討論，吾人當發現在明代以來三教合流的做法漸有弊大於利的傾向，以致三教竟朝一起衰落的方向前行。但值得注意的是，三教合流的經驗實有值得吾人借鑒或開發的地方：如何保留三教合流的優點而避免其附帶的缺點，當是佛、儒、道三者於今後互動時所須思考的問題 [84]。但在作更深入的討論前，吾人首先當要重新尋回佛、儒、道各自的特色和身份，從而使三教能有重生的機會；只有三教得以重生，三教合流才有為我們再次檢討的可能，並發掘出三教合流於吾人身處的價值多元時代當有着什麼意義。重新確立佛、儒、道的特色和身份，是下一章要討論的問題；而在尋回彼此的身分後當如何與對方共處，以及其對當今世界帶來什麼啟示，則是本書的最後一章所處理者。

83　唐君毅先生即強調一理論的合理程度，當隨不同的客觀環境而有所改變。詳見其《生命存在與心靈境界（下冊）》（台北：台灣學生書局，1986），頁 479-481。

84　傅偉勳，《佛教思想的現代探索》，頁 175-193。

返本與開新

第六章

返本與開新

◎ 第一節　時代的挑戰

無論是佛教、儒家、道家還是道教，其在近代中國的概況都非常
複雜，以致吾人要把握當中眉目可謂非常困難。究其原因，大致
有二：第一，佛、儒、道在近代的情況在很大程度上實為對明末
三教合流的一個反省和回應[1]。換言之，我們若根本未明三教合
流的特色和利弊，則亦難以明瞭近代三教人士的工作性質究是什
麼。誠如前章所論，三教合流的其中一個特色正是令三教均失去
彼此的特色。是以，吾人可言三教在近代中國遂以重新確立各自
的特色和身份為首要任務[2]。簡言之，近代的三教是在一個重建
的過程之中。由於不同人士對如何重建自身的信念或信仰採用不
同的方法或進路，故紛亂的程度可想而知。第二，佛、儒、道在
近代均面對一個前所未見的處境，其即西方文化對傳統中國文化
的挑戰。在這一意義下，佛、儒、道過去雖長期以彼此為自己

的競爭對手，但三者在近代卻顯然是一個命運共同體。因此，三教在近代的關係乃與以往的情況截然不同[3]。更重要的，是互動的過程既涉及對西方文化的回應，則三教在當代所呈現出來的形態亦必然會與過去的狀況有極大差別。是以，我們在討論佛教與儒、道在當代的互動時遂不宜單用過去的一套眼光觀之。凡此，均增加我們探討佛教與儒、道思想在近代中國互動的難度。

事實上，隨着三教合流在明末開始成為時人的主流意見，三教的思想亦逐漸失去自身的特色而再難有發揮的空間。簡言之，近代佛、儒、道的思想已失去活力或生命力，在這一意義下，三教的思想實無異於「死亡」[4]。誠然，三教的「死亡」有着複雜的原因，如佛、儒、道思想本身的缺失[5]，以及清代政治環境對思想

1　傅偉勳，《佛教思想的現代探索》（台北：東大圖書公司，1995 年），頁 175-193。

2　唐君毅先生即言清末的思想概況正是「本源不清」，不明儒家和佛教等傳統思想的精要。詳見其《人文精神之重建》（台北：台灣學生書局，2000 年），頁 121-124。

3　釋印順，《中國佛教論集》（北京：中華書局，2010 年），頁 204-206。

4　詳見釋印順，《教制教典與教學》（新竹：正聞出版社，2003 年），頁 13-14；勞思光，《危機世界與新希望世紀》（香港：中文大學出版社，2007 年），頁 106。

5　例如印順法師便指出佛教自禪宗興起，其即形成一輕視經教和修持的風氣，以致僧人的質素參差，佛教亦由此開始衰落。參考釋印順，《教制教典與教學》，頁 12；牟宗三先生則批評王陽明的後學容易未經艱苦歷練而輕言把握天理良知，以致出現「落於光景，流於蕩肆」的弊害。詳見牟宗三，《宋明儒學的問題與發展》（台北：聯經，2003 年），頁 246-258；勞思光先生亦言道家思想既強調「無為」的價值，遂視人類的各種德性和知性上的努力為「有為」的表現，故其最終只能是一種「文化否定論」，而不能承擔任何文化上的建設。見勞思光，《新編中國哲學史（卷一）》（桂林：廣西師範大學出版社，2003 年），頁 188、215。

創造的壓抑等都是當中元素[6]，吾人於此強調三教合流的角色，只是順着本書的立論，並非指其要為三教的「死亡」負上唯一或最大的責任。惟不論三教為何「死亡」，其在當代的迫切任務均是要使自身得以「重生」。至於這一任務的具體工作，首先即是要尋回佛、儒、道三者各自的特色和身份。事實上，只有重拾自身的特色和身份，三教之間的互動才有可能和意義；否則，三教的關係若仍舊呈一混沌的狀態，則其亦沒有互動的空間和必要[7]。惟另一方面，不論三教能否成功重拾各自的特色和身份，其在當代均要共同面對西方文化的挑戰。蓋西方文化的內容非常豐富，涉及範圍包括科學、藝術、宗教和哲學等多方面，但本書的主旨既是思想史，則討論的範圍亦自然集中在西方思想對中國思想所作衝擊的這一層面。查西方思想雖然複雜，但論對傳統中國思想構成最致命打擊的當為「科學主義」（scientism）[8]。所謂科學主義，簡言之是指以科學的角度或方法來衡量世界上一切事物和價值，若某些事物和價值未能以科學的方法來加以衡量，則其即被認為是主觀、武斷或虛假。至於何謂「科學方法」並沒有清晰的定義，但一事物和價值當能為吾人所觀察、實證和量化，則為時人對科學方法的基本認識。必須指出，強調科學方法不代表即是科學主義；科學主義是指認為科學方法是吾人用以衡量價值的唯一可靠或正確的標準。換言之，科學主義實是一種認為科學萬能的意識形態，而非純是着重科學方法的一種理性態度[9]。前文述及西方思想對傳統中國思想構成威脅的原因，正是因為在科學主義的思維下，佛、儒、道三者均似有不少難以證立的地方。例如佛家主張的涅槃究指什麼地方？儒家強調的良知在吾人身體哪處？道教重視的修持有沒有客觀標準？三教各自追求的境界如何判別高低？凡此，均是三教需要回應的問題。否則，在科學主義的風潮下，重視啟迪和引導他人改善自身修為多於希望建構客觀知識的佛、儒、道思想遂難免被人判定為主觀和武斷的命運[10]。綜上所述，我們可發現三教互動在當代的處境實遠比從前各個時

代為複雜：一方面，佛、儒、道三者均要重新探索自身；另一方面，三教均要面對外來文化的挑戰。是以，吾人於此或可用兩個詞彙來概括三教人士在近代的工作：「返本」和「開新」[11]。循前者，三教藉以透過探討自身信念或信仰的原貌，以求尋回自身的特色和身份；循後者，三教設法豐富和改善自身的立論，從而使自身能在新的挑戰下繼佔一席位。當然，返本和開新並非兩種截然不同的工作。這是因為透過返本，佛、儒、道乃能重新發現

6　錢穆，《國史大綱（下冊）》（香港：商務印書館，1995年），頁856-864；劉述先，《論儒家哲學的三個大時代》（香港：中文大學出版社，2008年），頁184-185。當然，明末以後的學術由對心性的探討轉為強調樸實的文字考據之學，亦非全然是來自外部政權的打壓所致，而更涉及時人對事勢和物理等「聞見之知」的興趣有所增加。詳見唐君毅，《中國哲學原論・原教篇》（台北：台灣學生書局，2004年），頁692-693；余英時，《論戴震與章學誠——清代中期學術思想史研究》（台北：三民書局，2016年），頁375-382。

7　類似觀點，見羅香林，《唐代文化史》（台北：台灣商務印書館，1955年），頁173-174。

8　方東美，《方東美先生演講集》（台北：黎明文化，2004年），頁305 308；Hao Chang, 'Contemporary Neo-Confucianism and the Intellectual Crisis of Contemporary China', in Charlotte Furth ed., *The Limits of Change: Essays on Conservative Alternatives in Republication China* (Cambridge MA., Harvard University Press, 1976), pp.276-302；林鎮國，《辯證的行旅》（台北：立緒文化，2002年），頁255-260。

9　以上有關科學主義的討論，主要參考 F. A. Hayek, *The Counter-Revolution of Science: Studies on the Abuse of Reason* (New York: Free Press, 1952), pp. 15-16；D. W. Y. Kwok, *Scientism in Chinese Thought 1900-1950* (New Haven and London: Yale University Press, 1965), pp. 20 -24；Tom Sorell, *Scientism: Philosophy and the Infatuation with Science* (New York and London: Routledge, 1991), pp. 1-3；Shiping Hua, 'Scientism and Humanism', in Antonio S. Cua ed., *Encycolpedia of Chinese Philosophy* (New York and London: Routledge, 2003), pp. 663-669.

10　勞思光，《虛境與希望——論當代哲學與文化》（香港：中文大學出版社，2003年），頁19。更見勞思光，《文化問題論集新編》（香港：中文大學出版社，2000年），頁99-111。

11　參考林鎮國，《空性與現代性：從京都學派、新儒家到多音的佛教詮釋學》（台北：立緒文化，1999年），頁72-84；金耀基，〈從現代化觀點看新儒家〉，《中國論壇》第15卷，第1期（1982）：28-32。

自身理論實有可供繼續發揮的元素，從而達到開新的結果；透過開新，佛、儒、道遂能更加了解自己，藉以做到返本的效果。換言之，返本和開新在表面上雖是兩項工作，但其實是二而一，一而二。着重返本者亦有關注開新的事宜；致力開新者同樣強調返本的重要。在這一意義下，近代三教人士的主要分別實只是在返本和開新的工作上有着不同的比重而已，這些人士之間不但不是處一對立的狀態，彼此的工作更是相輔相成，這點尤請讀者留意。下文即以返本和開新作為討論的脈絡，探討近代三教人士的工作和彼此的互動概況。

◎ 第二節　返本

所謂「返本」，循常識的角度可指回到一事情的原初狀態，以求獲得其「真」面貌或「真」精神[12]。承本書的脈絡，佛、儒、道之所以在近代失去活力或生命力，主要原因是彼此過分模仿對方，以致失去各自的特色。是以，三教如要重新為自己賦予活力或生命力，其中一個最直接的方法當是了解自身思想或信仰的歷史，從而知道自己的教義如何演變，藉以弄清自身理論究竟在什麼關節上出現了問題，而近代中國興起的佛教史及哲學史撰作即以上述思維為其中一個背景[13]。事實上，吾人可以發現自上世紀初開始中國思想界即湧現大量涉及思想敘述的歷史著作，其範圍有探討儒、道等古代中國哲學的演變，亦有專門討論佛教在華的發展。前者的著名例子包括謝無量的《中國哲學史》（1916 年出版）、胡適（1891－1962）的《中國哲學史大綱》（1918 年出版），以及馮友蘭的《中國哲學史》（1930 年出版）等；後者的例子則有蔣維喬（1873－1958）的《中國佛教史》（1935 年出版）、湯用彤的《漢魏兩晉南北朝佛教史》（1938 年出版）和黃懺華（1890－1977）的《中國佛教史》（1940 年出版）等。諸位先生在各自著作中的立論和結論或有不同，但其目的卻頗為一致：透過探討思

想的演變，一方面發現佛、儒、道等思想的真實面貌，以重溯不同思想的自身身份；另一方面，則希望發現傳統思想的利弊，以冀能夠推陳出新[14]。簡言之，即是希望透過整理各種思想的歷史，以達到返本和開新的結果。以佛教的情況為例，湯用彤先生在《漢魏兩晉南北朝佛教史·跋》便有言：

> 中國佛教史未易言也。佛法，亦宗教，亦哲學。宗教情緒，深存人心。往往以莫須有之史實為象徵，發揮神妙之作用。故如僅憑陳迹之蒐討，而無同情之默應，必不能得其真。哲學精微，悟入實相。古哲慧發天真，慎思明辨。往往言約旨遠，取譬雖近，而見道深弘。故如徒於文字考證上尋求，而乏心性之體會，則所獲者其糟粕而已。[……]然敝帚自珍，願以多年研究之所得，作一結束。惟冀他日國勢昌隆，海內又安。學者由讀此編，而於中國佛教史繼續述作。俾古聖先賢偉大之人格思想，終得光輝於世。則拙作不為無小補矣。[15]

12　此所以強調「常識的角度」，是因為「返本」亦是當代新儒家的一個主要工作，但其所謂「返本」卻指返回吾人的本心。我們於此暫不討論當代新儒家之意，而先循常識的角度進行分析。

13　有論者把其時用歷史的方法來整理思想的這一做法歸因於科學方法的盛行，如楊國榮，《實證主義與中國近代哲學》（上海：華東師範大學出版社，2017 年），頁 86-91。惟值得注意者，是時人首先要有整理過去思想的需求，才會考慮應用何種方法來幫忙整理。換言之，單是科學方法的盛行不會令時人撰寫任何有關思想的歷史。科學方法雖是重要，但需求和方法兩者的主次關係還須清晰，不能混淆。

14　賀麟，《五十年來的中國哲學》（上海：上海人民出版社，2012 年），頁 33-36。更多討論，參考王汎森，《近代中國的史家與史學》（香港：三民書局，2020 年），頁 294-295。

15　湯用彤，《漢魏兩晉南北朝佛教史（下冊）》（台北：台灣商務印書館，1998 年），頁 879-880。

循引文，湯先生撰寫佛教史的首要目的正是欲弄清佛教的性質和真貌，從而使中國佛教能繼有發展 16。為了弄清佛教的性質和真貌，近代治佛教史者乃有把討論重心放在印度佛教的必要 17。誠如印順法師在《印度之佛教》的〈自序〉言：

> 為學之方針日定，深信佛教於長期之發展中，必有以流變而失真者。探其宗本，明其流變，抉擇而洗鍊之，願自治印度佛教始。察思想之所自來，動機之所出，於身心國家實益之所在，不為華飾之辯論所蒙，願本此意以治印度之佛教。18

強調印度佛教的正統地位，遂衍生出對中國佛教的質疑 19；透過檢討中國佛教的得失，才能重新確立在華佛教的性格。前者的工作主要是對建基於如來藏思想以發展的中國佛教作出批判；後者的工作則主要表現在對印度佛教的集大成者唯識思想再作認識 20。事實上，以上兩項工作實為一體兩面：既對中國佛教作出批判，乃有必要對中國佛教以外的佛教傳統作出認識；若對中國佛教以外的佛教傳統作出認識，則當了解中國佛教在整個佛教傳統中的角色，從而對中國佛教作出相應的批判。簡言之，近代佛教人士的工作正是要重新確立何謂「真正的佛教」21。誠如大力推動佛教改革的太虛法師（1890－1947）所言：

> 佛教到中國，雖近有二千年的歷史，差不多窮鄉僻野，都有佛教，而於佛教的真相，卻猶不能明了；故佛教的精神及力量，亦不能充分顯發出來。22

惟所謂「佛教的真相」究是什麼？查佛教在近代中國的一件大事，當是唯識思想的復興。唯識是印度大乘佛教的集大成者，有關思想曾因玄奘法師從印度留學回華而一度於唐代盛行，但其在唐末以降即告衰落，至宋代開始不少重要典籍更是散佚，以致在

中國的發展幾乎中斷，這情況至清代後期才有轉變[23]。蓋曾國藩（1811－1872）命下屬楊仁山（楊文會，1837－1911）於 1866 年開始負責修復因太平天國一役而遭破壞的南京政府官邸。因楊仁山篤信佛教，故於工餘時重刻方冊藏經，時人稱其工作處為「金陵刻經處」。至 1878 年，楊仁山隨曾紀澤（1839－1890）出使英國並任駐倫敦公使參贊，期間認識留學牛津大學的日本學者南條文雄（1849－1927）。經後者的告知，楊仁山得知不少在中國早已佚失的佛典均在日本得以保存，當中包括唯識典籍。是以，

16　詳見 Thierry Meynard, 'Introducing Buddhism as Philosophy: The Cases of Liang Shuming, Xiong Shili, and Tang Yongtong', in John Makeham ed., *Learning to Emulate the Wise: The Genesis of Chinese Philosophy as an Academic Discipline in Twentieth-Century China* (Hong Kong: Chinese University Press, 2012), pp. 187-216.

17　霍韜晦認為，自中國佛教有成熟的宗派出現，中國僧人即有用自己撰作的論著來代替由梵文翻譯過來的佛教典籍之傾向。見其《絕對與圓融——佛教思想論集》（台北：東大圖書公司，2002 年），頁 343-344。惟正是如此，中國佛教的思想究竟在什麼程度上仍為佛教的思想，而不是為儒、道思想所影響的產物，遂非一不辨自明的問題。這一觀點將在下文討論，暫按下不表。

18　釋印順，《印度之佛教》（台北：正聞出版社，1985 年），〈自序〉頁 3。

19　藍吉富，《二十世紀的中日佛教》（台北：新文豐，1990 年），頁 17。

20　也有少數佛教人士對藏傳佛教作出研究，以求補足中國佛教的不足。誠如呂澂先生所言：「要從『中國的佛學』裡，發揚它積極的、進步的，而又有助於文化建設的成分，這必須參合漢藏雙方的學說，認識它的全貌，才談得上正確。」見其《西藏佛學原論》（台北：大千出版社，2003 年），頁 2。另見釋法尊，《法尊法師論文集》（台北：大千出版社，2002 年）。

21　詳見 John Makeham, 'Introduction', in John Makeham ed., *Transformative Consciousness: Yogācāra Thought in Modern China* (New York: Oxford University Press, 2014), pp. 1-38.

22　釋太虛，《中國佛學特質在禪》（高雄：佛光文化事業有限公司，1997 年），頁 182。

23　有關唯識思想在中國興衰的討論，參考湯用彤，《隋唐及五代佛教史》（台北：慧炬出版社，1997 年），頁 173-195。

於 1890 年已回南京的楊仁山遂寫信予南條文雄，並列舉書目請求後者幫忙找尋，南條文雄乃託人把近三百種的佛經注疏運到中國 [24]。至 1908 年，楊仁山在南京住處創立「祇洹精舍」以教授唯識思想、英文和中國文學等，得學生廿四人，其中十二人為僧人，十二人為居士，當中包括及後主持「武昌佛學院」的太虛法師，以及成立「支那內學院」的歐陽竟無先生等人。惟因經費所限，精舍於一年後便告結束，但其已種下近代中國佛教人士特別重視唯識思想的種子 [25]。

事實上，唯識思想再次來華正好為在華佛教的重生帶來契機，這是因為唯識既作為印度佛教的集大成者，則其一方面可用以對比中國佛教的利弊，從而使中國佛教有一反省的機會；另一方面，亦可以達到在對中國佛教作出批評之餘，不損害佛教身份的效果。換言之，唯識思想的再次引入實有助中國的佛教尋回自身的特色和身份。同屬支那內學院的呂澂先生在其〈試論中國佛學有關心性的基本思想〉一文中便有言：

> 由於中印兩方佛學思想的社會根源並不盡同，它們傳承立說之間即不期然地會有兩種的趨向。其在印度，比較晚出的大乘佛學思想和統治階級間的關係不甚密切。那時（第四世紀中印度笈多王朝盛期）受到尊崇的是婆羅門一系的宗教，佛教只以國家政策的關係未遭排斥，所以其學說思想的根源一部分還是屬於平民方面的。在它們的唯心理論裡，仍然會出現「轉依」一類的概念，隱含着要求變革現實社會的意味，即多少反映了平民對於現實社會之不滿。這樣的理論在當時印度異常龐雜的思想界裡並不顯得突出，自能聽其流行。但一傳到中國來，因為佛教主要依存於統治階級，不容其思想對那一階級的利益要求有所妨礙，所以就行不通了。這只要看像南朝梁陳之間的譯師真諦如實地介紹那種理論隨即引起激烈的反對，就可了然。至於其時北朝自元魏以來流行

的佛學思想，雖其典據也不出較晚的大乘佛學的範圍，但是經過了有意的變通遷就，採取調和的說法，肯定現實的一切（包括社會制度在內）之合理，既無所抵觸於統治階級的利益要求，自然就通行無阻。這樣的思想即表現在魏譯《楞伽經》的異解之內，而直接為《起信論》所繼承發展，不容說，它的面目已是和印度佛學異樣的了。[26]

以上一段長引文可謂呂澂先生對印度佛教和中國佛教最重要的研判。簡言之，呂先生認為印度佛教重視「轉依」，故隱含對現存狀態的不滿而要求革新；反之，中國佛教強調吾人成佛的根據，因而採取對任何事情均持一無執的態度。惟正是如此，中國佛教乃對現實世界的不足欠缺批判的反省，以致大違印度佛教要求革新的原初面貌和精神。其更言：

一在根據自性涅槃（性寂），一在根據自性菩提（性覺）。由前立論，乃重視所緣境界依；由後立論，乃重視因緣種子依。能所異位，功行全殊。一則革新，一則返本，故謂之相反也。說相反而獨以性覺為偽者，由西方教義證之，心性本淨一義，為佛學

24　事實上，南條文雄是佛教在近代中國得以復甦的一個關鍵人物，如後文述及近代中國的佛教研究極重視文獻學、考據學和語言學等方法，其便與南條文雄對楊文會的影響有莫大關係。詳見陳繼東，〈近代中日佛教徒的對話——楊文會與南條文雄的交流〉，收入劉笑敢、川田洋一編，《儒釋道之哲學對話——東方文化與現代社會國際學術會議論文集》（香港：商務印書館，2007 年），頁 75-87。

25　更多有關楊仁山的事跡，詳見 Holmes Welch, *The Buddhist Revival in China* (Cambridge MA.: Harvard University Press, 1968), pp. 2-10.

26　呂澂，《呂澂佛學論著選集·卷三》（濟南：齊魯書社，1991 年），頁 1416-1417。

本源，性寂及心性本淨之正解（虛妄分別之內證離言性，原非二取，故元寂也）。性覺亦從心性本淨來，而望文生義，聖教無徵，訛傳而已。[……] 中土偽書由《起信》而《占察》，而《金剛三昧》，而《圓覺》，而《楞嚴》，一脈相承，無不從此訛傳而出。流毒所至，混同能所，致趨淨而無門；一辨轉依，遂終安於墮落。27

指出印度佛教與中國佛教的最大分別，是前者肯認吾人當下的狀態為有執或有染，故須借助各種外緣以對治無明，藉以使吾人得以解脫；後者則逕言我們的本性已是清淨，而認為吾人只要去掉多餘的慾望即與佛無異。換言之，建基於如來藏思想以發展的中國佛教過於強調解脫的因，從而忽視解脫實須外緣的配合。是以，遂把成佛一事視作純粹向內尋求的修持經歷，而漠視解脫當是一個對外境有所回應的過程。因此，真正的佛教雖以吾人內心是否淨染及外境是否真妄為其最終關注的問題，但對於科學的真假和人倫的對錯等入世事務亦會有所關切和討論。在這一意義下，呂先生遂認為佛教不是一個僅消極地反省自己的宗教，而更是一套積極地回應世變的哲學 28。由於這已涉及佛教的開新問題，故後文將再有述及，暫按下不表 29。

隨着近代佛教人士對歷史的整理和教義的澄清，佛教的性格乃得以重新建立，而中國佛教在整個佛教中的地位亦有一較為清晰的定位。其中結果，主要有二：第一，有認為該取締中國佛教者；第二，有主張視中國佛教僅為整體佛教的一部分者。前者的主要代表是支那內學院的一群居士和學者；後者的代表則為武昌佛學院的太虛法師。對於前一種立場，呂澂先生有言：

佛家者言，重在離染轉依，而由虛妄實相（所謂幻也，染位仍妄），以着工夫。故立根本義曰心性本淨。淨之云者，妄法本

相，非一切言執所得擾亂（淨字梵文原是明淨與清淨異），此即性寂之說也。（自性涅槃、法住法位，不待覺而後存，故着不得覺字。）六代以來，訛譯惑人，離自法性自內覺證者（不據名言，謂之曰內），一錯為自己覺證，再錯而為本來覺證。於是心性本淨之解，乃成性覺。佛家真意，遂以蕩然。蓋性寂就所知因性染位而言，而性覺錯為能知果性已淨。由性寂知妄染為妄染，得有離染去妄之功行。但由性覺，則誤妄念為真淨，極量擴充，乃愈益沉淪於染妄。兩說遠懸，何啻霄壤？然性覺固貌為佛家言也。奪朱亂雅，不謂之偽說，得乎？知為偽說，不深惡痛絕之，得乎？[30]

循引文，呂先生認為中國佛教的義理實為偽說，其與印度佛教的思想根本不符。是以，佛教在中國若要振興乃有先取締中國佛教的必要。至於武昌佛學院雖同樣重視唯識等印度佛教的思想，但未有以唯識來取代如來藏一系的中國佛教，而是認為兩者當可並存。誠如太虛法師在〈我怎樣判攝一切佛法〉一文所言：

諸宗的根本原理及究竟的極果，都是平等無有高下的，祇是行上

27　呂澂，〈致熊十力函〉（1943 年 4 月 12 日），收入林安梧編，《現代儒佛之爭》（台北：明文書局，1997 年），頁 466。

28　更多討論，詳見林鎮國：《空性與現代性：從京都學派、新儒家到多音的佛教詮釋學》，頁 30-33。另參考劉宇光，〈佛家自主性思想——印、漢佛學論自主〉，收入楊國榮、溫帶維編，《中國文明與自主之道》（香港：匯智出版有限公司，2008 年），頁 193-210。

29　值得留意者，是由楊仁山、歐陽竟無和呂澂等先生開啟的一個重視唯識研究的風氣乃至學統，很大程度上是在香港得以繼承。詳見拙文〈唯識在香港的傳承〉，《中國文哲研究通訊》，第 24 卷，第 2 期（10/2014）：37-48。

30　呂澂，〈致熊十力函〉（1943 年 5 月 25 日），收入林安梧編，《現代儒佛之爭》，頁 470-471。

所施設的不同罷了。八宗既是平等，亦各有其殊勝點，不能偏廢，更不能説此優彼劣，彼高此下。31

又在《中國佛學特質在禪》一書中言：

一者、當由淨土、真言、華嚴以舉示果德之莊嚴勝妙，生起其欽慕「信」向之心。[……]二者、當由法華宗以激發其回俗事向真理，回小己向大群，回劣因向勝果之回向心。[……]三者、當由律宗各各反其理智，向己躬所起行為之動機上及現事上，克除其惡劣之習染，崇奉調和之仁德，力求復禮歸仁，以期調和互助進化優勝之實現。[……]四者、當由唯識、三論、禪宗以希願了達一切法相，打破一切謬執，證得諸法離言自性真如。32

依太虛法師，佛教不同的宗派實有不同的功能，彼此的關係當為協作，而非互相取代。唯有循這一全體佛教的眼光出發，吾人才不致自囿於某一宗派或佛教傳統的觀點，而有把握佛教全貌的可能33。惟不論是支那內學院的尊崇唯識思想，還是武昌佛學院的提倡全體佛教，其均以尋回佛教的性格為首要目的；而要尋回佛教性格的原因，當然是佛教已與儒、道等傳統中國文化過度融合所致。太虛法師對此有言：

佛教之來中國，以先有軌範人生之儒教，與祭天、祀鬼、求神仙之道教。故承受發揮者雖在大乘思想，然以人生社會已為儒化所專有，故佛法應乎少數儒道之玄學者，則為禪宗與天台、賢首，游方之外；應乎一般民眾之習俗者，則由淨土、密宗而流為專度亡靈及鬼神禍福之迷信。隨俗之習，而真正之佛法未能成中國之人群化也。且反受中國宗法社會、家族制度之影響，而將原來六和僧眾之僧團，亦化成變態之家族制。34

換言之，在華佛教早已與傳統中國的各種文化相混而失去自身的特色，只有透過重新認識佛教不是什麼，吾人才能知道佛教究是什麼。否則，若什麼都被視為是佛教的一部分，則佛教便淪為什麼都不是。因此，歐陽竟無先生在討論佛教的性質時才斷定佛教「非宗教，非哲學」[35]，而印順法師在界定何謂佛教時則重申以「三法印」為判準[36]。佛教的本質既明，則其分際乃得以清晰，這為時人重新檢討佛教與儒、道的關係踏出了重要一步。惟在更作討論以前，讓我們先介紹儒家在返本一事上的工作。

跟佛教相同，儒家在近代亦經歷了一個尋找自身身份的過程。事實上，儒家既長時期作為傳統中國社會的主流價值，則自認儒者的人數理應甚多；惟意識到儒家當反省儒家之所以為儒家的人物卻似乎較少，馬一浮（1883－1967）和熊十力兩位先生可謂當中的代表人物[37]。誠如馬一浮先生於《宜山會語》言：

31　釋太虛著，釋印順編，《太虛大師選集（下）》（新竹：正聞出版社，2013 年），頁 235-256。

32　釋太虛，《中國佛學特質在禪》，頁 178-180。

33　更多討論，見郭朋，《太虛思想研究》（北京：中國社會科學出版社，1997 年），頁 29-37。

34　釋太虛，〈人生佛學的說明〉，收入太虛大師全書編纂委員會編，《太虛大師全書（第五冊）》（台北：太虛大師全書影印委員會，1970 年），頁 205-216，引文則見頁 207。

35　歐陽竟無，〈佛法非宗教非哲學〉，收入黃夏年編，《歐陽竟無集》（北京：中國社會科學出版社，1995 年），頁 1-13。

36　印順法師，《以佛法研究佛法》（台北：正聞出版社，1992 年），頁 1-14。

37　王汝華，《現代儒家三聖（下）——梁漱溟、熊十力、馬一浮論宋明儒學》（台北：新銳文創，2012 年），頁 330-331。

> 如今一般為學方法，只知向外求事物上之知識，不知向內求自心
> 之義理。不能明體，焉能達用？侈談立國而罔顧立身，不知天下
> 國家之本在身，身向不能立，安能立國？今謂欲言立國，先須立
> 身，欲言致用，先須明體。體者何？自心本具之義理是也。義理
> 何由明？求之六藝乃可明。(〈說忠信篤敬〉) [38]

循引文，吾人若要為社會尋找救亡之道，首先要明白我們的心性
有着什麼特性；而對心性的探討正是儒家所長。馬先生認為，儒
家的體正是吾人的心性，而「六藝」即為吾人心性所顯生的用 [39]。
蓋傳統儒家的六藝初指禮、樂、射、御、書、數，馬先生則以六
藝指涉《詩》、《書》、《禮》、《樂》、《易》、《春秋》等六經。惟對於
六經，他認為我們當不能執取表面的文字，而當對其作一合乎時
代需要的闡釋：自然科學即屬《易》；社會科學和人文科學則為
《春秋》；文學和藝術可統於《詩》和《樂》；政治、法律和經濟
等科目則同《書》和《禮》。簡言之，馬先生認為當代一切知識
的所涉範疇實已包含在傳統儒家的學問之中，關鍵只是吾人的心
性是否足夠明徹以察覺這點。如其言：

> 大凡學術有個根源，得其根源才可以得其條理；得其條理才可以
> 得其統類。然後原始要終，舉本該末，以一御萬，觀其會通，明
> 其宗極，昭然不惑，秩然不亂，六通四辟，小大精粗，其運無乎
> 不備。孔子曰：「吾道一以貫之」；《大學》所謂知本、知至，便
> 是這個道理。所以說天下萬事萬物，不能外乎六藝，六藝之道，
> 不能外於自心。(〈說忠信篤敬〉) [40]

是以，儒者當沒有以中學來排斥西學的道理；同樣，支持西學的
人士亦不須貶抑包括儒家以內的中學。正是由於一切學問的根源
在於我們的心性是否明徹，馬先生才認為我們當前的要務是「復
性」，其亦即回復吾人的本來心性。誠如馬先生於《復性書院講

錄‧復性書院緣起敘》所言：

> 夫人心之歧，學術之弊，皆由溺於所習而失之，復其性則同然
> 矣。［……］自誠明謂之性，自明誠謂之教。教之為道，在復其性
> 而已矣。[41]

引文圖透過重新確定儒家的特性來回應世變的意圖甚明。事實
上，除了馬一浮先生以外，熊十力先生同樣強調心性的重要，並
認為儒家所論的仁心即為心性之「體」。熊先生在《新唯識論‧
語體文本‧卷上》便有言：

> 仁者本心也，即吾人與天地萬物所同具之本體也。（〈卷上〉）[42]

並言：

> 余談至此，當將體用大義酌為提示，作一總結。一、實體是具有
> 物質、生命、心靈等複雜性，非單純性。二、實體不是靜止的，
> 而是變動不居的。三、功用者，即依實體的變動不居，現作萬

38　馬一浮著，虞萬里校，《馬一浮集（第一冊）》（杭州：浙江古籍出版社，1996 年），頁 56-57。

39　以下有關馬先生思想的討論，主要參考劉夢溪，《馬一浮與國學》（北京：三聯書店，2018 年），頁 92-128。

40　馬一浮著，虞萬里校，《馬一浮集（第一冊）》，頁 55。

41　馬一浮著，虞萬里校，《馬一浮集（第二冊）》，頁 1172。

42　熊十力著，蕭萐父編，《熊十力全集（第三卷）》（武漢：湖北教育出版社，2001 年），頁 397。

行，而名之為功用，所以說體用不二。四、實體本有物質、心靈等複雜性，是其內部有兩性相反，所以起變動而成功用。功用有心靈、物質兩方面，因實體有此兩性故也。五、功用的心、物兩方，一名為闢，一名為翕。翕是化成物，不守其本體。闢是不化成物，保任其本體的剛健、炤明、純粹諸德。一翕一闢，是功用的兩方面，心、物相反甚明。六、翕闢雖相反，而心實統御乎物，遂能轉物而歸合一，故相反所以相成。[43]

循熊先生，吾人的仁心永遠活潑和具創造性，故我們若能把握一己的仁心則能奮勇向前，永不停步。換言之，儒家思想是最莊敬自強的一套思想，其亦是儒家最珍貴的精神[44]。

至此，馬、熊兩先生主張吾人當返回儒家之本的意向非常清晰，只是兩人的儒家式返本並非如佛教般主張要尋回佛教的本意，而是直接要我們返回儒家力陳的仁心。這即有一點值得我們注意：兩先生對儒家之本的理解很大程度上是根據自己獨特的闡釋，而非根據傳統儒家的典籍，故其觀點遂或未能為時人所認同。誠如馬一浮先生在《泰和會語》有言：

今言六藝統攝一切學術，言語說得大廣，不是徑省之道，頗有朋友來相規誡，謂先儒不會如此。若依此說法，殊欠謹嚴，將有流失，亟須自己檢點。此位朋友某深感其相為之切，故向大眾舉出，以見古道猶存於今日，是不可多得的。然義理無窮，先儒所說雖然已詳，往往引而不發，要使學者優柔自得。學者尋繹其義，容易將其主要處忽略了。不是用力之久，自己實下一番體驗功夫，不能得其條貫。若只據先儒舊說，搬出來詮釋一回，恐學者領解力不能集中，意識散漫，無所抉擇，難得個入口處，所以要提出個統類來。[……]學者雖一時湊泊不上，然不可不先識得個大體，方不是捨本而求末，亦不是遺末而言本。今舉六藝之

道，即是拈出這個統類來。(〈舉六藝明統類是始條理之事〉) [45]

熊十力先生亦於《讀經示要》曰：

> 學者求聖人之意，要當於文言之外，自下困功。所謂為仁由己，
> 與仁者先難而後獲是也。必真積力久，庶幾於道有悟，而遙契聖
> 心。否則只是讀書，畢竟不聞聖學。[46]

足見馬、熊兩先生的觀點實有為時人質疑的地方。綜以上討
論，吾人可見佛、儒兩家對於返本雖同樣重視，但彼此所使用的
方法卻大為不同：佛教人士先採治史的方法來整理過去思想，
再循印度佛教尤其唯識思想來補足中國佛教的不足，當中涉及的
方法包括歷史、文獻、考據、語言和哲學等多種，足見其時佛
教人士用以返本的做法實極為嚴謹。唯有如此，才能確保在華
佛教的質素得以改善之餘，而不會被詬病為違反佛教的意思。
但另一方面，佛教亦因此容易顯得僵化，而在開新上或稍見遲
緩 [47]；反之，近代儒者對儒家思想的闡釋則顯得跳脫，其常不為
文字的表面意思所圍。相關做法固然使儒家較為容易達到開新的

43　熊十力著，蕭萐父編，《熊十力全集（第七卷）》，頁 166-167。

44　參考劉述先，《論儒家哲學的三個大時代》，頁 202-209。

45　馬一浮著，虞萬里校，《馬一浮集（第一冊）》，頁 24-25。

46　熊十力著，蕭萐父編，《熊十力全集（第三卷）》，頁 566。

47　參考釋法舫，《唯識史觀及其哲學》（台北：天華出版社，1978 年），
頁 6；龔鵬程，《儒學新思》（北京：北京大學出版社，2009 年），頁 340-341。

效果，但卻因為欠缺歷史或文獻的支持而容易為人質疑不符儒家本義[48]。簡言之，雙方在返本上的不同做法實影響各自的開新程度，惟這一觀點將在後文再在補充。討論至此，我們似僅說明近代佛、儒人士的返本工作，卻未涉這些人士之間的互動。但事實上，上述的返本工作與近代佛、儒人士的互動有莫大關係，以下即對此議題作出分析。

◎ 第三節　近代儒佛之爭

在進一步討論以前，有一點需要說明：循哲學研究的角度，佛教和儒家在義理上的交鋒固然當是吾人關心的焦點；但從思想史的角度出發，則我們看待同一爭論的重心也許更應放在相關人士之所以如此爭論的背景或目的。這是因為佛教和儒家在經歷長期的三教合流下，其於近代竟再次強調雙方實有論辯的必要，當中必定涉及特別的原因；而只有明白這些特別的原因，我們才能評價參與是次論爭的人士的說法究竟有何意義。換言之，只有了解他們為何（why）要如此理解佛教和儒家，吾人才能知悉其如何（how）闡釋有關理論或觀點。否則，若逕從這些佛、儒人士如何闡釋自身理論的這一角度出發，則恐容易忽視他們之所以如此理解相關理論的深層原因或動機，以致未能掌握評價相關工作的準繩，而只能循這些人士是否忠於文獻或是否具有創意等較表面的層次來看待問題[49]。

至於近代的儒佛之爭主要指熊十力先生循其所了解的儒家義理來駁斥佛教思想，以及支那內學院一眾居士和學者對熊先生的反駁[50]。蓋熊先生曾隨歐陽竟無先生在支那內學院學習唯識，繼而在北京大學講授佛學。惟他在北大教學時卻漸以佛教的義理來凸顯儒家的殊勝，如他在《新唯識論・語體文本》中言：

佛家談本體，畢竟於寂靜的方面提揭獨重。此各宗皆然，禪師亦爾。儒家自孔孟，其談本體，畢竟於仁或生化的方面提揭獨重。《大易》《論語》，可以參證。會通佛之寂與孔之仁，而後本體之全德可見。夫寂者，真實之極也，清淨之極也，幽深之極也，微妙之極也。無形無相，無雜染，無滯礙，非戲論安足處所。默然無可形容，而強命之曰寂也。仁者，生生不容已也，神化不可測也，太和而無所違逆也，至柔而無不包通也。本體具備萬德，難以稱舉。唯仁與寂，可賅萬德。偏言寂，則有耽空之患。偏言仁，卻恐末流之弊只見到生機，而不知生生無息的真體本自沖虛也。夫真實、清淨，生生所以不容已也，幽深、微妙，神化所以不可測也。無方相乃至無滯礙，而實不空無者，唯其仁也。51

循熊先生，吾人所身處的世界的實相當兼「仁」和「寂」兩種特性，前者主創造以顯生生不息，後者則主成就以讓萬物馳騁。惟佛教僅偏於寂，儒家則仁、寂皆能重視，故儒家比佛教更為殊勝。至於儒家仁、寂兼備的精神即具體表現在《周易》「一翕一

48　詳見 Serina N. Chan, *The Thought of Mou Zongsan* (Leiden: Brill, 2011), pp. 288-294；劉笑敢，《詮釋與定向——中國哲學研究方法之探究》（北京：商務書館，2009 年），頁 45-54。

49　更多討論，見拙文〈略論方東美先生對華嚴的詮釋——回應屈大成先生〉，《鵝湖學誌》第 50 期（6/2013）：243-253；〈論儒學在唐君毅先生哲學中的角色——杜保瑞教授文章讀後〉，《哲學與文化》第 513 期（2/2017）：185-200。另見拙作 *Thomé H. Fang, Tang Junyi and Huayan Thought: A Confucian Appropriation of Buddhist Ideas in Response to Scientism in Twentieth-Century China* (Leiden: Brill, 2016), pp. 198-199.

50　有關這場論爭的經過，詳見景海峰，《新儒學與二十世紀中國思想》（鄭州：中州古籍出版社，2005 年），頁 109-113。

51　熊十力著，蕭萐父編，《熊十力全集（第三卷）》，頁 406。

闢」的道理之中。熊先生在《新唯識論・文言文本・轉變》有言：

> 夫動而不可禦，詭而不可測者，其唯變乎！誰為能變？如何是變？變不從恆常起，恆常非是能變故。變不從空無生，空無莫為能變故。爰有一物，其名恆轉。淵兮無待，湛兮無先，處卑而不宰，守靜而弗衰。此則為能變者哉！變復云何？一翕一闢之謂變。原夫恆轉之動也，相續不已。[52]

熊先生以上有關佛教的闡釋惹來支那內學院的居士和學者的不滿，認為熊先生對佛教實存着誤解。呂澂先生在予熊先生的一封信中便言：

> 足下謂就所知以談佛學，此自是要好之意。但前後來信，強不知以為知，其處亦太多矣。即如流行一義，在佛家視之，原極平常。《般若》九分，歸結於九喻有為一頌，龍樹、無著之學均自此出。遣流諸行，佛家全盤功夫，舍此又何所依？問題所在，乃是此流行染淨真妄之辨，與相應功行革新（前函曰創新意猶不顯故改之）返本之殊耳。尊論漫謂佛家見寂而不見化，此咬文嚼字之談，豈值識者一笑。[53]

力陳佛教的性寂思想同樣強調吾人對外境的回應並重視革新，非如熊先生所言的純粹偏寂而缺乏活力[54]。事實上，熊先生對佛教的批評似是宋儒闢佛的一個延續或翻版[55]，惟隨着三教關係自明代開始得以改善，以及近人對唯識加強研究從而對佛教義理更作認識，熊十力與呂澂等諸先生的爭論似乎已欠缺實際意義和理論價值。因佛、儒早已不把對方視為自己的競爭對手，而唯識在很大程度上亦已補救佛教予人不能入世的印象。是以，有論者或認為類似爭論僅旨在互爭高下，當中可謂沒有多少值得討論的地方[56]。

但我們若循思想史的角度出發，則當要問何以熊先生竟在近代再以佛教來和儒家作一對揚，而非僅是對熊先生的觀點表示支對或反對而已。簡言之，熊先生提出其論述的動機或比其立論水平更值得我們注意。誠如林鎮國先生指出，吾人對熊先生就佛教所作闡釋的理解，實不能離開其以為儒家和佛教究竟何者更能回應現代挑戰的這一角度來分析。換言之，熊先生對佛教的批評乃根據其認為佛教實不能入世的這一老問題而開展 57。是以，熊先生雖對佛教作出大規模的闡釋，惟這些闡釋實在不同程度上圍繞佛教不能入世的這一基本立場而進行 58。誠如熊先生在《十力語要》中言：

> 儒家與印度佛家同為玄學，其所不同者，一主入世，一主出世而

52　熊十力著，蕭萐父編，《熊十力全集（第二卷）》，頁 40-41。更多有關熊先生上述觀點的討論，參考 John Makeham, 'Xiong Shili's Critique of Yogācāra Thought in the Context of His Constructive Philosophy', in John Makeham ed., *Transformative Consciousness: Yogācāra Thought in Modern China*, pp. 242-282.

53　呂澂，〈致熊十力函〉（1943 年 5 月 25 日），收入林安梧編，《現代儒佛之爭》，頁 471。

54　更多有關呂、熊兩先生論爭的分析，見 Chen-kuo Lin, 'The Uncompromising Quest for Genuine Buddhism: Lü Cheng's Critique's Critique of Original Enlightenment', in John Makeham ed., *Transformative Consciousness: Yogācāra Thought in Modern China*, pp. 343-374.

55　李澤厚即強調所謂新儒家的諸位先生未能超越宋明理學的立論範圍和水平。見其《說儒學四期》（上海：上海譯文出版社，2012 年），頁 111-114。

56　如杜保瑞便認為凡是儒、佛的爭論均沒有價值，見其《中國哲學方法論》（台北：台灣商務印書館，2013 年），頁 360-361。

57　林鎮國，《空性與現代性：從京都學派、新儒家到多音的佛教詮釋學》，頁 71-84。

58　參考景海峰，《新儒學與二十世紀中國思想》，頁 115-122；楊惠南，《當代佛教思想展望》（台北：東大圖書公司，2006 年），頁 203-214。

已。[……]唯佛主出世，故其哲學思想始終不離宗教；儒主入世，故其哲學思想始終注重倫理實踐。(〈卷二〉)[59]

並言：

夫佛家雖善言玄理，然其立教本旨，則一死生問題耳。因怖死生，發心趣道，故極其流弊，未來之望強，現在之趣弱；治心之功密，辨物之用疏；果以殉法，忍以遺世；淪於枯靜，倦於活動。(同上，〈卷四〉)[60]

足見其對佛教的不滿主要源於他認為佛教未能入世，一如宋儒對佛教的批評。吾人於此對佛教在多大程度上可以成功建構一套入世的價值觀不作評論[61]，而僅指出一點：近代儒佛的爭論有助凸顯雙方的特色，從而讓人更能明白彼此的分際；透過澄清儒佛的分際，相關人士才知自身理論的優劣利弊，從而一方面能保持自己的身份之餘，另一方面能更好地了解自身信仰與他者之間的關係[62]。是以，印順法師雖不同意熊先生對佛教的抨擊，但卻肯認熊先生相關觀點實有助佛教人士反省自身的理論，並對佛、儒之間的分際更作了解，如他在〈評熊十力《新唯識論》〉一文所言：

新論［《新唯識論》］的「融佛之空以入易之神」，雖未能確當，但有兩點值得同情的。一、「行情」與「空寂」，為佛法兩大論題；依行業而有流轉與雜染，依空寂而有解脫與清淨。在近代學者的著述中，能尊重此義，極為難得！二、關於儒佛，新論不說三教同源，不說儒佛合參，不說「真儒學即真佛學」；關於空有，不說空有無諍，不說「龍樹無著兩聖一宗」。雖仍不免附會，但自有常人所不及處。[63]

印順法師對熊先生的認同之處，正好是本章一直強調的一點：近代佛、儒人士均要尋回自身的特色和身份。事實上，隨着時空和背景等因緣的不同，內容近似的儒、佛論辯在過去和現在即有不同的意義，惟這一觀點只能在思想史的脈絡下才可為吾人發覺[64]。換言之，我們實不應視近代的儒、佛之爭為僅是宋儒闢佛的翻版，更不可把其簡單理解為是儒、佛人士的意氣之爭，而當思考近代人士再次提出有關論爭的理由所在。事實上，熊先生批評佛教未能入世的這一主張，是否在一定程度上有助鞭策後者當更要循入世的方向來發展自身形態？這一點或值得我們注意。惟無可否認，熊十力和呂澂等先生的論辯性質還是以返本為主，亦即以釐清儒、佛兩家的性格為要務。返本的工作固然重要，但在科學主義的挑戰下，返本只是佛、儒等思想於近代求存的第一步。佛、儒人士若要維持活力，則有改善自身思想以回應世變的必要，這即把我們的討論帶到開新的這一範疇。

---

59   熊十力著，蕭萐父編，《熊十力全集（第四卷）》，頁 171。

60   熊十力著，蕭萐父編，《熊十力全集（第四卷）》，頁 508。

61   事實上，熊、呂等先生的觀點均有正確的地方，惟亦有可供商榷之處。這是因為佛教相對儒家而言或較未有積極處理入世的問題，但卻不能因此推斷佛教即不能入世，問題的關鍵只是用以比較佛教特色的對象究是什麼而已。對這議題有興趣的讀者，可參考 Jake H. Davis ed., *A Mirror is for Reflection: Understanding Buddhist Ethics* (New York: Oxford University Press, 2017).

62   類以觀點，見霍韜晦，〈熊十力先生與新唯識論〉，收入林安梧編，《現代儒佛之爭》，頁 439-461。

63   釋印順，〈評熊十力《新唯識論》〉，收入林安梧編，《現代儒佛之爭》，頁 221-268，引文則見頁 221-222。

64   江燦騰，《現代中國佛教思想論集（一）》（台北：新文豐，1990 年），頁 67-74。

◎ 第四節　開新

蓋「開新」一詞有稍作解釋的必要。按字面的意思，開新一般指發掘新的元素。但何謂「新」的元素，卻在很大程度上取決於不同的情況。事實上，佛、儒兩家既為兩個思想系統，則其遂各有清楚的內容，吾人實不能主觀或任意地對之加入新的元素。否則，佛、儒兩家的系統乃容易遭受破壞。例如我們不能把一神教中自我創造的神之概念加入佛教，因這概念當與緣起性空的基本原則難以相容；吾人亦不宜把法家主張的徹底的性惡論強加於儒家，因前者與儒家人皆可成聖成賢的理想實存在難以消弭的分歧。換言之，佛、儒的開新還當依循一定的準繩，而這一準繩只有在透過兩者的返本過程中才愈見明確；佛、儒固然有新的「用」可供發揮，但其當不能離開兩者的「體」而獨立存在。是以，佛、儒在近代的開新乃不是全然無視過去的佛、儒思想而作的行動；反之，其更似是由於近代人士對佛、儒所作理解的角度已與前人不同，而對過去一些不為前人注意的元素更作珍視。在這一意義下，開新遂不僅是指佛、儒人士從過去的思想中發掘新的元素，而更是指吾人從以往的思想中發現新的作用或意義。只有明白這點，吾人才能界定什麼可屬佛、儒的開新工作，而什麼只能算是標奇立異的行為。惟在正式討論佛教和儒家的開新工作前，讓我們先順着前文有關佛、儒爭辯的論點更作討論，因前文所述實已涉及本節的要旨。

承上文，吾人既明佛、儒等不同思想的分際，則當了解不同思想實有各自的優點和缺點、強項和弱項。是以，我們當不能以一思想來凌駕甚至取代另一思想，因為一思想不論如何完善，其均只是在某些情況下可稱完善，卻不能在所有的情況下都能說比其他思想更為出色。若是，則第五章述及三教合流有三教同歸於一教的主張乃應為吾人拋棄，代之而起的當是不同思想間該知道彼

此實可分工，並藉以成就一比僅堅持自身思想更為完善的人生觀，梁漱溟先生即為持以上立場的一個典型例子。事實上，梁先生雖廣被認為是當代大儒[65]，但他實堅持自己是儒、佛並修，乃至他尊崇儒家實是基於其是佛教徒的這一理由[66]。吾人若要明白梁先生以上立場，首先當把握他對佛、儒兩家思想的大概理解[67]。簡言之，梁先生對佛、儒思想的理解大致有四。第一，佛教的終極目標是解脫，故其着眼點是出世間。換言之，佛教對世間的各種價值遂不能真正或無條件地肯定，當中包括儒家強調的人倫價值。梁先生在其第一本著作《究元決疑論》中便言：

> 如來一代大教，唯是出世間義而已。然世間凡夫耽着五欲，又見世間峙然環立，信此為實，出世為虛，雖語之正法，常生違距。[68]

並言：

65　如 Guy S. Alitto 喻梁先生為「最後的儒者」，見其 *The Last Confucian: Liang Shu-ming and the Chinese Dilemma of Modernity* (California: University of California Press, 1979), p. 3；鄭家棟則言梁先生「在新儒學思潮發展中的開山地位似乎已確定無疑」，見其《當代新儒學論衡》（台北：桂冠圖書，1995 年），頁 82。

66　梁漱溟口述，艾愷（Guy S. Alitto）採訪，《這個世界會好嗎？──梁漱溟晚年口述》（上海：東方出版中心，2006 年），頁 121；李慶餘，《在出世與入世之間：梁漱溟先生對佛學的理解與定位》（台北：台灣學生書局，2015 年），頁 328。

67　以下討論，主要以拙文為基礎：趙敬邦，〈「夫唯不盈，故能蔽而新成」──論梁漱溟佛教觀的意義〉，《志蓮文化集刊》，第 15 期（2019）：263-291。

68　梁漱溟著，中國文化書院學術委員會編，《梁漱溟全集・卷一》（濟南：山東人民出版社，2005 年），頁 15。

世間不曾有軌則可得。所以者何？一切無性故。［……］以是義故，我常說世間種種學術我不曾見其有可安立。［……］德行唯是世間所有事，世間不真，如何而有其軌則可得？……所云良知直覺，主宰制裁，唯是識心所現，虛妄不真。[69]

簡言之，梁先生對佛教的理解與宋儒可謂大致相同。第二，佛教既未能對世間的價值真作肯定，則其在「開物成務」等屬世間法範疇的事情上乃不能擔當積極角色。但世間法既為吾人日常生活所不可或缺，而佛教亦強調「真俗相即」故認為吾人的解脫實不能離開世間法[70]，則在這一意義下佛教遂不當是吾人在任何時候均應優先採納的一種價值。第三，佛教雖在理論上不以實現世間的各種價值為其終極關懷，但在實踐上還是有認同世間各種價值的必要。因此，梁先生主張佛教當權宜地認同吾人當介入世間事務，而不能遽言解脫。第四，佛教既一方面認同世間價值的必要，另一方面卻不能對這些價值作無條件的肯定，故佛教對這些價值的認識乃不必然比其他重視人倫價值或社會建設的思想深刻；反之，佛教在某些情況下實可向不同思想學習。是以，梁先生認為佛教當與不同的思想甚至宗教合作，而在中國的脈絡下，儒家遂自然成為佛教的主要合作對象。如其在〈儒佛異同論〉一文所言：

儒家從不離開人來說話，其立腳點是人的立腳點，説來説去總還歸結到人身上，不在其外。佛家反之，他站在遠高於人的立場，總是超開人來說話，更不復歸結到人身上──歸結到成佛。前者屬世間法，後者則出世間法，其不同彰彰也。[71]

又言：

從其［佛教］為一大宗教來說，則方便法門廣大無量而無定實。

[……] 由是須知佛教實是包涵着種種高下不等的許多宗教之一總稱。人或執其一而非其餘，不為通人之見也。[……] 蓋即着重在其雖多而不害其為一。此一大旨歸如何？淺言之，即因勢利導，俾眾生隨各機緣得以漸次進於明智與善良耳（不必全歸於出世法之一途）。[……] 儒佛本不可強同，但兩家在這裡卻見其又有共同之處。[72]

「儒佛本不可強同，但兩家在這裡卻見其又有共同之處」一句可謂本章討論佛、儒乃至三教互動的一個總綱領：不同思想或宗教顯然不同，故我們不能混而論之，一如部分持三教合流理論的人士或《菜根譚》的觀點所主張；但不同思想或宗教在一個更大的目標或過程之下，卻可以因為扮演不同角色而被吾人視為一致。正是佛教和儒家的強項分別是出世間法和世間法，而出世間法之得以實現又有賴世間法的完善，故佛、儒兩家當可並存[73]；而透過兩者的分工協作，佛、儒的強項均能得以發揮之餘，彼此的弱項卻能透過對方來補足，吾人遂因此得以成就一更為完善的

69　《梁漱溟全集・卷一》，同注上，頁 10-11。

70　更多討論，見釋太虛，〈即人成佛的真現實論〉，收入印順法師編，《太虛大師選集（下）》，頁 213-234；關子尹，〈現象學區分與佛家二諦學説〉，收入香港中文大學現象學與人文科學研究中心編，《現象學與人文科學（第 3 期）：現象學與佛家哲學》（台北：漫遊者文化，2007 年），頁 187-221。

71　《梁漱溟全集・卷七》，頁 154。

72　《梁漱溟全集・卷七》，頁 170。

73　更多討論，見梁漱溟，《憶熊十力先生 —— 附勉仁齋讀書錄》（台北：明文書局，1989），頁 63-64。

人生觀。誠如下一章指出，對於這一人生觀作出肯定，是近代佛、儒人士在開新方面的一個寶貴經驗，其在現今提倡多元價值的時代尤其重要。事實上，梁先生以上強調佛、儒的不同故彼此當可協作的主張，與第四章所述唐儒和宋儒的主張已有很大的不同，因兩代的儒者僅強調佛、儒的差異，卻未見儒家本身的局限而明白佛、儒應有合作的可能；但梁先生亦與第五章所論的明末人士對三教關係所採的折衷做法有很大分別，因後者在很大程度上僅是曖昧地主張儒、佛等實沒有太大的分別，以致模糊了不同思想的各自特性，或是選擇性地循自身思想的角度來強行貫穿其他思想，以求達到三教合流的效果。梁先生的做法一方面強調佛教和儒家的特性，另一方面又緩衝佛、儒之間的矛盾，是其在傳統佛、儒互動的歷史脈絡下的一大貢獻；而對於透過不同思想間當可協作以成就一更為完善的世界觀的態度，則尤是他在未來予吾人最大的啟示。

誠然，相對於佛、儒分工的主張，更多的佛、儒人士還是認為一己的信仰或信念有比對方殊勝的地方。在這一意義下，分工並非必要。但無可否認，隨着佛、儒的分際日漸清晰，彼此均不再認為一己的理念當為無懈可擊。因此，縱然有佛、儒人士認為彼此不須分工合作，但還是可向對方學習以改善自身理論的弱點[74]；而在眾多的學習例子中，不論是深度還是廣度上，當代儒者向佛教學習一事尤值得我們的關注[75]。誠然，儒家和佛教均有其各自的體和用，但彼此的體和用並非一成不變，而是可透過學習對方的用來豐富自身的用，並藉以對自身的體更作認識[76]，牟宗三先生即是上述做法的一個經典例子。承宋儒和熊十力先生的立場，牟先生堅持分辨儒佛之別，甚至認為儒家在義理上當比佛教殊勝。誠如他在《心體與性體》所言：

佛教發展至如來藏之真常心（自性清淨心），其真如空性與緣生

之關係幾似乎可以體用論矣。此形態之相似也。然由於其宗義之殊異（仍是佛），其體用義仍不可以無辨也。[77]

指出佛教雖言體、用，但其畢竟與儒家的體、用有異，以致前者不能積極地回應世間的各種人倫關係和有益社會建設，此所以牟先生嚴批佛教曰：

凡佛老之徒，其心必冷必忍，故必須自封自限，不可外出牽連世事。所謂慈悲渡人渡世等等宣傳，最好還是收起，庶可少造孽。作個阿羅漢而為小乘，是其本分。過此以往，即變質。變質即不是其教所能勝任。大乘之任非轉入儒教不可。[78]

惟如前文所述，隨着儒家和佛教均面對科學主義等西方文化的衝擊，儒、佛的關係已不能再停留在嚴分彼此的分別，或僅是在人生歷程上作出分工，而是當學習對方的長處來壯大自己，藉以能夠有效地回應科學主義的挑戰。牟先生的做法即先利用佛教《大乘起信論》中「一心開二門」的思考模式，來釐清儒學與科學知

74　事實上，近代中國學者主張向自己不太熟練的思想學習的情況極多，諸子百家、西方哲學和佛教等均是其中主要學習對象。詳見張灝，《烈士精神與批判意識 ── 譚嗣同思想的分析》（桂林：廣西師範大學出版社，2004年），頁 12-20。

75　參拙作 King Pong Chiu, *Thomé H. Fang, Tang Junyi and Huayan Thought: A Confucian Appropriation of Buddhist Ideas in Response to Scientism in Twentieth-Century China*, pp.42-50.

76　賀麟，《五十年來的中國哲學》，頁 30。

77　牟宗三，《心體與性體（一）》（台北：正中書局，1999 年），頁 580。

78　牟宗三，《歷史哲學》（台北：台灣學生書局，2000 年），頁 145。

識或道德心與認知心之間的關係。傳為真諦法師所譯的《大乘起信論》有曰：

> 顯示正義者，依一心法，有兩種門。云何為二？一者心真如門，二者心生滅門。二門皆各總攝一切法。此義云何？以是二門不相離故。[……]心真如者，即是一法界大總相法門體。所謂心性不生不滅，一切諸法，唯依妄念而有差別。是故一切法，從本已來，離言說相，離名字相，離心緣相，畢竟平等，無有變異，不可破壞，唯是一心，故名真如。[……]心生滅者，依如來藏故有生滅心。所謂不生不滅與生滅和合，非一非異，名為阿黎耶識。此識有二種義，能攝一切法，生一切法。云何為二？一者覺義，二者不覺義。[……]所言不覺義者，謂不如實知真如法一故，不覺心起而有其念。念無自相，不離本覺。又如迷人，依方故迷。若離於方，則無有迷。眾生亦爾，依覺故迷。若離覺性，則無不覺。以有不覺妄想心故，能知名義，為說真覺。若離不覺之心，則無真覺自相可說。

循引文，吾人不同的心或能力實沒有矛盾，惟不同的心或能力當有主從之分，此即阿賴耶識當依如來藏而有的意思。牟先生認為這「一心開二門」的思考模式實具有普遍性，值得持不同思想的人士所注意。誠如他在《中國哲學十九講》所言：

> 依據這些真常經所造成的《大乘起信論》，最主要的是提出「一心開二門」的觀念，也就是先肯定有一超越的真常心，由此真常心再開出「真如」與「生滅」二門。[……]至於《大乘起信論》所提出之「心」乃是超越的真常心，此真常心是一切法的依止；所謂一切法，乃是包括生死流轉的一切法，以及清淨無漏的一切法。這一切法的兩面，都依止於如來藏自性清淨心，「依」是依靠的依，「止」就好像說『止於至善』的那個止。一切法都依

止於如來藏自性清淨心，就表示由如來藏自性清淨心可以開出二門，一是生滅門，指的是生死流轉的現象，有生有滅，剎那變化，所謂「諸行無常、諸法無我」；另一則是真如門，即開出清淨法界門。「真如」是針對無漏清淨法而講的。如此一來，「一心開二門」的架構也就撐開來了，這是哲學思想上一個很重要的格局。這個格局非常有貢獻，不能只看作是佛教內的一套說法。我們可以把它視為一個公共的模型，有普遍的適用性，可以拿它來對治一個很重要的哲學問題。這也是我這幾年反覆思考，才看出來的。[79]

事實上，牟先生正是為上述「一心開二門」的思想所啟發，以發展出一套涉及儒家思想與科學知識或道德心與認知心關係的看法：吾人須以道德心來統攝認知心；否則，認知心乃容易被用以做違反道德的事情。承以上觀點，牟先生認為中國佛教的天台宗強調「開權顯實」，其重視吾人要用靈活手段以實現最終目的之態度甚值得吾人重視。誠如他在《佛性與般若》所言：

我既非佛弟子，我根本亦無任何宗派之偏見。然當我着力浸潤時，我即覺得天台不錯，遂漸漸特別欣賞天台宗。[……]吾人以為若不通過天台之判教，我們很難把握中國吸收佛教之發展中各義理系統（所謂教相）之差異而又相關聯之關節。[80]

79　牟宗三，《中國哲學十九講：中國哲學之簡述及其所涵蘊之問題》（台北：台灣學生書局，1991 年），頁 290-291。

80　牟宗三，《佛性與般若（上冊）》（台北：台灣學生書局，2004 年），〈序〉頁 7。

簡言之，天台宗的判教精髓即是前述開權顯實的精神，而最能反映牟先生開權顯實的精神者當是「良知之坎陷」的說法：吾人若要成就科學知識，首先有發揮認知心的必要；如要有效發揮認知心，道德心便須暫時隱退。牟先生在《現象與物自身》即言：

> 知體明覺之自覺地自我坎陷即是其自覺地從無執轉為執，自我坎陷就是執。坎陷者下落而陷於執也。不這樣地坎陷，則永無執，亦不能成為知性（認知的主體）。它自覺地要坎陷其自己即是自覺地要這一執。[81]

儒家若能更加強調開權顯實的精神，則其遂不當是一個僵化的系統，而是一套甚為靈活的思想。我們於此並非要檢討牟先生以上看法是否合理[82]，而是要指出牟先生正是利用佛教的用來豐富儒家的用，從而嘗試釐清儒家的體的一個例子[83]。正是近代儒者闡釋佛教思想往往涉及深層的原因，故熊十力先生才提醒我們不能輕言「以佛釋儒」或「援佛入儒」云云，否則當永不能理解這些儒者的工作實有着什麼目的，以及這些工作究屬什麼性質等問題。惜不少學者在理解近代儒者的工作時仍未能思考背後的原因，以致亦未能有效地從前人的經驗中學習，這一點吾人當引以為戒[84]。

相比儒家，佛教在開新方面似相對消極，這主要表現在兩方面：第一，佛教人士就不同思想之間當要分工的論述可謂貧乏，上述梁漱溟先生的例子或可視為孤例；第二，佛教人士認為當向他者學習的這一態度亦不太明顯，縱有之亦僅是向他者學習如寺產管理等較為技術層面者，而不涉深層的思想[85]。是以，傅偉勳乃認為近代佛教人士實無心亦無力處理佛教與傳統中國思想互動的話題[86]。有關上述的第一點，太虛法師在〈即人成佛的真現實論〉中的說法當有一定代表性：

正法期「超欲梵行」，及像法期「即欲咒術」，皆將退為旁流，而末法期佛教之主潮，必在密切人間生活，而導善信男女向上增上、即人成佛之人生佛教。[……]孔子是人乘之至聖，即於人生初行已完成者，設非佛法亦進於天乘耳。然天乘以上有偏至，老莊等即有偏至者，不若人乘平正，可為佛乘始基。與佛乘僅異其淺深狹廣之量，不異其質，故予最取孔之學行。[87]

循引文，太虛法師認為佛教的主要功能或強項是出世間的解脫法，而世間的各種價值確可交給儒家負責。在這一意義下，太虛法師和梁漱溟先生兩人的觀點似無大差異。惟太虛法師強調佛教本身亦有完善的入世思想，其可發展出一套有自身特色的入世倫理。誠如他駁斥梁漱溟先生認為佛教不能入世的這一觀點時言：

81　牟宗三，《現象與物自身》（台北：台灣學生書局，1996 年），頁 123。

82　對牟先生思想檢討的討論，可參考 Serina N. Chan, *The Thought of Mou Zongsan*, pp. 282-301.

83　有關牟先生對佛教的應用，林鎮國先生有精闢的見解，見其《空性與現代性：從京都學派、新儒家到多音的佛教詮釋學》，頁 84-92。另見 Jason Clower, *The Unlikely Buddhologist: Tiantai Buddhism in Mou Zongsan's New Confucianism* (Leiden: Brill, 2010), pp. 209-252.

84　更多討論，參考拙文，〈論儒學在唐君毅先生哲學中的角色 —— 杜保瑞教授文章讀後〉；〈中國哲學研究方法論芻議 —— 反省劉笑敢教授「反向格義」與「兩種定向」的觀點〉，《鵝湖學誌》，第 62 期（6 / 2019）：127-160。

85　如太虛法師認為佛教可借鑒天主教的教會組織來重整佛教僧團的管理即為當中例子，詳見 Don A. Pittman, *Toward a Modern Chinese Buddhism: Taixu's Reforms* (Honolulu: University of Hawaii Press, 2001), pp. 143-152.

86　傅偉勳，《佛教思想的現代探索》，頁 176-177。

87　釋太虛，〈即人成佛的真現實論〉，收入釋印順編，《太虛大師選集（下）》，頁 213-234。以上引文見頁 215-217。

梁漱溟提出的兩大問題：一曰、其實這個改造是做不到的事，二曰、如果作到也必非復佛教。今可併為一言辭決：則說明人乘法原是佛教直接佛乘的主要基礎，即是佛乘習所成種性的修行信心位；故並非是改造的，且發揮出來正是佛教的真面目。此因釋迦出世的本懷，見於華嚴、法華，其始原欲為世人——凡夫——顯示一一人生等事實三真相——若華嚴等所明；俾由修行信心——若善財童子等——進趨人生究竟之佛乘。[88]

簡言之，佛教在世間法上雖不一定比儒家所討論者為好，但卻非必然地要和儒家分工。事實上，以上態度已隱含前述的第二點：由於佛教的理論已然完善，故亦不必向儒家等他者學習[89]。佛教本有屬於自己的世間法，其亦是大乘佛教的真正精神，只是這一精神在過去的中國社會未能好好發揮而已。因此，只要重拾佛教尤是大乘佛教的本來面貌，則足以回應時代的各種需要，佛教這一入世精神正為太虛法師建構其「人生佛教」理論的基礎[90]；而在某程度上，太虛法師強調佛教的入世一面實受梁漱溟先生刺激。在這一意義下，吾人又可視「人生佛教」為近代佛、儒人士互動下的產物，雖然縱使未有梁先生的元素，佛教於其時為了求存還是有入世的動力[91]。

承太虛法師認為佛教當可入世的立場，印順法師認為佛教雖有其自身的各種倫理關懷，但卻提醒吾人佛教的入世主張當和佛教以外的倫理價值有所分別，這是因為佛教的最終關懷畢竟是吾人的解脫問題，而非為了改善人倫關係或建設社會。印順法師在《契理契機之人間佛教》即言：

「人生佛教」，「人間佛教」，「人乘佛教」，似乎漸漸興起來，但適應時代方便的多，契合佛法如實的少，本質上還是「天佛一如」。「人間」、「人生」、「人乘」的宣揚者，不也有人提倡「顯

密圓融」嗎？如對佛法沒有見地，以搞活動為目的，那是庸俗化而已。[92]

是以，印順法師遂認為佛教有必要重新在歷史中探討可供入世的元素和入世應表現出來的形態，而不能因過分入世而忽略佛教的性格，這即為他提倡「人間佛教」的其中一個主旨，亦使印順法師特重佛教歷史的研究[93]。但嚴格而言，不論「人生佛教」還是「人間佛教」均未能歸入佛教開新的範疇，這是因為在華佛教在唐、宋均已強調自己有入世的一面，除非「人生佛教」和「人間佛教」有提出有異於前人用以解釋佛教當有入世一面的理論，否則我們或只能把其視作是佛教在中國思想史上強調入世這一主張的一個延續[94]，誠如印順法師在〈人間佛教要略〉中言：

> 從人而學習菩薩行，由菩薩行修學圓滿而成佛——人間佛教，為古代佛教所本有的，現在不過將他的重要理論，綜合的抽繹出來。所以不是創新，而是將固有的「刮垢磨光」。佛法，祇可說

88　釋太虛，〈即人成佛的真現實論〉，同上注。以上引文則見頁 219。

89　佛教人士這種態度似在最近約三十年才有變化的跡象，這一點將在下一章述及，暫按下不表。

90　詳見楊曾文，〈太虛的人生佛教論〉，收入霍韜晦編，《太虛誕生一百周年國際會議論文集》（香港：法住出版社，1990 年），頁 162-175。

91　楊惠南，《當代佛教思想展望》，頁 68-76。

92　釋印順，《遊心法海六十年‧契理契機之人間佛教》（新竹：正聞出版社，2013 年），頁 111-112。

93　釋印順，《人間佛教論集》（新竹：正聞出版社，2007 年），頁 44。

94　類似觀點，見趙樸初，〈佛教和中國文化〉，《法音》第 2 期（1985）：5。

發見，不像世間學術的能有所發明。因為佛已圓滿證行一切諸法
的實相，唯佛是創覺的唯一大師；佛弟子只是依之奉行，溫故知
新而已。[95]

扼要指出近代佛教強調入世的一面實非創新，其亦間接說明佛教
在開新一事上確較儒家消極。

惟如本節一開首所述，開新的意思不一定指積極地在自身理論中
發掘新的元素，而可指由於時代的改變而重新發現過去的元素
原來有新的價值。事實上，隨着傳統中國思想受到科學主義的
挑戰，唯識思想在近代即發揮一新的功能：作為科學與傳統中
國思想之間的橋樑[96]。蓋循科學主義的角度，凡能用科學解釋的
現象和學說都應以科學的方法來加以解釋，而一切未能以科學解
釋的現象和學說都被視為主觀和獨斷。這一風氣於十九世紀的歐
洲已經盛行，其對西方傳統的形上學和宗教均做成前所未有的
衝擊[97]；當這一風潮蔓延至中國，傳統的中國思想遂受到空前的
挑戰，近代中國著名的「科玄大戰」即是這一波科學主義與傳
統中國思想的一場對壘[98]。前述強調不同思想之間當要分工的主
張，在某程度上固然說明科學與傳統中國思想當可並存，因彼
此實有不同的功能，故可負責不同的任務[99]；惟不同思想間的分
工卻始終未能改變傳統中國思想予人一主觀和獨斷的印象。若
是，則科學與傳統中國思想雖可並存，但後者的價值卻可以永遠
在前者之下。佛教用以回應科學主義的方法，並非僅是指出其與
科學當屬不同範疇，故兩者可以並存；而是直接指出佛教本身即
合乎科學的精神和方法，其中尤以強調因明和對心識有仔細分析
的唯識思想最能符合這一要求[100]。簡言之，提倡科學則沒有理
由反對佛教；信仰佛教則該認同科學。太虛法師在〈唯物唯心唯
生哲學與佛學〉便言：

佛學中大乘的法性宗，明宇宙萬有的真實，就是空。［……］吾人之所以見有宇宙萬有人我是非者，皆因不明空性而誤執假相，如此，則「心因境有」。這與唯物論的先有物質而後有心靈相近，或可稱為「唯境論」。所謂「心本無生因境有，境若空時心即亡」。因此可由唯物論進而研究到佛學中的法性唯境義。［……］萬有的生起皆以阿賴耶的種子為因，此阿賴耶識即是心。法相宗的唯識論或唯心論即由此而立［……］大乘法相宗把心分成八識，前五識的唯心論可以包括經驗的唯心論；第六七識的唯心論，可以包括餘二派以及其餘一切不能融會貫通的唯心論。[101]

循引文，可見時人認為佛教思想當與在其時流行的唯物論等自然

95　釋印順，《人間佛教論集》，頁 183。

96　誠如 Scott Pacey 所言，時人如太虛法師認為唯識一方面符合科學精神，另一方面為吾人提供價值上的指引。見其 'Taixu, Yogācāra, and the Buddhist Approach to Modernity', in John Makeham ed., *Transformative Consciousness: Yogācāra Thought in Modern China*, pp. 149-169. 在這一意義下，唯識無疑可作為科學與傳統中國思想之間的橋樑，關鍵是傳統中國思想有否從唯識中得到啟示而已。

97　詳見 Richard G. Olson, *Science and Scientism in Nineteenth-Century Europe* (Urbana and Chicago: University of Illinois Press, 2008) 一書。

98　D. W. Y. Kwok, *Scientism in Chinese Thought 1900-1950*, pp. 135-160.

99　唐君毅先生著名的「心靈九境」理論即持這一主張。見拙作 *Thomé H. Fang, Tang Junyi and Huayan Thought: A Confucian Appropriation of Buddhist Ideas in Response to Scientism in Twentieth-Century China*, pp. 137-144.

100　霍韜晦，《絕對與圓融－佛教思想論集》，頁 28-36；John Makeham, 'Introduction', in John Makeham ed., *Transformative Consciousness: Yogācāra Thought in Modern China*, pp. 1-38.

101　釋太虛，〈唯物唯心唯生哲學與佛學〉，收入釋印順編，《太虛大師選集（下）》，頁 521-532。以上引文見頁 530-531。

科學和唯心論等心理學相應，而佛教這一即返本即開新的做法遂表現出與當代儒者截然不同的形態。事實上，以上有關佛教當與近代科學精神相配合的說法，對儒家實有一定意義。這是因為《大學》雖有「格物、致知、誠意、正心、修身、齊家、治國、平天下」等冀望君子當是才德兼備的主張，但儒家在歷史上的發展卻主要走上探討吾人當如何成德的道路上，而未能有效處理我們如何可以同時成為一個有知識的人的問題[102]。的確，為了彌補儒家在建構知識這一方面的不足，明末儒者方以智（1611－1671）已有透過學習西方科學以改善儒家的做法[103]。惟較少人注意的，是與方以智同一時期的王夫之亦擬曾希望借鑒唯識思想在認知之學的所長來補儒學在這一方面的不足，惜其做法卻不成氣候，以致只能成為佛、儒在知識論交流上的一個孤例[104]，但王夫之的例子當可側見佛教在認知科學上應可潛在地扮演一重要角色。惟由於佛教的科學性格在其與儒、道互動上始終未佔重要位置，故本書對佛教的這一面向亦不宜詳論，有興趣的讀者可參考相關研究[105]。至此，本章有關佛教與儒家在近代互動的討論亦暫告一段落。以下，即對道家或道教在近代的情況稍作介紹，並為本書最後一章的討論作一準備。

第五節：道家的缺席

討論至此，吾人可發現相對於儒家和佛教，近代的道家或道教在返本和開新兩方面均沒有特別凸出的表現[106]。筆者認為這或與道家思想的特性有關，當中包括兩方面。第一是在返本方面，道家思想的理境正是透過一己的無為來使其他人得以有為，故其性格必然是「守柔」、「不爭」和「不敢為天下先」。在這一意義下，道家思想乃缺乏與他者分辨的動力[107]。事實上，以上觀點貫穿整本《道德經》，如〈六十四章〉的「聖人欲不欲，不貴難得之貨；學不學，復眾人之所過，以輔萬物之自然而不敢為」、

〈十七章〉的「悠兮其貴言。功成事遂，百姓皆謂我自然」，以及〈六十七章〉的「我有三寶，持而保之：一曰慈，二曰儉，三曰不敢為天下先。慈故能勇，儉故能廣，不敢為天下先，故能成其長」等都是當中例子。簡言之，道家的一個主要功能正是承載萬物，從而使萬物得以自我生長和創造。因此，歷來雖有不少學者嘗試解釋「道」為何物 108，但《道德經》實主張「道」乃不能分析，故〈十四章〉言「視之不見名曰夷，聽之不聞名曰希，搏之不得名曰微。此三者不可致詰，故混而為一。」因我們若界定何謂「道」，則隨即有「非道」與之相對，其遂把理應承載萬

102　勞思光，《哲學問題源流論》（香港：中文大學出版社，2001 年），頁 43-44；勞思光，《歷史之懲罰新編》（香港：中文大學出版社，2000 年），頁 211-212。

103　Ying-shih Yu, 'Confucianism and China's Encounter with the West in Historical Perspective', *Dao: A Journal of Comparative Philosophy* vol. 4, no. 2 (6/2005): 203-216.

104　詳見拙文，〈王船山《相宗絡索》歷史意義初探〉，《慈氏學研究 2016/2017 雙年刊》（香港：慈氏文教基金有限公司，2018 年），頁 150-161。

105　Erik J. Hammerstrom, *The Science of Chinese Buddhism: Early Twentieth-Century Engagements* (New York: Columbia University Press, 2015)；林鎮國，《空性與方法：跨文化佛教哲學十四講》（台北：政大出版社，2012 年），頁 17-32。另見劉宇光，《煩惱與表識：東亞唯識哲學論集》（台北：文津出版社，2020 年），頁 192-206。

106　道教在近代當然有形態上的改變，惟這些改變似僅屬宗派或儀軌等範疇，而不涉思想層面。有關道教在近代的形態，參考黎志添，《廣東地方道教研究——道觀、道士及科儀》（香港：中文大學出版社，2007 年），頁 1-14。認為道教雖在形態上有所改變，但思想卻未有發展的觀點，見洪修平，《中國儒佛道三教關係研究》（北京：中國社會科學出版社，2011 年），頁 54。

107　詳見勞思光，《新編中國哲學史（卷一）》，頁 181-188。

108　有關近代學者對「道」所作的分析，見袁保新，《老子哲學之詮釋與重建》（台北：文津出版社，1997 年），頁 36-60。

物的「道」作出限制，此即與道家的理想背道而馳[109]。換言之，道家式的返本正是包容萬物，而不是使自身從萬物之中分別出來。事實上，在第三章中我們發現道教首先和佛教融合，及後即鮮見有道教人士強調要從義理上與佛教分開；相反，道教的發展更是愈來愈強調一己的包容性，以致竟衍生出包容基督教和回教等宗教的形態[110]。道教這種極具兼容色彩的教義可謂某種意義的「宗教折衷」或「調和主義」（syncretism），惟帶這種色彩的理論卻因過於龐雜而長期不為學界重視[111]，縱使道教的這種做法實有道家思想作背後的支持。

第二是在開新方面，道家更是沒有動力行之。如前所述，道家既以無為作為其理想得以實現的手段，遂不主張吾人對世間的各種事務表現出有為的一面。《道德經・四十八章》即言「為學日益，為道日損。損之又損，以至於無為。無為而無不為。取天下常以無事，及其有事，不足以取天下。」明言「道」的獲得與我們攝取知識的方向相反。在這一意義下，我們乃沒有必要對一切問題作出有為的回應。因此，道家的思想家在承擔社會事務上從來不扮演積極角色，反而表現出一種不流於世俗的瀟脫[112]。這亦解釋了何以不少學者雖銳意利用道家思想來回應當代議題，甚至希望發展所謂新道家的學派[113]，但其效果始終不太顯著，因愈是希望能有為地為道家在思想界爭一席位，則恐怕愈是違背道家的精神。吾人於此僅指出道家和道教在返本和開新兩事上未有凸出的表現，以及其之所以如此的可能原因。至於道家和道教未有或未能返本和開新的利弊究竟如何，則並非本書的討論範圍，而須留待相關的專家學者思考。惟值得留意者，是佛教既開始重新尋找自己的特性，則其亦當間接幫助道教從佛教合流的狀態下分別開來。事實上，印順法師提倡的「人間佛教」的其中一個內容，正是欲令佛教能從強調神仙和法術的形象中擺脫出來[114]。簡言之，即是要佛教和道教重新分開，惟佛教與道教的這一互動

在廣度和深度上均比佛教與儒家的互動相差甚遠，以致其成果亦似未能惹起吾人的注意。

的確，在佛教與儒、道思想互動的過程中，佛教和儒家才是主要的角色，而道家或道教的投入實只屬次要[115]。是以，本書有關道家或道教在返本和開新以及其與佛教互動的討論亦只好點到即止，並大致暫停於此。以下，即對近代三教人士在返本和開新以及彼此互動的情況作一結語，以明當中最值得吾人關注者。

第六節：小結

綜上所述，吾人可見佛教和儒家在近代的中國實有着不少的改變，其一方面強調自身的特色從而能和他者作出區別，另一方面

109　更多討論，見拙文，〈試論《道德經》中形上之「道」的角色——以牟宗三先生及唐君毅先生對「道」的闡釋為例〉，收入張炳玉編，《老子與當代社會》（蘭州：甘肅人民出版社，2008 年），頁 165-174。

110　詳見唐君毅，《中國哲學原論‧原道篇（二）》（台北：台灣學生書局，1993 年），頁 259-261；唐君毅，《中國人文精神之發展》（台北：台灣學生書局，2000 年），頁 354-358。

111　參考 Judith A. Berling, *The Syncretic Religion of Lin Chao-en* (New York: Columbia University Press, 1980), pp. 1-13；魏月萍，《君師道合：晚明儒者的三教合一論述》（台北：聯經，2016 年），頁 19-40。

112　牟宗三，《歷史哲學》，頁 145。

113　詳見陳鼓應，〈道家思想在當代〉，收入陳鼓應編，《道家文化研究（第二十輯）》（北京：三聯書店，2003 年），頁 1-9；袁保新，《從海德格、老子、孟子到當代新儒學》（台北：台灣學生書局，2008 年），頁 275-301。

114　參考楊惠南，《當代佛教思想展望》，頁 98-103

115　呂思勉，《理學綱要》（北京：東方出版社，1996 年），頁 202-203；傅偉勳，《佛教思想的現代探索》，頁 178-179。

卻借鑒他者的優點以補一己之短。以上既強調分工和學習的做法，使佛教和儒家能與他者以一較為和平的態度相處之餘，又能避免因過分的和會或折衷而失去自己的特色。在這一意義下，佛教和儒家在近代中國的發展，可謂是從三教合流的錯誤中反省過來的一種做法，亦是其自唐、宋以後終能走上一較為健康的互動之路的表現。至於道家或道教的性格也隨着佛教強調自身的特性而得以間接確立。換言之，三教合流衍生的問題在近代中國已在很大程度上得到改善。惟值得注意的是，中國的佛教雖在返本一事上有突出的表現，但其在開新上卻似乎有未及儒家的地方。最少，中國的佛教在學習他者上尚有欠積極；反之，儒家在開新上屢有突破，其廣用自身以外的思想來豐富自身思想的這一做法已然引起國際的注意 116，但其在返本一事上則似仍須努力，否則這些呈現着新形態的儒學究竟在多大程度上可謂儒學，相信在理論上要面對頗大的挑戰。事實上，不論是佛教、儒家，還是道家或道教，其在近代中國均是在西學東漸的情況下以作返本和開新的工作，加上佛教早已成為傳統中國文化之一，故佛教與儒、道的互動已非純然是佛教與傳統中國思想之間的問題，而更是一涉及世界不同文化之間如何互動的議題 117。在這一意義下，佛教與儒、道互動的經驗，一方面既有助傳統中國各支思想朝着一真正和諧的方向以發展，另方面則為世界不同思想或宗教間當如何和平共處帶來啟示。以上兩點，正是本書最後一章將要討論的課題。

116　Thomas A. Metzger, *Escape from Predicament: Neo-Confucianism and China's Evolving Political Culture* (New York: Columbia University Press, 1977), p.9.

117　更多討論，請參考拙文，〈「中國文化與世界」宣言及世界哲學〉，《鵝湖學誌》，第 55 期（12 / 2015）：169-186。

第七章

餘論

第七章

餘論

綜合前述各章的討論，吾人當大致對佛教與儒、道思想在中國歷史上的互動有一把握。誠然，這一互動遠比本書所述為複雜，其甚值得我們更作檢討；惟僅是本書的內容應已可刻劃一軌跡甚至規律，以助吾人日後在處理佛教與儒、道思想當如何互動時不致瞎子摸象或肆意妄行[1]。更重要的，是誠如稻田龜男教授（Kenneth K. Inada，1923－2011）所言，中國的相關經驗為世界不同文化應怎樣更好地共處提供一個可貴的示範[2]。換言之，本書所論不僅具有歷史意義，而更是有實際作用。以下，即從回顧、展望和啟示三方面，闡釋佛教與儒、道思想互動的涵意。

◎ 第一節　回顧

循前文的分析，我們對佛教與儒、道在中國歷史上互動的情況可有三點認識和評斷。第一，佛教和傳統中國思想各對彼此有重大影響，中國佛教、道教及宋明理學即為這些影響的產物；但佛教和傳

統中國思想對彼此所作影響的程度卻有大小之分。簡言之，傳統中國思想對佛教的影響，當比佛教對傳統中國思想的影響更大。的確，佛教促成道教的出現，亦刺激宋明理學的發展，但道教在思想的層面卻未見深刻，宋明理學的元素於先秦時期的儒家則早已有之。在這一意義下，佛教對傳統中國思想的影響在幅度上固然甚廣，但其在深度上卻稍嫌遜色。相較而言，道家思想在接引佛教來華一事上扮演關鍵角色，儒家思想則更是長期對在華佛教的發展作出制約。是以，歷史上才有天台宗、華嚴宗和禪宗等具有中國特色的佛教宗派產生，乃至這些宗派的發展軌跡竟有逐漸離開佛教本來性格的危險。反之，雖有個別道家或儒家人士有着佛教色彩，惟我們卻未見有所謂佛教式的道家、道教或儒家的存在。在這一意義下，我們當可言儒、道等傳統中國思想對佛教的影響是普遍的現象，但佛教對儒、道思想的影響卻只是個別的情況。足見佛教與傳統中國思想對彼此的影響究是孰輕孰重[3]。

第二，除了影響程度有異，佛教與儒、道互動的效果亦有好壞之分。無可否認，中國佛教、道教和宋明理學均有各自的價值，其在人類文化上均佔有獨特的位置。但我們卻不能否認以下事實：隨着佛教與儒、道的互動日多，彼此的形態亦逐漸接近，其結果雖是有

1　類似觀點，參考勞思光，《中國文化路向問題的新檢討》（台北：東大圖書公司，1993 年），頁 5-9。

2　Kenneth K. Inada, 'The Chinese Doctrinal Acceptance of Buddhism', *Journal of Chinese Philosophy* vol. 24, no.1 (1997): 5-17.

3　惟讀者可注意，在思想層面以外佛教對中國文化的影響極大，其中尤以藝術方面最為明顯，只是本書未涉這一方面的討論而已。

助減低三教之間的衝突，但同時卻使三教的特色和身份漸見模糊。換言之，三教之間的表面和諧實是以犧牲各自的性格為代價。是以，對於如何保持佛教與傳統中國思想互動的優點而避免可能出現的缺點，遂為吾人今後處理相關問題時需要考慮的大方向。否則，縱然三教能夠並存，但其對佛、儒、道思想的發展卻恐怕無益。簡言之，佛教與儒、道的互動可謂愈到後期即愈見弊大於利。我們既從過去的經驗中發現問題的存在和回應問題的方向，則今後便應着力探求解決問題的方法。

第三，近代不少佛、儒人士均對如何解決上述問題提出各自的方法，吾人當吸收其經驗以求進一步完善相關的立論。事實上，透過反省自身理論的特色，我們乃能發現不同思想的分際，從而可以一種較虛心和開放的態度來看待自身信念或信仰與他者之間的關係，甚至因而願意向對方學習及和對方進行分工。問題的關鍵是我們要有廣闊的胸襟，不能再僅以一己的立場來了解佛教、儒家和道家以及彼此的關係[4]，惜這一胸襟卻是我們現今所欠缺。以佛教的情況為例，華人社會不少佛教人士仍似滿足於僅從如來藏的角度來理解佛教，以致未能正視佛教實有回應社會各種議題的需要。是以，佛教在吾人生活中的角色遂大打折扣，其對佛教在當今世界中當如何發展亦有着負面的影響。縱使佛教有部分人士能從傳統的方法或視野中反省過來，但卻多少仍囿於宗派或身份之局限而未能向他者學習。凡此，均是忽視歷史教訓的表現。事實上，佛教和儒、道思想若在現今還有互動的空間和必要，則其必是建基於歷史的經驗和實際的情況來進行，而不能憑空設想一些處境來對之加以討論。至於佛教、儒家和道家要面對的實際情況究是什麼？這即涉及展望的部分。

◎ 第二節　展望

事實上，我們或會質疑在現今討論佛教與儒、道思想的互動是否還

有意義，這是因為三教的處境和彼此的關係已跟過去的情況有顯著
分別。首先，佛教早成為中國文化的一部分，故把佛教和儒、道思
想分辨開來已沒必要。在很大程度上，中國文化與西方文化之間的
對話似比佛教與儒、道的互動更有價值[5]。其次，隨着政治制度和
社會環境的改變，儒家的前途已非常暗淡，以致吾人甚至不太確定
誰人應被稱為儒者，儒家的傳統又有多少仍保留在吾人的日常生活
之中[6]。惟以上觀點實有可供商榷的地方。這是因為佛教雖已成為
中國文化的一部分，甚至發展出帶有中國特色的「中國佛教」，但
中國佛教在整個佛教系統中的位置如何，其在中國文化中又扮演一
怎樣的角色，卻是一值得檢討的問題。筆者在〈佛教與中國文化〉
一文中曾言：

> 「中國佛教」是一個很困難的題目，佛教一方面為了在中國流傳
> 而要顧及中國的傳統價值，但另一方面，有時若過於接近中國特
> 色，則容易改變佛教的精神，以致不能再稱為佛教。如何可以顧
> 及佛教的身份之餘，又能與中國傳統價值相融，其當是「中國佛
> 教」在未來需要認真思考的問題。[7]

誠如第五章所言，我們知道中國佛教在明代以後即因過度與儒、道
接近而失去自身特色，這一形態的所謂中國佛教固然因為已失去活

---

4   傅偉勳，《從創造的詮釋學到大乘佛學》（台北：東大圖書公司，1999
年），頁 63-71。

5   參考方東美，《方東美先生演講集》（台北：黎明文化，2004 年），頁
88-163。

6   釋印順，《中國佛教論集》（北京：中華書局，2010 年），頁 204-206。

7   趙敬邦，〈佛教與中國文化〉，收入趙國森、趙敬邦、覺泰法師、李葛
夫著，《了解佛教》（香港：三聯書局，2019 年），頁 50-82，引文見 81。

力而在整個佛教傳統中未佔重要角色，其在中國文化內亦不見得為時人重視；而在第六章的討論中，吾人雖然得知在華佛教在近代曾透過研習唯識而得以重拾佛教的特色，但唯識與儒、道等思想卻未見太多具建設性的討論，而更是停留在互相批評的階段。換言之，前述引文言中國佛教若過於「中國」（Chinese），則有違反佛教精神的可能，若僅是強調佛教，則容易與傳統中國思想不合的情況仍然存在。若是，則我們當可言中國佛教的分寸仍然有待把握。因此，吾人實不宜因為佛教既是中國文化的一部分而認為其已沒有更作探討的必要。反之，正是中國佛教在整體的中國文化和佛教傳統中處於上述的尷尬位置，我們才要對其更作反省。

此外，儒家雖因為社會環境的變遷而有衰落之勢，但吾人在某程度上亦可把儒家的現況理解為是在形態上與前有所不同。誠然，科舉制度的沒落對儒者身份的構成帶來不可逆轉的衝擊，孔廟等帶有宗教色彩的物事亦明顯失去傳統的功能，但儒家強調的價值是否卻因此可以表現在不同的職業和事情之上，而不須僅是限於儒者或孔廟之中[8]？簡言之，儒家在現今社會或類似吾人內在的一個品質多於是外在的一種身份。事實上，一商人若能表現儒家的價值，則其便可為儒商；一醫生如帶有儒者的風範，則其即是儒醫[9]。若是，我們遂不能因為儒家在表面上看似衰落而認為其已不復存在，並以為再沒有探討佛教與儒、道互動的必要。更重要的，是不論佛教、儒家還是其他思想和宗教，其於現在的狀況並非一成不變而總是有變化的可能。以中國佛教為例，其在華人社會中雖貌似興盛，但其過度商業化的情況卻被質疑有違佛教精神之嫌[10]。在這一意義下，在華佛教的表面興盛實無異於衰落；同理，儒家縱然貌似衰落，但其於近代卻因積極開新以致在思想上有所突破。如是，則儒家的衰落亦隱含著從過去的束縛中超脫出來而成一發展的契機。換言之，我們不能根據佛、儒兩者的現況而否定彼此當更有互動的可能，這原則當同樣適用於道家或道教身上。

承前一章所論，佛教與儒、道的互動若要可能，首先要尋回各自的特色和身份，而這項工作的完成，有賴彼此的返本和開新。惟吾人必須明白：返本是為了更有效地開新，而非為了保守而返本；開新則不能離開和他者溝通，而非僅從自身出發以探求新的元素。事實上，佛教和儒、道今後的互動亦應以溝通為主軸，而不當採以一己的立場來排斥他者的態度，亦不能以為憑一己的理論即能融通他者，因為這些做法實只反映一己的無知：對自身局限的無知、對他者優點的無知、對歷史錯誤的無知，以及對今人努力的無知。惜上述情況於現在的三教中似非罕見。的確，佛教與儒、道之間只要加強溝通，彼此的分歧即能大大收窄。以佛、儒的情況為例，佛教的目標是解脫，儒家的理想是成德。但吾人若沒有先對世間各種價值的把握，則亦不會明白放下的可貴；反之，若我們總是以放下的心態來待人處事，則永遠不能對各種人倫價值有所把握。在這一意義下，佛教要處理的問題明顯屬第二序（second order），而儒家的重心則為第一序（first order）。佛、儒所要處理問題的次序既然不同，彼此遂沒有互相抨擊的必要。因此，儒家亦有「求之有道，得之有命」（《孟子·盡心上》）等涉及命限的觀點，而佛教則有「佛法在世間，不離世間覺，離世覓菩提，恰如求兔角」（《六祖大師法寶壇經·般若品》）等強調入世的說法。

此外，儒家不反對人之得以為人當沒有必然性，只是一旦生而為人

8　更多討論，見唐君毅，《中華人文與當今世界（下）》（台北：台灣學生書局，1988 年），頁 85-94。

9　參考拙文，〈為何儒者並不老邁、嚴肅和保守？── 一個哲學的反省〉，《鵝湖學誌》，第 57 期（12 / 2016）：173-188。

10　戴繼誠，〈爭吃「唐僧肉」，相煎何日休？── 中國當代「消費佛教」現象批判〉，《人間佛教研究》，第 5 期（2013）：145-167。

便當有如仁心等本質，故《中庸》言「天命之謂性，率性之謂道」，指出人之所以有如此這般的性實為天所賦予，而實踐這一天賦之性即是吾人的正道。佛教則認同只要是人則當有人應守的價值，其甚至認為人之得以為人是吾人前世的業力做成，故《雜阿含經・卷十五》才言「盲龜浮木，雖復差違，或復相得；愚癡凡夫漂流五趣，暫復人身，甚難於彼。所以者何？彼諸眾生不行其義，不行法，不行善，不行真實，展轉殺害，強者陵弱，造無量惡故。」在這一意義下，佛教對人之所以為人的肯認程度比儒家或更有過之。是以，佛、儒均可在某一意義下認同對方的義理，只是對方的義理並非自身的重點而已。足見只要弄清彼此的分際，佛、儒的分歧實有消弭的可能；兩者若能有效協作，則更有機會共同成就一比自身理論更為健全的人生觀 [11]。當然，上述觀點能否實現還待佛、儒兩者是否可以進行有意義的溝通。然則，當今佛、儒人士的溝通情況又是如何？

循佛教與儒、道思想互動的現況而言，佛教人士與後者交流的意願和程度均似有所不足，以致吾人甚至未見佛教有向儒家學習的例子。事實上，近代部分儒者的佛學造詣比不少佛教專家更有過之，其中唐君毅先生對華嚴宗以及牟宗三先生對天台宗的理解尤為當中代表 [12]。可惜的是，佛教人士對兩位先生的相關闡釋似多持漠視的態度，以致未能從中汲取養分以改良自身的立論。在這一意義下，佛教人士無疑有自我設限之嫌。的確，儒家對佛教所作的評價不但未有過時，其在很大程度上更是走在時代的前沿。蓋不論唐儒、宋儒還是當代儒者，其對佛教的批評均以後者未能有效或真正處理入世一事為主旨。吾人不宜因為這些對佛教的批評是來自儒者即認定為偏見，而可把其視為是佛教以外人士的一種洞見 [13]。因此，吾人可發現儒者對佛教的批評其實正是二次世界大戰以後不少學者對佛教的質疑。最著名的例子，是日本的佛教為人批評為在二次世界大戰時對戰爭的不義和戰後日本出現的各種歧視保持沉默，以致無異

於成為邪惡的幫凶[14]。平情而論，中國佛教的情況比日本佛教恐有過之[15]。在很大程度上，以上有關佛教的批評正是環繞佛教究竟能夠多有效地回應入世議題而發。若是，則儒家對佛教的批評當是偏見還是洞見？佛教若能更早地思考儒家對其所作批評的理據，佛教的發展會否走上一條和歷史上不同的形態？誠然，以上假設性的問題永沒答案，惟其卻可為今後佛、儒互動該朝一怎樣的方向以發展提供指引：佛教實有加強與儒家溝通甚至向儒家學習的必要，因儒家強調的良知、天理和感通等實有一定程度的普世意義，故其當值得佛教認真思考，而不能以為這些觀點僅屬儒家便虛應故事。

至於儒家傳統是否仍然存在雖可為我們檢討，但無可否認的卻是儒家思想是不少人研習的對象，故吾人或可權宜地把儒家學者視為當

11　唐君毅先生在《中國哲學原論・原教篇》的〈後序〉中便對以上觀點有所發揮。見《中國哲學原論・原教篇》（台北：台灣學生書局，2004 年），頁 711-713。

12　參考傅偉勳，《學問的生命與生命的學問》（台北：正中書局，1993 年），頁 58；李潤生，〈唐、牟二師對禪學開顯的處理述異〉，《新亞學報》第 28 期（2010）：67-87。

13　杜維明即指出，「學者們都有自己的問題意識，這種所謂的前見，並不一定就是限制、偏見，也可以是由良好和深厚的學養所凝聚的洞見。」見其《詮釋《論語》「克己復禮為仁」章方法的反思》（台北：中央研究院中國文哲研究所，2015 年），頁 12。

14　詳見林鎮國，《空性與現代性：從京都學派、新儒家到多音的佛教詮釋學》（台北：立緒文化，1999 年），頁 266-269。

15　誠如太虛法師痛斥：「中國佛教所說的是大乘理論，但不會把他實踐，不能把大乘的精神表現在行為上，故中國所說的雖是大乘行，但所行的只是小乘行。錫蘭雖是傳的小乘教理，而他們都是能化民成俗，使人民普學三皈五戒，人天善法，舉國信行，佛教成為人民的宗教，並廣作社會慈善、文化、教育等事業，以利益國定社會乃至人群，表現佛教慈悲博濟的精神，所以他們所說雖是小乘教，但所修的卻是大乘行。」詳見其〈我的佛教改進運動略史〉，收入釋印順編，《太虛大師選集（下）》，頁 257-309，引文見頁 304。

代儒者的一種形態，而於此不再對兩者更作分辨 16。誠然，近代儒者對佛教的學習曾有不少成績，一如上一章所簡述，惜儒家向佛教學習的進程在唐、牟兩位先生逝世後便無以為繼 17。事實上，佛教不少思想資源均甚值得儒家進一步學習，如前者對吾人之所以執取的分析、對外在世界的認識和思考方法等均為當中例子。當代儒家學者未有繼承近人在佛、儒互動上的成績而更有作為，實是一頗令人費解的現象 18。簡言之，在佛、儒互動的脈絡下，佛教向儒家的學習似尚未開始，而儒家向佛教的學習則已然中斷，兩者均不以對方為主要的學習對象。至於道家或道教則由於自身理論的特性而未積極參與和佛教的互動，一如前章所述，故其情況又比佛、儒兩者更為消極。無疑地，以上概況甚為可惜，但我們亦不必把這一可惜之情無限放大，因縱使佛、儒在現今確不以對方為主要的溝通或學習對象，但隨着佛、儒兩者繼續返本和開新以進一步發揮一己的優點和功效，則還是有重新吸引對方注意以再次成就互動的可能；更重要的，是佛、儒並沒有拋棄溝通的精神，只是其把目光放遠到對方以外的傳統而已。因此，我們可見當代佛教人士有向基督教學習的嘗試 19，儒家學者透過西方哲學以圖更好地解釋儒家思想更是當代的一個普遍現象 20。當然，這些努力的得失仍然有待吾人進一步的檢討，因為一旦未能掌握互動的分寸，則不同文化之間的對話亦容易淪為穿鑿附會 21；但相關的文化溝通卻已把我們的討論帶到全書的最後一節：佛教與儒、道在中國歷史上的互動究竟為現代世界帶來什麼啟示？

◎ 第三節　啟示

隨着科技的發展，不同文化之間要加強溝通已是大勢所趨。因此，近半世紀以來才有不少涉及哲學思想和宗教傳統的跨文化的對話，以求不同文化之間能有效地進行深層次的交流 22。誠然，這些交流有着一定成績，但亦面對不少問題，其中兩點尤與本書的討論有

較大關係：第一，強調不同文化之間當要交流，乃容易迫使各支文化或因折衷的需要而淡化自身的特色，從而失去自身的身份[23]；第二，認為不同文化均有價值，遂容易否定世間有絕對的真理，因而衍生價值相對主義[24]。的確，吾人若要指出佛教在中國歷史上與儒、道互動的經驗究能為吾人帶來什麼啟示，當要針對不同文化的交流實面對怎樣的問題以作討論。

事實上，佛教與儒、道互動的一個重要啟示，正是為吾人示範如何

16　但必須指出，儒者之所以為儒者除了當對儒學有所了解，還要實踐儒家主張的價值。在這一意義下，儒家學者確不必即為儒者，故內文才言把儒家學者視為儒者僅是權宜的做法。參考劉國強，《儒學的現代意義》（台北：鵝湖出版社，2001 年），頁 153。

17　誠如傅偉勳所言：「有意繼承熊、唐、牟等老前輩衣鉢的年輕一代當代新儒家學者，願意花費五年或十年功夫去搞通佛學真蹄的，可説寥寥無幾，泰半心態是『儒家為主，道家為副』，對於仍帶印度風味的中國佛學不必認真。」見其《學問的生命與生命的學問》，頁 59。

18　吳汝鈞即對當今儒家學者未有吸收儒學以外的思想資源作出質疑，見其《當代新儒學的深層反思與對話詮釋》（台北：台灣學生書局，2009 年），頁 405-406。

19　例子見 Sidney Piburn ed., *The Dalai Lama: A Policy of Kindness* (New York: Snow Lion, 1990), pp. 62-63。

20　更多討論，見勞思光，《危機世界與新希望世紀——再論當代哲學與文化》（香港：中文大學出版社，2007 年），頁 120-122。

21　參考 Bo Mou, 'Constructive Engagement of Chinese and Western Philosophy: A Contemporary Trend toward World Philosophy', in Bo Mou ed., *History of Chinese Philosophy* (London and New York: Routledge, 2009), pp. 571-608.

22　有關跨文化對話的介紹，參考劉述先，《全球倫理與宗教對話》（台北：立緒文化，2001 年）。

23　詳見黃勇，《全球化時代的宗教》（台北：台大出版中心，2011 年），頁 13-45。

24　參考 Charles A. Moore, 'Retrospect and Prospects: Achievements and "Unfinished Business"', in Charles A. Moore ed., *Philosophy and Culture East and West: East-West Philosophy in Practical Perspective* (Honolulu: University of Hawaii Press, 1962), pp. 699-718.

保留不同思想的特色和身份之餘，亦能與其他思想和平共存。誠如前一節有關佛、儒的例子所示，不同文化的分際如能清晰，則彼此當能共同建構一更為健全的價值觀。換言之，不同文化縱各有特色，但我們卻不必以封閉或狹隘的眼光把這些特色視為對立，而是應該以一開放和廣闊的胸襟來發掘彼此可以協作的一面。吾人若循第六章及前一節的分析，當知不同文化得以協作的關鍵正是透過對話，藉以了解彼此的分際而展開合作，以求建立一個比任何單一思想或文化更為全面的價值觀。簡言之，我們應把目光投注在一宏觀的價值觀或視野，並從這一視野的高度尊重不同文化的特色[25]。如有學者便指出傳統東方文化強調透過直覺來把握宇宙的實相，近代西方文化則重視理智以對世界建構知識。若是，則西方文化當有助東方文化改善立論的水平而使後者可減少獨斷和主觀的成份；東方文化則可豐富西方文化對形上世界的設想並為後者提供一個與過去截然不同的世界觀[26]。此即為文化之間可相互補足以成就一更為完善的視野的例子。循此，則一方面可以避免因為強調自身特色以致排斥他者，亦可不致過於重視妥協而失去自身的特色，這則有助回應前段所述的第一個問題。

此外，以上主張尚有一好處，即其雖然強調開放，但卻沒有否定真理的存在。的確，不同文化的交流除了有助彼此互相協作以成就一更為全面的價值觀或視野以外，更有助不同文化之間相互學習以豐富自身內涵。在不同文化的內涵實是有待不斷擴大的前提下，由不同文化共同構成的視野亦當永無止境。是以，吾人於本節所言的視野實是以開放的態度以待真理的實現，而不是因為強調不同文化均有道理而否定真理的存在。在這一意義下，這種視野當能避免前述第二個有關價值相對主義的問題。事實上，由於有關視野會隨着不同文化之間不斷學習而繼有壯大，故其可謂沒有終點。因此，這一視野遂不會是現實中的任何思想、宗教或文化的其中之一，而必是透過不同文化共同協作以成就的一個屬於未來的理想。誠如唐君毅

先生指出，人既是一整全的人，遂不應為個別的價值觀所撕裂。在這一意義下，吾人當沒有把目光固定在某一價值觀或視野的必要，而可按不同情況選擇於其時最值得自己奉行的價值[27]；第十四世達賴喇嘛亦指出世上既有不同種類的人，固根本不須強行要求全部人均服膺於包括佛教以內的任何一個價值，而是當根據各人的因緣選取適合自己的信念或信仰，並共同建構一更為整全的價值觀或宏觀的視野[28]。換言之，理想的人格或圓滿的境界不但沒有固定形態，其更當是一永待我們完善的過程，故佛教才有「眾生無邊誓願度」（見「四弘誓願」）、儒家有「止於至善」（《大學》）和道家則有「虛而不屈，動而愈出」（《道德經‧五章》）等指涉無限的願景的說法。若是，則本書所論的議題亦應無有盡頭，此所以本章僅名「餘論」，而非普遍書籍所見的「結論」，因事情的發展尚未結束，仍有待我們開拓一己的胸襟以繼續進行。

隨着尊重各種文化的特色，讓不同文化能繼有激盪；透過建構永有發展的視野，使文化之間能得以無礙，其即為本書名字「激盪即無礙」所包含的意思，亦是筆者認為「佛教與儒道思想的互動」這一主題可為我們帶來的最大啟示。期望本書能在這一議題的討論上發揮一點正面價值。

25　類似觀點，見 Frederick J. Streng, *Understanding Religious Life* (Belmont, Wadsworth Publishing Company, 1985), pp. 235-249.

26　Filmer S. C. Northrop, 'The Complementary Emphases of Eastern Intuitive and Western Scientific Philosophy', in Charles A. Moore ed., *Philosophy – East and West* (New Jersey: Princeton University Press, 1946), pp. 168-234.

27　唐君毅，《中國哲學原論‧導論篇》（台北：台灣學生書局，1993 年），頁 88-89。

28　Sidney Piburn ed., *The Dalai Lama: A Policy of Kindness*, pp. 59-66.

跋語

本書有關佛教與儒、道思想互動的討論雖已告一段落，惟不論在理在情，筆者均有感想冀能更作交待。首先是理方面。已故佛學專家上田義文教授在〈有關佛教學的方法論〉這篇演講辭（現收入其著，陳一標譯，《大乘佛教思想》，台北：東大圖書公司，2002 年）中提到，近年日本學界有關佛學的研究雖在數量上有所增加，但在質量上卻未見明顯改善，遂鼓勵青年「要知道前輩們所做的只是鋪路，自己要做的才是真正的研究。」筆者初次閱讀這篇演講辭時即為上田教授謙遜的態度和澎湃的感情所折服，至今仍留下深刻印象。坦白說，上田教授提及有關日本學界的情況，於漢語學界當亦存在。誠然，本書或未能即時在佛教或中國思想的研究上帶來質量的突破，但筆者確是懷着希望能對相關研究帶來改善的心意來撰作本書。因此，若本書有可取的地方，願讀者能對其加以注意並更作發揮；如認為本書有任何的不足，則請讀者放膽反駁以能在往後屬於自己的研究中更作警惕。年輕的學生尤其要有「真正的研究正好由自己開始」的氣魄，不能僅以重複前人的觀點為滿足。若本書能有助促成以上效果，則其出現便不只是增加相關研究的數量而已。

其次是情方面。筆者曾於中學時期在三聯書店當暑期工，並認識同事何文堃先生。何先生喜愛閱讀，知識豐富，其不但告訴筆者

不少關於書籍和出版的知識和逸事，更介紹如梁漱溟、熊十力、牟宗三、費孝通、費正清（J. K. Fairbank）和 Agatha Christie 等名字及相關著作予筆者認識，這無疑讓當時還是就讀中學的筆者眼界大開。因此，何先生於筆者可謂亦師亦友，我們多年來一直偶有見面，每次均會交換閱讀心得。惟近年始終未能在書店碰面，直至與三聯編輯部同仁開會商討本書的撰作，才知何先生已意外離世。現在回想與何先生的相處，仍使人有戚戚然的感覺。此外，在本書將近完成之際，驚聞英國牛津大學佛學教授 Stefano Zacchetti 先生猝逝，這不但在學界是一震撼的消息，其尤使筆者感到難過。這是因為 Stefano Zacchetti 教授是筆者博士論文的校外評審，筆者與他雖只有口試時的一面之緣，但他當時對筆者在寫論文和做學問上的一些建議和告誡，至今仍影響着筆者的寫作風格和求學態度。筆者原擬在本書完成後送呈 Stefano Zacchetti 教授指正，惜現在已沒有這一機會。兩位前輩逝世的消息竟出現在本書預備撰作和將近完成的時候，這究竟是本書與兩位前輩的一點緣分還是本書與兩位欠缺緣分？現書籍終於出版，筆者遂把這兩段因緣記下，並願兩位安息！

2020 年 6 月 15 日

丁耘:《儒家與啟蒙:哲學會通視野下的當前中國思想》,北京:三聯書店,2011 年。

土田健次郎:〈宋代思想與文化〉,收入沖本克己、菅野博史編,辛如意譯:《中國文化中的佛教——中國 III 宋元明清》,台北:法鼓文化,2015 年。

上田義文著,陳一標譯:《大乘佛教思想》,台北:東大圖書公司,2002 年。

干春松:《制度化儒家及其解體》,北京:中國人民大學出版社,2003 年。

方立天:《中國佛教哲學要義》(全兩卷),北京:中國人民大學出版社,2002 年。

_____:《中國佛教與傳統文化》,北京:中國人民大學出版社,2010 年。

孔令宏:《宋明道教思想研究》,北京:宗教文化出版社,2002 年。

王汎森:《近代中國的史家與史學》,香港:三民書局,2020 年。

_____:《思想是生活的一種方式:中國近代思想史的再思考》,北京:北京大學出版社,2018 年。

王汝華:《現代儒家三聖(下)——梁漱溟、熊十力、馬一浮論宋明儒學》,台北:新銳文創,2012 年。

木村泰賢著,釋依觀譯:《原始佛教思想論》,台北:台灣商務印書館,2019 年。

方東美:《方東美先生演講集》,台北:黎明文化,2004 年。

_____:《中國人生哲學》,台北:黎明文化,2004 年。

_____:《中國大乘佛學》(全兩冊),台北:黎明文化,2004 年。

_____:《生生之德》,台北:黎明文化,2004 年。

_____:《科學哲學與人生》,台北:黎明文化,2004 年。

_____:《原始儒家道家哲學》,台北:黎明文化,1993 年。

_____:《華嚴宗哲學(上冊)》,台北:黎明文化,1992 年。

王邦維：《交流與互鑒：佛教與中印文化關係論集》，香港：三聯書店，2018 年。

王爾敏：《史學方法》，北京：中華書局，2018 年。

孔慧怡：《重寫翻譯史》，香港：香港中文大學翻譯研究中心，2005 年。

石上玄一郎著，吳村山譯：《輪迴與轉生：死後世界的探究》，台北：東大圖書公司，2015 年。

冉雲華：《從印度佛教到中國佛教》，台北：東大圖書公司，1995 年。

史懷哲（Albert Schweitzer）著，常暄譯：《中國思想史》，北京：社會科學文獻出版社，2009 年。

成中英：《中國哲學與中國文化》，台北：三民書局，1990 年。

_____：《儒學、新儒學、新新儒學》，北京：中國人民大學出版社，2017 年。

牟宗三講，蔡仁厚輯錄：《人文講習錄》，台北：台灣學生書局，1996 年。

_____：《中國哲學十九講：中國哲學之簡述及其所涵蘊之問題》，台北：台灣學生書局，1999 年。

_____：《中國哲學的特質》，台北：台灣學生書局，1998。

_____：《心體與性體（第一冊）》，台北：正中書局，1990 年。

_____：《心體與性體（第二冊）》，台北：正中書局，1971 年。

_____：《名家與荀子》，台北：台灣學生書局，1994。

_____：《佛性與般若（上冊）》，台北：台灣學生書局，2004 年。

_____：《宋明儒學的問題與發展》，台北：聯經，2003 年。

_____：《現象與物自身》，台北：台灣學生書局，1996 年。

_____：《歷史哲學》，台北：台灣學生書局，2000 年。

吉瑞德（N. J. Girardot）著，蔡覺敏譯：《早期道教的混沌神話及其象徵意義》，濟南：齊魯書社，2017 年。

任劍濤：《複調儒學：從古典解釋到現代性探究》，台北：台大出版中心，2013 年。

江燦騰：《現代中國佛教思想論集（一）》，台北：新文豐，1990 年。

朱鴻林：《儒者思想與出處》，北京：三聯書店，2015 年。

伊藤隆壽：〈格義與三教交涉〉，收入岡部和雄、田中良昭編，辛如意譯：《中國佛教研究入門》，台北：法鼓文化，2013 年。

任繼愈：《任繼愈禪學論集》，北京：商務印書館，2005 年。

牟鐘鑒：《探索宗教》，北京：宗教文化出版社，2008 年。

_____：《儒道佛三教關係簡明通史》，北京：人民出版社，2018 年。

余之聰：〈中國伊斯蘭：文明交往、抗衡、融合與衝突〉，收入賴品超編：《從文化全球化看中外宗教交流史》，香港：香港中文大學崇基學院宗教與中國社會研究中心，2018 年。

李申：《儒教簡史》，桂林：廣西師範大學出版社，2013 年。

吳汝鈞：《中國佛學的現代詮釋》，台北：文津出版社，1995 年。

_____ 編著：《佛教思想大辭典》，台北：台灣商務印書館，1992 年。

_____：《當代新儒學的深層反思與對話詮釋》，台北：台灣學生書局，2009 年。

李志夫：《中西絲路文化史》，北京：宗教文化出版社，2010 年。

李承貴：《儒士視域中的佛教——宋代儒士佛教觀研究》，北京：宗教文化出版社，2007 年。

呂思勉：《呂思勉論學叢稿》，上海：上海古籍出版社，2006 年。

_____：《理學綱要》，北京：東方出版社，1996 年。

余英時：《中國文化史通釋》，香港：牛津大學出版社，2010 年。

_____：《中國近世宗教倫理與商人精神》，台北：聯經，1987 年。

_____（Ying-Shih Yu）著，侯旭東等譯：《東漢生死觀》，上海：上海古籍出版社，2005 年。

_____：《漢代貿易與擴張：漢胡經濟關係的研究》，台北：聯經，2008 年。

_____：《論戴震與章學誠——清代中期學術思想史研究》，台北：三民書局，2016 年。

杜保瑞：《中國哲學方法論》，台北：台灣商務印書館，2013 年。

_____：〈對唐君毅高舉儒學的方法論反省〉，收入鄭宗義編：《香港中文大學的當代儒者》，香港：香港中文大學新亞書院，2006 年。

李貴生：《靈化無窮》，香港：中華書局，2009 年。

余敦康：《魏晉玄學史》，北京：北京大學出版社，2016 年。

李零：《簡帛古書與學術源流》，北京：三聯書店，2008 年。

杜維明：《詮釋《論語》「克己復禮為仁」章方法的反思》，台北：中央研究院中國文哲研究所，2015 年。

_____：《儒家思想：以創造轉化為自我認同》，台北：東大圖書公司，1997。

_____ 著，陳靜譯：《儒教》，上海：上海古籍出版社，2008 年。

李維武：〈近 50 年來現代新儒學開展的「一本」和「萬殊」〉，《南京大學學報（哲學‧人文科學‧社會科學）》，第 6 期（2008）：91-100。

呂澂：《中國佛學源流略講》，北京：中華書局，2002 年。

_____：《西藏佛學原論》，台北：大千出版社，2003 年。

_____：《呂澂佛學論著選集（第三卷）》，濟南：齊魯書社，1991 年。

_____：〈致熊十力函〉（1943 年 4 月 12 日及 5 月 25 日），收入林安梧編：《現代儒佛之爭》，台北：明文書局，1997 年。

李慶餘：《在出世與入世之間：梁漱溟先生對佛學的理解與定位》，台北：台灣學生書局，2015 年。

李潤生：《生活中的佛法——山齋絮語》，台北：全佛文化，2000 年。

_____：〈自性與自心的批判〉，《法相學會集刊》，第 8 期（12 / 2018）：5-17。

_____：《佛家輪迴理論（上）》，台北：全佛文化，2000 年。

_____：〈唐、牟二師對禪學開顯的處理述異〉，《新亞學報》第 28 期（2010）：67-87。

_____：《禪宗公案》，台北：方廣文化，2016 年。

_____：〈轉識成智困難的辨解〉，《法相學會集刊》，第 6 期（12 / 2008）：1-45。

_____：《僧肇》，台北：東大圖書公司，1989 年。

李澤厚：《說儒學四期》，上海：上海譯文出版社，2012 年。

金文京著，林美琪譯：《三國志的世界：東漢與三國時代》，台北：台灣商務印書館，2018 年。

岡田武彥著，吳光等譯：《王陽明與明末儒學》，重慶：重慶出版社，2016 年。

武內義雄著，汪馥泉譯：《中國哲學小史》，北京：民主與建設出版社，2017 年。

金克木：《怎樣讀漢譯佛典》，北京：三聯書店，2017 年。

林啟彥：《中國學術思想史》，台北：書林出版，2014 年。

林梅村：《絲綢之路考古十五講》，北京：北京大學出版社，2006 年。

岡部和雄：〈中國佛教的概要與特色〉，收入岡部和雄、田中良昭編，辛如意譯，《中國佛教研究入門》，台北：法鼓文化，2013 年。

河野訓：〈三教衝突與融合〉，收入沖本克己、菅野博史編，辛如意譯，《佛教的東傳與中國化——中國 I 南北朝》，台北：法鼓文化，2016 年。

邱敏捷：《以佛解莊：以《莊子》註為線索之考察》，台北：秀威資訊科技，2019 年。

季羨林：《三十年河東　三十年河西》，北京：當代中國出版社，2006 年。

＿＿＿：《中印文化交流史》，北京：中國社會科學出版社，2008 年。

＿＿＿：《中華佛教史：佛教史論集》，太原：山西教育出版社，2013 年。

＿＿＿：《佛教十五題》，北京：中華書局，2007 年。

采睪晃：〈佛教東傳〉，收入沖本克己、菅野博史編，辛如意譯，《佛教的東傳與中國化——中國 I 南北朝》，台北：法鼓文化，2016 年。

林鎮國：《空性與方法：跨文化佛教哲學十四講》，台北：政大出版社，2012 年。

＿＿＿：《空性與現代性：從京都學派、新儒家到多音的佛教詮釋學》，台北：立緒文化，1999 年。

＿＿＿：《辯證的行旅》，台北：立緒文化，2002 年。

金耀基：〈從現代化觀點看新儒家〉，《中國論壇》第 15 卷，第 1 期（1982）：28-32。

＿＿＿：《從傳統到現代》，台北：時報文化，1979 年。

柳存仁：《和風堂文集（中）》，上海：上海古籍出版社，1991 年。

洪修平：《中國佛教與佛學》，南京：南京大學出版社，2016 年。

＿＿＿：《中國儒佛道三教關係研究》，北京：中國社會科學出版社，2011 年。

洪淑芬：《儒佛交涉與宋代儒學復興——以智圓、契嵩、宗杲為例》，台北：大安出版社，2008 年。

柯雄文（Antonio S. Cua）著，李彥儀譯：《君子與禮：儒家美德倫理學與處理衝突的藝術》，台北：台大出版中心，2017 年。

查爾斯‧繆勒（A. Charles Muller）著，李想等譯：〈略論印度佛教中國化過程中的體用論〉，收入張風雷等編，《佛教與傳統文化》，北京：宗教文化出版社，2017 年。

柯嘉豪（John Kieschnick）：〈關於佛教漢化的省思〉，收入林富士編，《中國史新論——宗教史分冊》，台北：中央研究院及聯經出版社，2010 年。

姚衛群：《佛教思想與印度文化》，北京：北京大學出版社，2018 年。

南懷瑾：《道家、密宗與東方神秘學》，上海：復旦大學出版社，2016 年。

馬一浮著，虞萬里校：《馬一浮集（第一冊）》，杭州：浙江古籍出版社，1996 年。

荒木見悟著，廖肇亨譯：《明末清初的思想與佛教》，台北：聯經，2006 年。

酒井忠夫著，劉岳兵、何英鶯譯：《中國善書研究（上卷）》，南京：江蘇人民出版社，2010 年。

_____ 著，曾金蘭譯：《道家‧道教史的研究》，濟南：齊魯書社，2017 年。

袁光儀：《晚明之儒家道德哲學與世俗道德範例研究 —— 以劉蕺山《人譜》與《了凡四訓》、《菜根譚》之比較》，台北：花木蘭文化出版社，2009 年。

唐君毅：《人文精神之重建》，台北：台灣學生書局，2000 年。

_____：《中國人文精神之發展》，台北：台灣學生書局，2000 年。

_____：《中國哲學原論‧原性篇》，台北：台灣學生書局，1991 年。

_____：《中國哲學原論‧原教篇》，台北：台灣學生書局，2004 年。

_____：《中國哲學原論‧原道篇（卷一）》，台北：台灣學生書局，1992 年。

_____：《中國哲學原論‧原道篇（卷二）》，台北：台灣學生書局，1993 年。

_____：《中國哲學原論‧原道篇（卷三）》，台北：台灣學生書局，2000 年。

_____：《中國哲學原論‧導論篇》，台北：台灣學生書局，1993 年。

_____：《中華人文與當今世界（下）》，台北：台灣學生書局，1988 年。

_____：《生命存在與心靈境界》（全兩冊），台北：台灣學生書局，1986 年。

_____：《中國人文精神之發展》，台北：台灣學生書局，2000 年。

_____：《哲學概論（下）》，台北：台灣學生書局，1996 年。

_____：《哲學論集》，台北：台灣學生書局，2014 年。

唐秀連：《僧肇的佛學理解與格義佛教》，台北：文史哲出版社，2008 年。

秦家懿：《王陽明》，北京：三聯書店，2012 年。

袁保新：《老子哲學之詮釋與重建》，台北：文津出版社，1997 年。

_____：《從海德格、老子、孟子到當代新儒學》，台北：台灣學生書局，2008 年。

馬淵昌也著，史甄陶譯：〈宋明時期儒學對靜坐的看法以及三教合一思想的興起〉，收入楊儒賓、馬淵昌也及艾皓德編：《東亞的靜坐傳統》，台北：台大出版中心，2012 年。

耿雲志編：《胡適遺稿及祕藏書信（第七冊）》，合肥：黃山書社，1994 年。

徐復觀：《中國人性論史‧先秦篇》，台北：台灣商務印書館，2003 年。

_____：《中國思想史論集》，台北：台灣學生書局，2002 年。

_____：《兩漢思想史（卷二）》，台北：台灣學生書局，2000 年。

徐聖心：《青天無處不同霞：明末清初三教會通管窺》，台北：台大出版中心，2016 年。

唐翼明：《魏晉清談》，台北：東大圖書公司，2018 年。

常乃惪：《中國思想小史》，哈爾濱：哈爾濱出版社，2019 年。

黃心川：《東方佛教論——黃心川文集》，北京：中國社會科學出版社，2002 年。

陳引馳、蘇暢：《蓮花淨土：佛教的彼岸》，香港：中華書局，2017 年。

陳天機：《學海湧泉：系統視野、天上人間》，香港：牛津大學出版社，2016 年。

張光直著，劉靜、烏魯木加甫譯：《藝術、神話與祭祀》，北京：北京出版社，2017 年。

黃光國：《倫理療癒與德性領導的後現代智慧》，新北：心理出版社，2014 年。

許地山：《道教史》，鄭州：中州古籍出版社，2016 年。

許抗生：〈簡説儒佛道三教的形神觀〉，收入鍾彩鈞、周大興編，《跨文化視野下的東亞宗教傳統：體用修證篇》，台北：中央研究院中國文哲研究所，2010 年。

張君勱：《中西印哲學文集（下）》，台北：台灣學生書局，1981 年。

_____：《明日之中國文化》，台北：台灣商務印書館，1967 年。

郭朋：《中國佛教思想史（上卷）》，福州：福建人民出版社，1994 年。

_____：《太虛思想研究》，北京：中國社會科學出版社，1997 年。

_____：《漢魏兩晉南北朝佛教》，濟南：齊魯書社，1986 年。

陳來：《有無之境：王陽明哲學的精神》，北京：北京大學出版社，2006 年。

張岱年：《中國哲學大綱》，北京：中國社會科學出版社，1982 年。

黃勇：《全球化時代的宗教》，台北：台大出版中心，2011 年。

陳垣：《南宋初河北新道教考》，台北：新文豐，1977 年。

張政遠：《西田幾多郎：跨文化視野下的日本哲學》，台北：台大出版中心，2017 年。

黃俊傑：《孟子》，台北：東大圖書公司，2006 年。

_____：〈思想史方法論的兩個側面〉，收入黃俊傑編《史學方法論叢》，台北：台灣學生書局，1984 年。

崔海東：《唐代儒士佛教觀研究》，南京：東南大學出版社，2015 年。

許倬雲：《我者與他者：中國歷史上的內外分際》，香港：中文大學出版社，2009 年。

_____：〈和而不同〉，收入陳天機、許倬雲、關子尹編：《系統視野與宇宙人生》，香港：商務印書館，1999 年。

張海澎：《分析邏輯：理性思維的基石》，香港：青年書屋，2004 年。

張祥龍：《拒秦興漢和應對佛教的儒家哲學：從董仲舒到陸象山》，桂林：廣西師範大學出版社，2012。

陳堅：〈望文生義也是義 —— 論漢語佛學中的「平面解釋法」〉，收入洪漢鼎、傅永軍編，《中國詮釋學・第六輯》，濟南：山東人民出版社，2009 年。

張雪松：〈三教內外：佛教與儒道耶回在中國的共存〉，收入賴品超編，《從文化全球化看中外宗教交流史》，香港：香港中文大學崇基學院宗教與中國社會研究中心，2018 年。

陳寅恪：《金明館叢稿二編》，上海：上海古籍出版社，1980 年。

郭齊勇編：《宋明時期湖北的儒學研究》，北京：中國社會科學出版社，2013 年。

梁啟超，《飲冰室全集》（台南：大孚書局，2002 年），卷三，頁 30

章啟群：《星空與帝國 —— 秦漢思想史與占星學》，北京：商務印書館，2013 年。

陳森田：《肇論的哲學解讀》，台北：文津出版社，2013 年。

黃絢親：《明代擬話本中宗教義理與修行觀之研究》，台北：萬卷樓，2018 年。

黃進興：《從理學到倫理學：清末民初道德意識的轉化》，台北：允晨文化，2013 年。

陳鼓應：《老子注譯及評介》，北京：中華書局，2003 年。

_____、白奚：《老子評傳》，台北：文史哲出版社，2002 年。

_____：〈《齊物論》的理論結構之開展〉，收入張松如等著：《老莊論集》，濟南：齊魯書社，1987 年。

_____，〈道家思想在當代〉，收入陳鼓應編：《道家文化研究（第二十輯）》，北京：三聯書店，2003 年。

張鼎國：《詮釋與實踐》，北京：商務印書館，2016 年。

陳榮灼：〈「即」之分析 —— 簡別佛教「同一性」哲學諸形態〉，《國際佛學研究》創刊號（1991）：頁 1-22。

張榮明：《儒釋道三教論》，北京：商務印書館，2018 年。

陳榮捷，《宋明理學之概念與歷史》，台北：中央研究院中國文哲研究所，1996 年。

梁漱溟口述，艾愷（Guy S. Alitto）採訪：《這個世界會好嗎？ —— 梁漱溟晚年口述》，上海：東方出版中心，2006 年。

_____ 著，中國文化書院學術委員會編：《梁漱溟全集》（卷一及卷七），濟南：山東人民出版社，2005 年。

_____：《憶熊十力先生 —— 附勉仁齋讀書錄》，台北：明文書局，1989 年。

張錯：《利瑪竇入華及其他》，香港：香港城市大學出版社，2007 年。

陳龍：《地獄觀念與中古文學》，北京：中國社會科學出版社，2016 年。

梁麗玲：〈《賢愚經》在敦煌的流傳與發展〉，《中華佛學研究》第 5 期（2001）：123-162。

陳麗桂：《近四十年出土簡帛文獻思想研究》，北京：中華書局，2015 年。

陳繼東：〈近代中日佛教徒的對話 —— 楊文會與南條文雄的交流〉，收入劉笑敢、川田洋一編：《儒釋道之哲學對話 —— 東方文化與現代社會國際學術會議論文集》，香港：商務印書館，2007 年。

梁寶珊：〈從海德格對形而上學之再思檢視中國「哲」學〉，收入劉國英、張燦輝編：《修遠之路：香港中文大學哲學系六十周年系慶論文集・同寅卷》，香港：中文大學出版社，2009 年。

張灝：《幽暗意識與時代探索》，廣州：廣東人民出版社，2016 年。

_____：《烈士精神與批判意識 —— 譚嗣同思想的分析》，桂林：廣西師範大學出版社，2004 年。

湯一介：《佛教與中國文化》，北京：中國人民大學出版社，2015 年。

傅天正：〈佛教對中國幻術的影響初探〉，收入張曼濤編《佛教與中國文化》，台北：大乘出版社，1978 年。

馮友蘭：《中國哲學史（上冊）》，香港：三聯書店，2000 年。

_____ 著，趙復三譯：《中國哲學簡史》，北京：新世界出版社，2004 年。

湯用彤：《湯用彤集》，北京：中國社會科學出版社，1995 年。

_____：《隋唐及五代佛教史》，台北：慧炬出版社，1997 年。

_____：《漢魏兩晉南北朝佛教史》（全兩冊），台北：台灣商務印書館，1998 年。

_____：《魏晉玄學》，高雄：佛光文化，2013 年。

費正清（J. K. Fairbank）：《費正清論中國》，台北：正中書局，1994 年。

曾亦、郭曉東編：《何謂普世？誰之價值？當代儒家論普世價值》，上海：華東師範大學出版社，2013 年。

勞思光：《大學中庸譯註新編》，香港：中文大學出版社，2000 年。

_____：《文化哲學講演錄》，香港：中文大學出版社，2002 年。

_____：《文化問題論集新編》，香港：中文大學出版社，2000 年。

_____：《中國文化要義新編》，香港：中文大學出版社，2002 年。

_____：《中國文化路向問題的新檢討》，台北：東大圖書公司，1993 年。

＿＿＿＿：《危機世界與新希望世紀——再論當代哲學與文化》，香港：中文大學出版社，2007 年。

＿＿＿＿：《哲學問題源流論》，香港：中文大學出版社，2001 年。

＿＿＿＿：《虛境與希望——論當代哲學與文化》，香港：中文大學出版社，2003 年。

＿＿＿＿：《當代西方思想的困局》，台北：台灣商務印書館，2014 年。

＿＿＿＿：《新編中國哲學史》（全三卷四冊），桂林：廣西師範大學出版社，2005 年。

＿＿＿＿：《歷史之懲罰新編》，香港：中文大學出版社，2000 年。

景海峰：《新儒學與二十世紀中國思想》，鄭州：中州古籍出版社，2005 年。

＿＿＿＿：〈儒家「天人合一」思想的歷史脈絡及當代意義〉，收入鄭宗義、林月惠編：《全球與本土之間的哲學探索——劉述先先生八秩壽慶論文集》，台北：台灣學生書局，2014 年。

彭國翔：《良知學的展開——王龍溪與中晚明的陽明學》，台北：學生書局，2003 年。

傅勤家：《中國道教史》，北京：商務印書館，2015 年。

傅偉勳：《學問的生命與生命的學問》，台北：正中書局，1993 年。

＿＿＿＿：《佛教思想的現代探索》，台北：東大圖書公司，1995 年。

＿＿＿＿：《從創造的詮釋學到大乘佛學》，台北：東大圖書公司，1990 年。

馮達文：《尋找心靈的故鄉——儒道佛三家學術旨趣論釋》，北京：中華書局，2015 年。

曾錦坤：《佛教與宗教學》，台北：新文豐，2000 年。

馮樹勳：《陰陽五行的階位秩序：董仲舒的儒學思想》，新竹：國立清華大學出版社，2011 年。

程曦：〈試論佛教的社會批判立場〉，收入學愚編：《出世與入世——佛教的現代關懷》，北京：中國社會科學出版社，2010 年。

賀麟：《五十年來的中國哲學》，上海：上海人民出版社，2012 年。

＿＿＿＿：《文化與人生》，北京：商務印書館，2016 年。

福井文雅著，徐水生、張谷譯：《漢字文化圈的思想與宗教：儒教、佛教、道教》，武漢：武漢大學出版社，2010 年。

楊祖漢：〈從「否定知識，為信仰留地步」看中國哲學〉，《新亞學報》第 31 卷（上）（6/2013）：267-287。

楊國榮：《實證主義與中國近代哲學》，上海：華東師範大學出版社，2017 年。

楊曾文：〈太虛的人生佛教論〉，收入霍韜晦編：《太虛誕生一百周年國際會議論文集》，香港：法住出版社，1990 年。

楊惠南：《當代佛教思想展望》，台北：東大圖書公司，2006 年。

楊維中：《中國佛教心性論研究》，北京：宗教文化出版社，2007 年。

道端良秀著，釋慧嶽譯：《佛教與儒家倫理》，台北：中華佛教文獻編撰社，1979 年。

楊儒賓：〈主敬與主靜〉，《台灣宗教研究》第 9 卷，第 1 期（6 / 2010）：1-27。

_____〈近現代儒家思想史上的體用論〉，收入劉述先等編：《天人之際與人禽之辨：比較與多元的觀點》，香港：香港中文大學新亞書院，2001 年。

_____〈新儒家與冥契主義〉，收入陳德和編：《當代新儒學的關懷與超越》，台北：文津出版社，1997 年。

_____《儒門內的莊子》，台北：聯經，2016 年。

熊十力：《十力語要》，鄭州：大象出版社，2018 年。

_____ 著，蕭萐父編：《熊十力全集》（第二、三、四及七卷），武漢：湖北教育出版社，2001 年。

蒙文通：《佛道散論》，北京：商務印書館，2017 年。

葛兆光：《中國思想史──第一卷：七世紀前中國的知識、思想與信仰世界》，上海：復旦大學出版社，2001 年。

_____《中國思想史──導論：思想史的寫法》，上海：復旦大學出版社，2001 年。

_____《古代中國文化講義》，台北：三民書局，2019 年。

樓宇烈：《溫故知新──中國哲學研究論文集》，北京：商務印書館，2004 年。

鄧克銘：《心性與言詮：禪宗思想研究論集》，台北：文津出版社，2014 年。

廖明活：《中國佛教思想述要》，台北：台灣商務印書館，2006 年。

鄧偉仁：〈幾個批判「佛教中國化」理論的再審視〉，收入釋果鏡、廖肇亨編，《求法與弘法：漢傳佛教的跨文化交流國際研討會論文集》，台北：法鼓文化，2015 年。

榮新江：《絲綢之路與東西文化交流》，北京：北京大學出版社，2015 年。

趙敬邦：〈「中國文化與世界」宣言及世界哲學〉，《鵝湖學誌》，第 55 期（12 / 2015）：169-186。

_____〈中國哲學研究方法論芻議──反省劉笑敢教授「反向格義」與「兩種定向」的觀點〉，《鵝湖學誌》，第 62 期（6 / 2019）：127-160。

_____〈王船山《相宗絡索》歷史意義初探〉，《慈氏學研究 2016 / 2017 雙年刊》，香港：慈氏文教基金有限公司，2018 年。

_____：〈「夫唯不盈，故能蔽而新成」──論梁漱溟佛教觀的意義〉，《志蓮文化集刊》，第 15 期（2019）：263-291。

_____：〈佛教與中國文化〉，收入趙國森等著：《了解佛教》，香港：三聯書店，2019年。

_____：〈為何儒者並不老邁、嚴肅和保守？──一個哲學的反省〉，《鵝湖學誌》，第 57 期（12 / 2016）：173-188。

_____：〈從方東美哲學看環境與生態公義的融通〉，《哲學與文化》，第 507 期（8 / 2016）：61-74。

_____：〈略論方東美先生對華嚴的詮釋──回應屈大成先生〉，《鵝湖學誌》第 50 期（6 / 2013）：243-253。

_____：〈唯識在香港的傳承〉，《中國文哲研究通訊》，第 24 卷，第 2 期（10 / 2014）：37-48。

_____：〈試論《道德經》中形上之「道」的角色──以牟宗三先生及唐君毅先生對「道」的闡釋為例〉，收入張炳玉編：《老子與當代社會》，蘭州：甘肅人民出版社，2008 年。

_____：〈論儒學在唐君毅先生哲學中的角色──杜保瑞教授文章讀後〉，《哲學與文化》第 513 期（2 / 2017）：185-200。

_____：〈蔣慶「儒門判教論」辨析〉，收入錢永祥編：《思想 33：原民狩獵的倫理省思》，台北：聯經，2017 年。

_____：〈書評：*The Rebirth of the Moral Self: The Second Generation of Modern Confucians and their Modernization Discourses by Jana S. Rošker*〉，《漢學研究》第 34 卷，第 4 期（12 / 2016）：331-336。

蒲慕州：《歷史與宗教之間》，香港：三聯書店，2016 年。

窪德忠：〈金代的新道教與佛教──從三教調和思想來看〉，收入劉俊文編，黃約瑟等譯：《日本學者研究中國史論著選譯：第七卷・思想宗教》，北京：中華書局，1993 年。

趙樸初：〈佛教和中國文化〉，《法音》第 2 期（1985）：5。

賴永海：〈佛教與中國傳統哲學〉，收入藍吉富編：《中印佛學泛論──傅偉勳教授六十大壽祝壽論文集》，台北：東大圖書公司，1993 年。

劉宇光：〈佛家自主性思想──印、漢佛學論自主〉，收入楊國榮、溫帶維編，《中國文明與自主之道》，香港：匯智出版有限公司，2008 年。

_____：《煩惱與表識：東亞唯識哲學論集》，台北：文津出版社，2020 年。

鄭吉雄：《王陽明──躬行實踐的儒者》，台北：幼獅文化，1990 年。

鄭志明：《明代三一教主研究》，台北：學生書局，1988 年。

黎志添：《了解道教》，香港：三聯書店，2017 年。

＿＿＿＿：《廣東地方道教研究——道觀、道士及科儀》，香港：中文大學出版社，2007年。

蕭玫：〈心性詮釋的宗教與哲學進路——以《如來藏經》與《孟子》為例〉，《宗教哲學》，第 55 期（3/2011）：59-86。

＿＿＿＿：〈從〈愛蓮說〉「出淤泥而不染」一語論周敦頤援佛入儒之文學轉化〉，《宗教哲學》第 56 期（6/2011）：113-144

劉述先：《全球倫理與宗教對話》，台北：立緒文化，2001年。

＿＿＿＿：《論儒家哲學的三個大時代》，香港：中文大學出版社，2008年。

鄭家棟：《當代新儒學論衡》，台北：桂冠圖書，1995年。

潘桂明：《中國佛教思想史稿・第二卷：隋唐五代卷（上）》，南京：江蘇人民出版社，2009年。

劉笑敢：《老子》，台北：東大圖書公司，1997年。

＿＿＿＿ 著，陳靜譯：《道教》，台北：麥田出版，2002年。

＿＿＿＿：《詮釋與定向——中國哲學研究方法之探究》，北京：商務印書館，2009年。

劉振維：〈從「性善」到「性本善」——一個儒學核心概念轉化之探討〉，《東華人文學報》第 7 期（7/2005）：85-122。

＿＿＿＿：《論佛教中國化之「佛性」概念對儒家人性論論述的影響——兼論中國哲學之哲學問題》，香港：香港大學饒宗頤學術館，2009年。

劉國強：《儒學的現代意義》，台北：鵝湖出版社，2001年。

潘琳：《比較、爭論與詮釋——理雅各牛津時代思想研究》，鄭州：大象出版社，2017年。

蕭萐父：《中國哲學史史料源流舉要》，北京：文津出版社，2017年。

歐陽哲生：《五四運動的歷史詮釋》，北京：北京大學出版社，2012年。

歐陽竟無：〈佛法非宗教非哲學〉，收入黃夏年編：《歐陽竟無集》，北京：中國社會科學出版社，1995年。

歐陽瑩之：《龍與鷹的帝國——秦漢與羅馬的興衰，怎樣影響了今天的世界？》，香港：三聯書店，2018年。

蔣義斌：《宋儒與佛教》，台北：東大圖書公司，1997年。

劉殿爵（D. C. Lau）著：《採掇英華》編輯委員會編，《採掇英華——劉殿爵教授論著中譯集》，香港：中文大學出版社，2004年。

劉夢溪：《中國現代學術要略》，北京：三聯書店，2018年。

＿＿＿＿：《馬一浮與國學》，北京：三聯書店，2018年。

蔣慶：《生命信仰與王道政治：儒家文化的現代價值》，台北：養正堂文化，2004年。

劉聰、王黎芳：《三教歸一：佛教與道教、儒教》，鄭州：中州古籍出版社，2014年。

賴永海編：《中國佛教通史（第十二卷）》，南京：江蘇人民出版社，2010年。

蕭登福：《道教與佛教》，台北：東大圖書公司，1995年。

錢新祖：《中國思想史講義》，台北：台大出版中心，2013年。

_____ 著，宋家復譯：《焦竑與晚明新儒思想的重構》，台北：台大出版中心，2014年。

錢穆：《中國思想史》，香港：新亞書院，1962年。

_____：《中國歷史研究法》，台北：東大圖書公司，1991年。

_____：《中國學術思想史論叢（三）》，台北：素書樓文教基金會及蘭台出版社，2000年。

_____：《國史大綱（下冊）》，香港：商務印書館，1995年。

_____：《新亞遺鐸》，北京：三聯書店，2004年。

_____：《靈魂與心》，台北：素書樓文教基金會及蘭台出版社，2001年。

霍韜晦：《絕對與圓融——佛教思想論集》，台北：東大圖書公司，2002年。

_____：〈熊十力先生與新唯識論〉，收入林安梧編：《現代儒佛之爭》，台北：明文書局，1997年。

謝幼偉：《中西哲學論文集》，香港：新亞研究所，1969年。

_____：《中國哲學論文集》，台北：華崗出版部，1973年。

_____：〈抗戰七年來之哲學〉，收入賀麟著：《五十年來的中國哲學》，上海：上海人民出版社，2012年。

謝扶雅：《唯中論集》，台北：台灣商務印書館，1969年。

謝無量，《中國哲學史校注》，上海：華東師範大學出版社，2018年。

藍日昌：《佛教宗派觀念發展的研究》，台北：新文豐，2010年。

魏月萍：《君師道合：晚明儒者的三教合一論述》，台北：聯經，2016年。

藍吉富：《二十世紀的中日佛教》，台北：新文豐，1990年。

魏道儒：《唐宋佛學》，北京：中國社會科學出版社，2017年。

戴繼誠：〈爭吃「唐僧肉」，相煎何日休？──中國當代「消費佛教」現象批判〉，《人間佛教研究》，第 5 期（2013）：145-167。

關子尹：〈現象學區分與佛家二諦學說〉，收入香港中文大學現象學與人文科學研究中心編，《現象學與人文科學 2006（第 3 期）：現象學與佛家哲學》，台北：漫遊者。

_____：《語默無常：尋找定向中的哲學反思》，香港：牛津大學出版社，2008 年。

羅光：《中國哲學思想史（一）》，台北：先知出版社，1975 年。

羅志田：《民族主義與近代中國思想》，台北：三民書局，2011 年。

羅香林：《唐代文化史》，台北：台灣商務印書館，1955 年。

羅時憲：《般若波羅密多心經講錄》，香港：佛教法相學會，2008 年。

羅時憲：《能斷金剛般若波羅蜜多經纂釋講記（第四冊）》，香港：佛教法相學會，2019 年。

_____ 講，陳雁姿編：《止觀大意講記》，香港：山佛教法相學會，2017 年。

釋太虛：《中國佛學特質在禪》，高雄：佛光文化事業有限公司，1997 年。

_____ 著，太虛大師全書編纂委員會編：《太虛大師全書（第五冊）》，台北：太虛大師全書影印委員會，1970 年。

_____ 著，釋印順編：《太虛大師選集（下）》，新竹：正聞出版社，2003 年。

蘇文擢：《邃加室講論集》，台北：文史哲出版社，1985 年。

釋印順：《人間佛教論集》，新竹：正聞出版社，2007 年。

_____：《以佛法研究佛法》，台北：正聞出版社，1992 年。

_____：《中國佛教論集》，北京：中華書局，2010 年。

_____：《中觀今論》，北京：中華書局，2010 年。

_____：《印度之佛教》，台北：正聞出版社，1985 年。

_____：《印度佛教思想史》，新竹：正聞出版社，1998 年。

_____：《佛法是救世之光》，台北：正聞出版社，1982 年。

_____：《佛教史地考論》，新竹：正聞出版社，1998 年。

_____：《淨土與禪》，台北：正聞出版社，1992 年。

_____：《教制教典與教學》，新竹：正聞出版社，2003 年。

_____：〈評熊十力《新唯識論》〉，收入林安梧編：《現代儒佛之爭》，台北：明文書局，1997 年。

_____：《遊心法海六十年・契理契機之人間佛教》，新竹：正聞出版社，2013 年。

釋法舫：《唯識史觀及其哲學》，台北：天華出版社，1978 年。

釋法尊：《法尊法師論文集》，台北：大千出版社，2002 年。

釋恆清：《佛性思想》，台北：東大圖書公司，1997 年。

饒宗頤：《老子想爾注校證》，香港：中華書局，2015 年。

_____：《饒宗頤道學文集》，香港：天地圖書及嗇色園，2016 年。

釋昭慧：《佛教倫理學》，台北：法界出版社，2001 年。

嚴耕望：《魏晉南北朝佛教地理稿》，上海：上海古籍出版社，2007 年。

釋聖嚴：《明末佛教研究》，台北：法鼓文化，2000 年。

嚴耀中：《佛教與三至十三世紀中國史》，北京：宗教文化出版社，2007 年。

鐮田茂雄著，關世謙譯：《中國佛教史》，台北：新文豐，2010 年。

顧頡剛：《秦漢的方士與儒士》，上海：上海人民出版社，1962 年。

龔雋：《大乘起信論與佛學中國化》，台北：文津出版社，1995 年。

_____：《禪史鈎沉——以問題為中心的思想史論述》，北京：三聯書店，2006 年。

龔鵬程：《儒學新思》，北京：北京大學出版社，2009 年。

Elman, Benjamin A.：〈中國文化史的新方向：一些有待討論的意見〉，《台灣社會研究季刊》卷 12（1992）：1-25。

《香港佛教》，第 716 期（1 / 2020）。

Alitto, Guy S. *The Last Confucian: Liang Shu-ming and the Chinese Dilemma of Modernity.* California: University of California Press, 1979.

Ames, Roger T. *Confucian Role Ethics: A Vocabulary.* Hong Kong: Chinese University Press, 2011.

Angurarohita, Pratoom. *Buddhist Influence on the Neo-Confucian Concept of the Sage.* Philadelphia: Department of Oriental Studies, University of Pennsylvania.

Apel, Karl-Otto. 'Harmony through Strife as a Problem of Natural and Cultural Evolution' . In *Harmony and Strife: Contemporary Perspectives, East & West,* ed. by Shu-hsien Liu and Robert E. Allinson. Hong Kong: Chinese University Press, 1988.

Barnhill, David Landis. 'Relational Holism: Huayan Buddhism and Deep Ecology' . In *Deep Ecology and World Religions: New Essays on Sacred Ground,* ed. by David Landis Barnhill and Roger S. Gottlieb. Albany: State University of New York Press, 2001.

Barrett, Tim H. 'Chinese Religion in English Guise: The History of an Illusion' . *Modern Asian Studies* 39, 3 (2005): 509–533.

_____. 'Religious Traditions in Chinese Civilization: Buddhism and Taoism' .In *Heritage of China: Contemporary Perspectives on Chinese Civilization,* ed. by Paul S. Ropp. Berkeley and California: University of California Press, 1990.

_____. and Tarocco, Francesca. 'Terminology and Religious Identity: Buddhism and the Genealogy of the Term Zongjiao' .In *Dynamics in the History of Religions between Asia and Europe: Encounters, Notions, and Comparative Perspectives,* ed. by Volkard Krech and Marion Steinicke. Leiden and Boston: Brill, 2012.

Bechert, H. ed. *When Did the Buddha Live? The Controversy on the Dating of the Historical Buddha.* Delhi: Sri Satguru Publications, 1995.

Berling, Judith A. *The Syncretic Religion of Lin Chao-en.* New York: Columbia University Press, 1980.

Bol, Peter K. *This Culture of Ours: Intellectual Transitions in T'ang and Sung China.* Stanford: Stanford University Press, 1992.

Brook, Timothy. 'Rethinking Syncretism: The unity of the three teachings and their joint worship in late-imperial China' . *Journal of Chinese Religions* vol.21, no.1 (1993): 13-44.

Burton, Dan and Grandy, David. Magic, *Mystery, and Science: The Occult in Western Civilization.* Bloomington: Indiana University Press, 2006.

Butr-Indr, Siddhi. *The Social Philosophy of Buddhism*. Bangkok: Mahamakut Buddhist University, 1979.

Chan, Serina N. *The Thought of Mou Zongsan*. Leiden: Brill, 2011.

Chan, Wing-tsit. *A Source Book in Chinese Philosophy*. New Jersey: Princeton University Press, 1973.

_____. 'The Individual in Chinese Religions'. In *The Chinese Mind: Essentials of Chinese Philosophy and Culture*, ed. by Charles A. Moore. Honolulu: University of Hawaii Press, 1968.

Chang, Hao. 'Contemporary Neo-Confucianism and the Intellectual Crisis of Contemporary China'. In *The Limits of Change: Essays on Conservative Alternatives in Republication China*, ed. by Charlotte Furth. Cambridge MA., Harvard University Press, 1976.

Chen, Jo-shui. *Liu Tsung-yüan and Intellectual Change in T'ang China, 773–819*. Cambridge: Cambridge University Press, 1992.

Chen, Yong. *Confucianism as Religion: Controversies and Consequences*. Leiden: Brill, 2013.

Cheng, Chung-ying. 'Toward Constructing a Dialectics of Harmonization: Harmony and Conflict in Chinese Philosophy'. *Journal of Chinese Philosophy* vol.4 (1977): 209-245.

Ching, Julia. *Chinese Religions*. Hampshire and New York: Palgrave Macmillan, 1993.

Chiu, King Pong. *Thomé H. Fang, Tang Junyi and Huayan Thought: A Confucian Appropriation of Buddhist Ideas in Response to Scientism in Twentieth-Century China*. Leiden: Brill, 2016.

Chow, Kai-wing, Ng, On-cho and Henderson, John B. ed., *Imagining Boundaries: Changing Confucian Doctrines, Texts, and Hermeneutics*. Albany: State University of New York Press, 1999.

Clower, Jason. *The Unlikely Buddhologist: Tiantai Buddhism in Mou Zongsan's New Confucianism*. Leiden: Brill, 2010.

Cook, Francis H. *Hua-yen Buddhism: The Jewel Net of Indra*. Delhi: Sri Satguru Publications, 1994.

Creel, H. G. ed., *Chinese Civilization in Liberal Education*. Chicago: The University of Chicago Press, 1959.

_____. *Chinese Thought: From Confucius to Mao Tsê-tung*. London: University Paperbacks, 1962.

Cua, Antonio S. 'Ti and Yong (T'i and Yung): Substance and Function'. In *Encyclopedia of Chinese Philosophy*, ed. by Antonio S. Cua. New York and London: Routledge, 2003.

Davis, Jake H. ed. *A Mirror is for Reflection: Understanding Buddhist Ethics*. New York: Oxford University Press, 2017.

de Bary, Wm. Theodore. *East Asian Civilizations: A Dialogue in Five Stages*. Cambridge and London: Harvard University Press, 1988.

Diamond, Jared. *Guns, Germs, and Steel: The Fates of Human Societies*. New York: W. W. Norton & Company, 2005.

Eco, Umberto *et al. Interpretation and Overinterpretation*. Cambridge: Cambridge University Press, 1992.

Espesset, Grégoire. 'Latter Han religious mass movements and the early Daoist church' . In *Early Chinese Religion - Part One: Shang through Han (1250BC – 220AD)* Vol.2, ed. by John Lagerwey and Marc Kalinowski. Leiden and Boston: Brill, 2009.

Fan, Ruiping. 'How Should We Treat Animals? A Confucian Reflection' . *Dao: A Journal of Comparative Philosophy* vol. 9, no. 1 (2010): 79-96.

Fang, Thomé H. *Chinese Philosophy: Its Spirit and Its Development.* Taipei: Linking Publishing Co., Ltd., 1981.

Fu, Charles Wei-hsun. 'Morality or beyond: The Neo-Confucian confrontation with Mahāyāna Buddhism' . *Philosophy East and West* vol.23, no.3 (1973): 375-396.

Gentz, Joachim. 'Buddhism and Chinese Religions' . In Perry Schmidt-Leukel ed., *Buddhist Attitudes to other Religions.* St. Ottilien: EOS, 2008.

_____. 'Rational choice and the Chinese discourse on the Unity of the Three Religions (*sanjiao heyi* 三教合一)' . *Religion* vol. 41, no. 4 (Dec 2011): 535-546.

Graham, Angus C. *Disputers of the Tao: Philosophical Argument in Ancient China.* La Salle, Ill.: Open Court, 1989.

Gregory, Peter N. *Tsung-mi and the Sinification of Buddhism.* Honolulu: University of Hawaii Press, 2002.

_____. and Getz, Daniel Aaron ed. *The Buddhism in the Sung.* Honolulu: University of Hawaii Press, 1999.

Guang, Xing. 'Buddhist Impact on Chinese Culture' . *Asian Philosophy* vol.23, no.4 (2013): 305-322.

_____. 'The Teaching and Practice of Filial Piety in Buddhism' . *Journal of Law and Religion* vol. 31, no. 2 (2016): 212-226.

Guldi, Jo and Armitage, David. *The History Manifesto. Cambridge:* Cambridge University Press, 2014.

Hammerstrom, Erik J. *The Science of Chinese Buddhism: Early Twentieth-Century Engagements.* New York: Columbia University Press, 2015.

Hansen, Valerie. *The Silk Road: A New History.* New York: Oxford University Press, 2012.

Harvey, Peter. *An Introduction to Buddhism: Teachings, History and Practices.* New York: Cambridge University Press, 2013.

Hayek, F. A. *The Counter-Revolution of Science: Studies on the Abuse of Reason.* New York: Free Press, 1952.

Hua, Shiping. 'Scientism and Humanism' . In *Encycolpedia of Chinese Philosophy,* ed. by Antonio S. Cua. New York and London: Routledge, 2003.

Hubbard, Jamie and Swanson, Paul ed. *Pruning the Bodhi Tree: The Storm over Critical Buddhism.* Honolulu: University of Hawaii Press, 1997.

Inada, Kenneth K. 'The Chinese Doctrinal Acceptance of Buddhism' . *Journal of Chinese Philosophy* vol. 24, no.1 (1997): 5-17.

Ingram, Paul O. 'The Jeweled Net of Nature'. In *Buddhism and Ecology: The Interconnection of Dharma and Deeds*, ed. by Mary Evelyn Tucker and Duncan Ryuken Williams. Cambridge MA., Harvard University Press, 1997.

Jaspert, Nikolas. 'Contacts between the Major Religious Traditions during their Expansion. An Introduction'. In *Dynamics in the History of Religions between Asia and Europe: Encounters, Notions, and Comparative Perspectives*, ed. by Volkhard Krech and Marion Steinicke. Leiden: Brill, 2011.

Kalupahana, David J. *A History of Buddhist Philosophy: Continuities and Discontinuities*. Honolulu: University of Hawaii Press, 1992.

Kieschnick, John. *The Impact of Buddhism on Chinese Material Culture*. New Jersey: Princeton University Press, 2003.

Killingley, Dermot. 'The older Vedas and the Upaniṣads'. In *The Upaniṣads: A Complete Guide*, ed. by Signe Cohen. Oxon and New York: Routledge, 2018.

King, Sallie B. *Socially Engaged Buddhism*. Honolulu: University of Hawaii Press, 2009.

Krech, Volkhard. 'Dynamics in the History of Religions – Preliminary Considerations on Aspects of A Research Programme'. In *Dynamics in the History of Religions between Asia and Europe: Encounters, Notions, and Comparative Perspectives*, ed. by Volkhard Krech and Marion Steinicke. Leiden: Brill, 2011.

Küng, Hans. 'What is the True Religion? Toward an Ecumenical Criteriology'. *Journal of Theology for Southern Africa* (9/1986): 4-23.

Kwok, D. W. Y. *Scientism in Chinese Thought 1900-1950*. New Haven and London: Yale University Press, 1965.

Lacapra, Dominick. 'Rethinking Intellectual History and Reading Texts'. *History and Theory* vol.19, no.3 (1980): 245-276.

Lagerwey, John. *Paradigm Shifts in Early and Modern Chinese Religion: A History*. Leiden: Brill, 2019.

Lai, Whalen. 'A clue to the authorship of the Awakening of Faith: Siksananda redaction of word Nien'. *Journal of the International Association of Buddhist Studies* vol.3, no.1 (1980): 34-53.

_____. 'The Pure and the Impure: The Mencian Problematik in Chinese Buddhism'. In *Early Ch'an in China and Tibet*, ed. by Whalen W. Lai and Lewis R. Lancaster. Berkeley: Asian Humanities Press, 1983.

Lao, Sze-kwang. 'On Understanding Chinese Philosophy: An Inquiry and a Proposal'. In *Understanding the Chinese Mind: The Philosophical Roots*, ed. by Robert E. Allinson. Hong Kong: Oxford University Press, 1989.

László, Ervin. *The Systems View of the World*. New York: George Braziller, 1972.

Lau, D.C. trans. *Mencius*. London: Penguin, 2004.

Lewis, Mark Edward. *China between Empires: The Northern and Southern Dynasties*. Cambridge MA.: Harvard University Press, 2009.

Li, Chenyang. 'Confucian Cosmic Model and the Environment'. 收入國際儒學聯合會編：《儒學的當代使命：紀念孔子誕辰 2560 周年國際學術研討會論文集》，北京：九州出版社，2010 年。

Liebenthal, W. 'New Light on the Mahāyāna-śraddotpāda śāstra'. *T'oung Pao* vol. 46, no.3-5 (1959): 155-216.

Lin, Chen-kuo. 'The Uncompromising Quest for Genuine Buddhism: Lü Cheng's Critique's Critique of Original Enlightenment'. In *Transformative Consciousness: Yogācāra Thought in Modern China*, ed. by John Makeham. New York: Oxford University Press, 2014.

Lin, Fu-shih. 'Shamans and Politics'. In *Early Chinese Religion Part Two: The Period of Division (220-589 AD)* Vol. I, ed. by John Lagerwey and Pengzhi Lü. Leiden and Boston: Brill, 2010.

Lin, Fu-Shih. 'The Image and status of shamans in ancient China'. In *Early Chinese Religion - Part One: Shang through Han (1250BC – 220AD)* Vol.I, ed. by John Lagerwey and Marc Kalinowski. Leiden and Boston: Brill, 2009.

Lindquist, Steven E. 'The Social background: caste and gender in the *Upaniṣads'*. In *The Upaniṣads: A Complete Guide*, ed. by Signe Cohen. Oxon and New York: Routledge, 2018.

Liu, Shu-hsien. 'Confucius'. In *Chinese Thought: An Introduction*, ed. by Donald H. Bishop. Delhi: Motilal Banarsidass, 1995.

Liu, Xinru. *Ancient India and Ancient China: Trade and Religious Exchange AD 1-600*. Delhi: Oxford University Press, 1988.

Macy, Joanna. *Mutual Causality in Buddhism and General Systems Theory: The Dharma of Natural Systems*. New York: State University of New York, 1991.

Makeham, John. 'Introduction'. In *Transformative Consciousness: Yogācāra Thought in Modern China*, ed. by John Makeham. New York: Oxford University Press, 2014.

_____. 'Xiong Shili's Critique of Yogācāra Thought in the Context of His Constructive Philosophy'. In *Transformative Consciousness: Yogācāra Thought in Modern China*, ed. by John Makeham. New York: Oxford University Press, 2014.

Metzger, Thomas A. *Escape from Predicament: Neo-Confucianism and China's Evolving Political Culture*. New York: Columbia University Press, 1977.

Meynard, Thierry. 'Introducing Buddhism as Philosophy: The Cases of Liang Shuming, Xiong Shili, and Tang Yongtong'. In *Learning to Emulate the Wise: The Genesis of Chinese Philosophy as an Academic Discipline in Twentieth-Century China*, ed., by John Makeham. Hong Kong: Chinese University Press, 2012.

_____. *The Religious Philosophy of Liang Shuming: The Hidden Buddhist*. Leiden: Brill, 2010.

Mollier, Christine. *Buddhism and Taoism Face to Face: Scripture, Ritual, and Iconographic Exchange in Medieval China*. Honolulu: University of Hawaii Press, 2008.

Moore, Charles A. 'Retrospect and Prospects: Achievements and "Unfinished Business" '. In *Philosophy and Culture East and West: East-West Philosophy in Practical Perspective*, ed. by Charles A. Moore. Honolulu: University of Hawaii Press, 1962.

Mou, Bo. 'Constructive Engagement of Chinese and Western Philosophy: A Contemporary Trend toward World Philosophy'. In *History of Chinese Philosophy*, ed. by Bo Mou. London and New York: Routledge, 2009.

Neelis, Jason. *Early Buddhist Transmission and Trade Networks: Mobility and Exchange within and beyond the Northwestern Borderlands of South Asia.* Leiden: Brill, 2011.

Neville, Robert Cummings. 'Contemporary Confucian Spirituality and Multiple Religious Identity' . In *Confucian Spirituality* vol.2, ed. by Weiming Tu & Mary Evelyn Tucker. New York: The Crossroad Publishing Company, 2004.

Ni, Peimin. 'What Does a Chinese Master Know? Toward A *Gongfu* Epistemology' . In *New Life for Old Ideas: Chinese Philosophy in the Contemporary World*, ed. by Yanming An and Brian Bruya. Hong Kong: Chinese University Press, 2019.

Northrop, Filmer S. C. 'The Complementary Emphases of Eastern Intuitive and Western Scientific Philosophy' . In *Philosophy – East and West*, ed. by Charles A. Moore. New Jersey: Princeton University Press, 1946.

Oh, Kang-nam. 'The Taoist Influence on Hua-yen Buddhism: A Case of the Sinicization of Buddhism in China' .《中華佛學學報》第十三期（2000），頁 277-297.

Olson, Richard G. *Science and Scientism in Nineteenth-Century Europe.* Urbana and Chicago: University of Illinois Press, 2008.

Pacey, Scott. 'Taixu, Yogācāra, and the Buddhist Approach to Modernity' . In *Transformative Consciousness: Yogācāra Thought in Modern China*, ed. by John Makeham. New York: Oxford University Press, 2014.

Palmer, Richard E. *Hermeneutics: Interpretation Theory in Schleiermacher, Dilthey, Heidegger and Gadamer.* Evanston: Northwestern University Press, 1969.

Piburn, Sidney ed., *The Dalai Lama: A Policy of Kindness.* New York: Snow Lion Publications, 1991.

Pittman, Don A. *Toward a Modern Chinese Buddhism: Taixu's Reforms.* Honolulu: University of Hawaii Press, 20012.

Poo, Mu-chou. *In Search of Personal Welfare: A View of Ancient Chinese Religion.* Albany: State University of New York Press, 1998.

Rawlinson, Andrew. 'The Ambiguity of the Buddha-nature Concept in India and China' . In *Early Ch'an in China and Tibet*, ed. by Whalen Lai & Lewis R. Lancaster. Berkeley: Berkeley Buddhist Studies Series, 1983.

Ricci, Matteo, Gallager, Louis trans. *China in the Sixteenth Century: The Journals of Matteo Ricci, 1583-1610.* New York: Random House, 1953.

Rošker, Jana S. *The Rebirth of the Moral Self: The Second Generation of Modern Confucians and their Modernization Discourses.* Hong Kong: Chinese University Press, 2016.

Schwartz, Benjamin I. *The World of Thought in Ancient China.* Cambridge MA., Harvard University Press, 1985.

Sen, Amartya. *Identity & Violence: The Illusion of Destiny.* London: Penguin, 2007.

Sharf, Robert H. *Coming to Terms with Chinese Buddhism: A Reading of the Treasure Store Treatise.* Honolulu: University of Hawai' i Press, 2002.

Shih, Heng-ching（釋恆清）. 'The Significance of *Tāthāgatagarbha*: A Positive Expression of *Śūnyatā*'. 《哲學論評》, 第 11 期（1988）：227-246.

Shulman, Eviatar. 'Early Meanings of Dependent-Origination' . *Journal of Indian Philosophy* vol. 36 (2008): 297-317.

Smart, Ninian. *Worldviews: Crosscultural Explorations of Human Beliefs*. New Jersey: Prentice-Hall, 1995.

Sorell, Tom. *Scientism: Philosophy and the Infatuation with Science*. New York and London: Routledge, 1991.

Streng, Frederick J. *Understanding Religious Life*. Belmont: Wadsworth, 1985.

Suthren Hirst, Jacqueline. 'Ātman and brahman in the principal Upaniṣads'. In *The Upaniṣads: A Complete Guide,* ed. by Signe Cohen. Oxon and New York: Routledge, 2018.

Sun, Anna. *Confucianism as a World Religion: Contested Histories and Contemporary Realities*. New Jersey and Oxford: Princeton University Press, 2013.

Tu, Wei-ming. 'Cultural China: The Periphery as the Center' . In *The Living Tree: The Changing Meaning of Being Chinese Today*, ed. by Weiming Tu. California: Stanford University Press, 1994.

_____. *Neo-Confucian Thought in Action: Wang Yang-ming's Youth (1472-1509)*. Berkeley: University of California Press, 1976.

_____. 'The Ecological Turn in New Confucian Humanism: Implications for China and the World' . *Daedalus* vol. 130, no. 4 (2001): 243-264.

_____. *Way, Learning, and Politics: Essays on the Confucian Intellectual*. New York: State University of New York Press, 1993.

Veidlinger, Daniel. *From Indra's Net to Internet: Communication, Technology, and the Evolution of Buddhist Ideas*. Honolulu: University of Hawaii Press, 2018.

Warder, A.K. *Indian Buddhism*. Delhi: Motilal Banarsidass, 2017.

Wei, Haiming. *Chinese Philosophy*. Cambridge: Cambridge University Press, 2012.

Welch, Holmes. *The Buddhist Revival in China*. Cambridge MA.: Harvard University Press, 1968.

Williams, Paul. *Mahāyāna Buddhism: The Doctrinal Foundations*. Oxon and New York: Routledge, 2009.

Wong, David B. 'Agon and Hé: Contest and Harmony' . In *Ethics in Early China: An Anthology*, ed. by Chris Fraser *et al*. Hong Kong: Hong Kong University Press, 2011.

Wright, Arthur F. *Buddhism in Chinese History*. California: Stanford University Press, 1959.

Wu, Junqing. *Mandarins and Heretics: The Construction of 'Heresy' in Chinese State Discourse*. Leiden: Brill, 2016.

Yao, Xinzhong. *An Introduction to Confucianism*. Cambridge: Cambridge University Press, 2010.

_____. 'Who is a Confucian Today? A critical reflection on the issues concerning Confucian identity in modern times'. In *Confucian Studies* vol.2, ed. by Xinzhong Yao and Wei-ming Tu. New York: Routledge, 2011.

Yu, Ying-Shih. 'Confucianism and China's Encounter with the West in Historical Perspective'. *Dao: A Journal of Comparative Philosophy* vol. 4, no. 2 (6/2005): 203-216.

_____. 'Han Foreign Relations'. In *The Cambridge History of China Vol.1: The Ch'in and Han Empires, 221B.C. – A.D.220*, ed. by Denis Twitchett and Michael Loewe. New York: Cambridge University Press, 1986.

Zhang, Dainian, Edmund Ryden trans. *Key Concepts in Chinese Philosophy*. New Haven and London: Yale University Press, 2002.

Zürcher, E. J. *The Buddhist Conquest of China: The Spread and Adaptation of Buddhism in Early Medieval China*. Leiden: Brill, 2007.

_____. 'The Impact of Buddhism on Chinese Culture in an Historical Perspective'. In Jonathan A. Silk ed., *Buddhism in China: Collected Papers of Erik Zürcher*. Leiden: Brill, 2014.

激盪即無礙

佛教與儒道思想的互動

責任編輯	寧礎鋒
書籍設計	黃詠詩
作者	趙敬邦

出版	三聯書店（香港）有限公司
	香港北角英皇道四九九號北角工業大廈二十樓
	20/F., North Point Industrial Building,
	499 King's Road, North Point, Hong Kong
香港發行	香港聯合書刊物流有限公司
	香港新界大埔汀麗路三十六號三字樓
印刷	美雅印刷製本有限公司
	香港九龍觀塘榮業街六號四樓 A 室
版次	二〇二〇年九月香港第一版第一次印刷
規格	特十六開（150mm x 227mm）二八〇面
國際書號	ISBN 978-962-04-4707-5

三聯書店
http://jointpublishing.com

JPBooks.Plus
http://jpbooks.plus